GAOXIAO DIANXING WEIJI SHIJIAN GUANLI

高校典型危机事件管理

周连景　等　编著

北京理工大学出版社
BEIJING INSTITUTE OF TECHNOLOGY PRESS

图书在版编目（CIP）数据

高校典型危机事件管理／周连景等编著．--北京：北京理工大学出版社，2023.6

ISBN 978-7-5763-2553-9

Ⅰ．①高… Ⅱ．①周… Ⅲ．①高等学校—突发事件—危机管理—研究—中国 Ⅳ．①G647.4

中国国家版本馆CIP数据核字（2023）第123066号

出版发行／北京理工大学出版社有限责任公司
社　　址／北京市海淀区中关村南大街5号
邮　　编／100081
电　　话／（010）68914775（总编室）
　　　　　（010）82562903（教材售后服务热线）
　　　　　（010）68944723（其他图书服务热线）
网　　址／http://www.bitpress.com.cn
经　　销／全国各地新华书店
印　　刷／保定市中画美凯印刷有限公司
开　　本／710毫米×1000毫米　1/16
印　　张／14.75
字　　数／242千字
版　　次／2023年6月第1版　2023年6月第1次印刷
定　　价／78.00元

责任编辑／李慧智
文案编辑／李慧智
责任校对／王雅静
责任印制／李志强

创作团队

主创：周连景　罗泽民　李玉娟
哈　楠

成员：吕雪飞　陈　曼　郑　舟
蒂　娜　徐帼缨　张　畅
李　智　李晓雨　李婷婷

前　言

教育是国之大计、党之大计。高等学校作为培养中国特色社会主义事业合格建设者和可靠接班人的摇篮，对青年大学生的学习、生活和健康成长有着重要的影响，校园中的危机事件不仅会涉及大学生人身财产安全、身心健康，也关系到整个社会的安全与稳定。习近平总书记在党的二十大上强调，要推进国家安全体系和能力现代化，坚决维护国家安全和社会稳定，不断健全国家安全体系，完善风险监测预警、国家应急管理、重点领域等安全保障体系建设；同时要求提高公共安全治理水平，坚持安全第一、预防为主，提高突发公共事件处置保障能力。因此，加强高校危机事件应急管理能力，了解掌握危机事件的演化机理，识别其成因，感知其风险，并结合自身实际建立相应的安全预警机制，对存在的安全隐患或隐性危机进行前期干预与预防，既是落实党中央有关部署要求的生动实践，也是提高高等学校治理水平和治理能力的重要举措，对于我国高等教育的健康发展有着十分重要的意义。

高校危机事件应急管理就是要对学校正常运行中发生的、偏离学校运行常态，并对学校日常工作造成重大冲击，或对学生的安全财产构成威胁的事件进行有效干预与处置。其管理的实质内核是预防，坚持预防为主是高校安全管理的一条重要原则。现实生活工作中，多数单位都制定有突发事件应急管理预案等文件，但是针对各种典型危机事件的具体成因分析、应对干预举措等多是从宏观上予以描述和指导，缺乏有效具体的实践指导作用，一旦高校发生危机事件，相关部门和人员进行应对处置时必然会显得慌乱，而事件处置结束后再总结经验教训，开展“亡羊补牢”式的管理也会略显被动。这种模式不仅不利于减少危机事件的发生，而且也不利于促进学生健康发展，不利于促进高校的和谐稳定。

《高校典型危机事件管理》一书，坚持以习近平新时代中国特色社会主义思想为指导，立足高校实际情况，强化问题导向和系统思维，聚焦学校人才培养、改革发展稳定等问题，以高校公共安全危机事件、心理健康危机事件、个体性危机事件、群体性危机事件四个维度为切入点，就高校实验室突发安全事故的干预与应对，高校突发公共卫生事件的预防与处置，高校突发道路交通安全事故的成因及应对，大学生心理危机诱发因素与风险感知，大学生情感危机原因分析与干预处置，大学生自杀行为的成因与应对，突发疾病与伤害的急救与处置，高校性骚扰与性侵害的干预与应对，校园骗局的识别、干预与预警，大学生群体性突发事件社会因素与处置策略，高校网络舆情危机事件的演化与应对等十一个方面，分别阐述这些发生在高校内的常见危机事件管理的思路与举措，并辅以已经发生的相关具体案例进行说明。

全面加强新时代高校危机事件的干预与应对，是一个不断认识、不断实践、不断深化、不断完善的过程。本书是编委会成员结合实际工作经验与感受，经过深入思考共同形成的工作成果，希望能够引起读者共鸣，同时也希望能够引起高校教育工作者对相关危机事件的重视，并为其提供理论参考和实践指导，促使教育者主动识别身边的风险，变“危”为“机”，变被动管理为主动管理，变事后管理为事前与事后管理相结合，牢牢把握危机事件应对的主动权。

本书在撰写过程中得到了北京理工大学管理与经济学院李志祥教授、生命学院庆宏教授、资产与设备管理处刘云飞副处长、党委统战部和霄雯副部长等的悉心指导，在出版过程中获得了北京快手公益基金会、北京理工大学教育基金会的大力支持和帮助，在此一并表示衷心感谢!

本书对案例中涉及的个人或单位信息已经进行了处理。由于水平有限，书中的疏漏不妥之处，恳请读者批评斧正。

2023 年 2 月

目　录

第一篇　公共安全危机事件

第二篇 心理健康危机事件

第三篇 个体性危机事件

第四篇　群体性危机事件

第一篇

公共安全危机事件

第一章　高校实验室突发安全事故的干预与应对

安全是发展的前提，发展是安全的保障。习近平总书记在党的二十大报告中强调“坚持安全第一、预防为主，建立大安全大应急框架，完善公共安全体系，推动公共安全治理模式向事前预防转型，推进安全生产风险专项整治，加强重点行业、重点领域安全监管”，这是关口前移、防线前置的科学部署，是标本兼治、查险除患的有力举措，是持续营造良好安全发展环境的坚实保障。高校实验室作为开展科学探索和实验实践的主要场地，是培养学生创新能力、实践能力的重要平台，对人才培养和科学研究发挥着不可替代的重要作用。近年来，随着高校办学规模的不断扩大，教学科研工作量快速增加，实验室安全工作面临着新的挑战。虽然当前安全形势总体稳定，但依然存在着一些薄弱环节，相关安全事故仍偶有发生，突出体现在实验室安全责任落实不够到位、管理制度执行不够严格、宣传教育不够充分、工作保障体系不够健全等方面。为切实增强高校实验室安全管理能力和水平，保障校园和谐稳定和学生生命安全，本章将对高校实验室突发安全事故的类型与原因进行介绍，提出科学合理的实验室安全事故预防手段，同时就实验室突发安全事故的干预与处置方法进行讨论，并列举部分典型案例，分析事故发生的原因，提出合理预防手段以及干预与处置措施。

第 1 节　实验室突发安全事故类型及其特征

一、实验室安全事故类型

从引发安全事故原因的角度分析，可以把实验室突发安全事故概括为以下八大类：火灾事故、爆炸事故、中毒事故、环境污染事故、机械伤害事故、生物安全事故、触电事故和设备相关事故。

据有关人员研究分析，上述安全事故中，火灾、爆炸和中毒三类事故在已发生的事故中占较大比重，是实验室突发安全事故的主要表现形式[1]。本节将分别对上述类型安全事故的特征与原因进行介绍。

二、各类型事故原因与特征

1. 火灾事故

（1）直接原因

火灾事故是高校实验室中发生频率最高的安全事故，引发的原因也会因实验室功能不同以及人员和气候变化而有所差异，常见的实验室火灾事故原因可以概括为以下三点：

①易燃易爆危险品使用不规范或储存不当。在化学实验室中各式各样的易燃易爆危险物品使用极为普遍，这些物品性质活泼，稳定性差，存在易燃、易爆、自燃或者相互反应的特点，在储存和使用过程中，稍有不慎就可能酿成火灾事故。

②明火加热设备操作过程监管不当。实验室里常使用煤气灯、酒精灯、电烘箱和电烙铁等加热设备和器具，增加了实验室火灾事故发生的风险。例如煤气灯加热过程中，若煤气漏气，易与空气形成爆炸性混合物，从而发生危险；使用电烘箱时若擅自脱岗，导致烘箱长时间运行，易出现控制系统故障，发热量增多、温度升高，最终造成火灾。

③电气设备与实验室供电线路维护不当。电气设备是引发实验室火灾事故的主要因素之一，在使用过程中容易产生火花、电弧和高温，尤其是电气设备发生短路现象或者电气线路接头因氧化腐蚀时，极易产生高温和电弧而引起火灾。另外，实验室供电线路老化，超负荷状态运行时也会引发火灾。

（2）主要特征

高校实验室发生火灾事故的特征主要体现在以下几方面：

①火灾的诱发因素多样。实验室作为实验实践的主要场所，因其承担任务内容不同会存在不同类型的火灾风险，其中包括易燃易爆的化学品存放不规范、放热型仪器设备异常工作以及易燃的日常生活品，如书籍、纸张堆积等。

②燃烧猛烈且火势蔓延快。如果实验室存放易燃易爆化学物品，且数量大、种类复杂，一旦被引燃，火势发生速度快，短时间内就可以形成大面积火灾。

③易造成伤亡。高校实验室人员数量较多并且组成结构复杂，火灾发生时会产生大量高温有毒的烟气，一旦被吸入极易造成中毒或窒息，丧失逃生能力。如果实验室人员对疏散通道不够熟悉，加之发生事故后心理恐慌，很容易造成人员伤亡。

④经济损失大。通常实验室内会存在大量精密仪器和设备，如果发生火灾将会直接破坏实验室存放的仪器和设备，造成巨大的经济损失。

⑤扑救难度大。由于不同实验室结构和使用上的复杂性，可燃物种类多而集中，火势发展速度快，对火情的扑灭工作提出了重大的挑战。

2. 爆炸事故

（1）直接原因

爆炸指物质瞬间发生物理和化学变化时释放出大量气体和能量并伴有巨大声响的现象。实验室爆炸事故多发生在具有易燃、易爆物品和压力容器的实验室。主要因为：

①化学药品违规混合，部分氧化剂与还原剂的混合物在发生受热、摩擦或撞击时存在爆炸风险。

②在密闭体系中进行蒸馏、回流等加热操作，使得密闭体系中气体压力超过负荷而导致爆炸。

③易燃易爆气体大量逸出进入环境，如氢气、乙炔等，接触明火后引起爆燃。

④在运输钢瓶过程中随意滚动气体钢瓶，导致钢瓶减压阀失灵，同时钢瓶碰撞过程增加瓶内物质的不稳定性，在一定程度上增加了爆炸的概率。

（2）主要特征

高校实验室发生爆炸事故的特征主要体现在以下几方面：

①爆炸事故发生速度快。

②破坏性强，影响范围大。

③通常伴有一定程度的温度升高。

根据爆炸过程不同，也可将实验室爆炸事故分为物理爆炸和化学爆炸。物理爆炸是纯物理过程，如温度、压力和体积等导致的，通常只发生物态变化而不发生化学反应。实验室物理爆炸是容器的气体压力升高超过容器所能承受的最大压力，造成容器破裂所致，如蒸汽锅炉、高压气瓶爆炸等。化学爆炸是物质发生高速放热化学反应，产生大量的气体并急剧膨胀做功而形成的爆炸现象，例如可燃气、可燃粉尘与空气形成的爆炸性混合物的爆炸，乙炔、氯化氮由于震动而引起的爆炸等。化学爆炸也是实验中最常见的爆炸事故类型。

3. 中毒事故

中毒是指外界的化学物质进入人体后，与人体组织发生反应，引起人体发生暂时或持久性损害的过程。中毒事故一般可分为两类：慢性中毒和急性

中毒。

（1）直接原因

中毒事故一般多发生在存放使用化学药品和剧毒物质的实验室，或有毒气排放的实验室。其直接原因可以概括为：

①违反操作规程，将食物带进有毒物品的实验室，造成误食中毒。

②相关实验设备和设施老化，存在故障或缺陷，导致有毒物质泄漏或有毒气体排放不当，造成中毒。

③实验室管理过程中对于有毒物质的使用与存储存在漏洞，有毒物质散落流失，引起环境污染与人员中毒。

（2）主要特征

高校实验室发生中毒事故的特征主要体现在以下几方面：

①慢性中毒早期一般难以被察觉，通常在中毒积累到一定程度之后才出现明显的症状，周期一般为几天或者几个月，有的甚至若干年。

②急性中毒事故具有突发性强和扩散迅速等特点，其潜伏期极短，通常身体会快速出现明显的症状，如咽喉灼痛、嘴唇脱色、胃部痉挛和心悸头晕等。

4. 环境污染事故

实验室环境的污染源种类复杂、品种多、毒害大，若处理不当，极易对污染环境中相关实验人员的健康产生影响。根据污染物状态可以将实验室环境污染分为三类：

①废液导致的环境污染事故。实验室产生的废液成分复杂，最常见的包括有机物、重金属离子、微生物、药物残留和细菌毒素等。如果不经过妥善处理直接进行排放，容易通过下水道与生活排水形成交叉污染。当重金属离子进入水源与土壤后，可通过多种途径进入人类食物链，导致人体产生一系列的健康问题。此外，如果实验室产生的废液长期积累，不仅会对实验产生一定的干扰，也会对在该环境中长期工作的实验人员身体健康产生影响。

②废气导致的环境污染事故。实验室产生的废气包括试剂样品的挥发物、分析过程中间产物、泄露和排空的标准气体等。上述废气不仅会影响实验的准确性，同时也会对实验人员造成严重的健康威胁。

③固体废物导致的环境污染事故。实验室产生的固体废物包括残留样品，分析产物，废旧化学试剂，含化学沾染物的手套、口罩以及消耗或破损的实验用品等。固体废物成分复杂，涵盖各类化学和生物污染物，若随意进行排放，将会直接危害人员的健康，污染实验室环境。

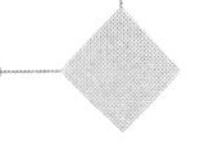

除了上述“三废”导致的环境污染事故以外，由放射性物质违规使用导致辐射污染也是一种严重的环境污染事故。在高校实验室中，如果存在放射性物质与带有放射性物质的设备违规操作的情况，极易导致辐射事故的发生。辐射事故在短时间内存在隐藏性，但其危害的持续时间较长，若人体在短时间内接受大剂量辐射物照射，机体会发生病变，甚至会引起基因层面的突变。如果吸入大量放射性物质，人体内脏很可能发生病变，严重危害生命安全。

5. 机械伤害事故

机械伤害通常指机械设备与工具引起的如绞、碾、碰、割等伤害，是机械设备操作过程中常见的事故之一。机械设备是提高实验室日常生产的重要载体，机械设备种类繁多，零部件类型复杂。根据机械运动类型可将其分为旋转运动机械和直线运动机械。旋转运动机械包括齿轮、皮带轮、卡盘等，其造成的事故类型主要形式为卷带、绞碾和挤压等。直线运动机械包括冲床、剪板机等，造成的事故类型形式为撞击和刺割等。造成上述事故的原因包括：

①设备故障。主要为设备设计不当导致机械不符合安全要求，使用过程中出现机械故障、安全防护装置失灵，导致事故发生。

②人员操作不当。主要表现为操作者不依照规定的操作流程使用机械，或者操作过程中缺乏安全意识进行违章操作，从而造成事故发生。

③操作环境不适。主要指设备存放位置由于噪声干扰、照明光线不良、无通风、场地狭窄、安全防护措施未及时布置等客观因素，导致操作者在使用设备过程中无法及时规避意外情况的发生，进而造成事故。

6. 生物安全事故

生物安全一般指现代生物技术开发和应用过程中对生态环境和人体健康造成的潜在威胁。实验室生物安全则重点关注危险生物因子造成实验室人员暴露，同时向实验室外扩散并导致危害的现象。生物安全事故发生在各级生物实验室，根据生物危害的严重性可将生物安全事故分为四类。

第一类，指能够引起人类或者动物非常严重疾病的微生物，以及我国尚未发现或者已经宣布消灭的微生物扩散而导致的生物安全事故。

第二类，指能够引起人类或者动物严重疾病，比较容易直接或者间接在人与人、动物与人、动物与动物间传播的微生物扩散而导致的生物安全事故。

第三类，指能够引起人类或者动物疾病，但在一般情况下对人、动物或者环境不构成严重危害，传播风险有限，实验室感染后很少引起严重疾病，并且具备有效治疗和预防措施的微生物扩散而导致的生物安全事故。

第四类，指在通常情况下不会引起人类或者动物疾病的微生物扩散而导

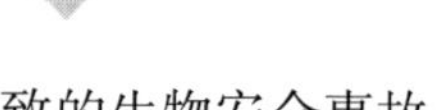

致的生物安全事故。

造成实验室生物安全事故的原因包括使用未检验检疫的生物因子、实验失误以及错误处理生物废弃物等。

7. 触电事故

触电是电击伤的俗称，通常是指人体直接触及电源或高压电经过空气或其他导电介质传递电流通过人体时引起的组织损伤和功能障碍。在实验室日常用电过程中，由于错误使用插销与接线板，导致其出现严重超负荷或短路现象，进而产生电火花发生事故。其次，由于操作机械设备时违反操作规程或因设备设施老化而存在故障和缺陷，同样容易造成漏电触电和电弧火花伤人的事故。

8. 设备相关事故

仪器设备作为实验室作业的重要工具，在为实验提供支撑的同时也给实验人员以及实验环境带来一定的安全风险。设备相关事故分为设备损坏事故和设备伤人事故[2]。设备损坏事故多发生在用电加热的实验室，其主要原因是由于线路故障或雷击造成突然停电，致使被加热的介质不能按要求恢复原来的状态而造成设备损坏或伤人。设备伤人事故多半是由于设备使用者操作不当，未采取防护措施或缺乏保护装置所致。

第2节　实验室突发安全事故的诱发因素分析

实验室事故的发生通常由多种因素造成，根据相关研究分析，可将事故发生的诱发因素归纳为四个方面，即人的不安全状态、物的不安全状态、环境的不安全条件以及管理不当[3]，同一事故中可能同时存在单个或多个因素。本节将对诱发实验室突发安全事故的因素进行分析。

一、人的不安全状态诱发事故分析

在高校实验室运行过程中，大部分制度约束与管理都是面向学生与实验室相关人员的。实验人员和管理人员作为实验室的主要工作者，其精神状况、知识水平、综合素质、安全意识以及操作能力等，都是影响实验能否顺利和安全进行的重要因素。人的不安全状态引发的事故原因主要包含安全意识和安全操作能力两个方面。

1. 安全意识

安全意识字面解释指的是一种戒备和警觉的心理状态，放在实验室层面

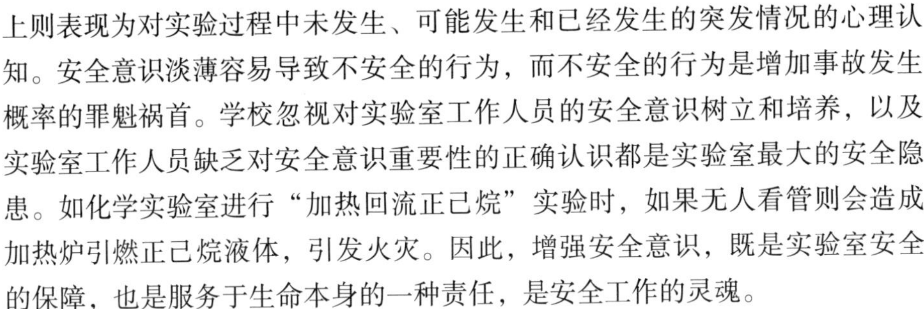

上则表现为对实验过程中未发生、可能发生和已经发生的突发情况的心理认知。安全意识淡薄容易导致不安全的行为，而不安全的行为是增加事故发生概率的罪魁祸首。学校忽视对实验室工作人员的安全意识树立和培养，以及实验室工作人员缺乏对安全意识重要性的正确认识都是实验室最大的安全隐患。如化学实验室进行“加热回流正己烷”实验时，如果无人看管则会造成加热炉引燃正己烷液体，引发火灾。因此，增强安全意识，既是实验室安全的保障，也是服务于生命本身的一种责任，是安全工作的灵魂。

2. 安全操作能力

通俗讲就是指实验工作人员能否安全顺利地完成实验的基本能力。如果把实验室安全事故比作一个陷阱，安全意识就是帮助你识别和判断陷阱的工具，而安全操作能力则是帮助你及时避开陷阱的护具。一个合格的实验工作者不仅要正确、严肃、认真地看待实验过程，树立良好的安全意识，还要具备合格的操作能力。尤其是在实验进行前，提前对相关操作过程进行学习，对可能发生的风险进行预估和干预，在一定程度上可以避免安全事故的发生。

二、物的不安全状态诱发事故分析

实验设施设备是开展实验的物质基础，完善和齐全的物质基础在一定程度上决定实验的成功与否，更重要的是能够提供安全保障。实验室中，物的不安全状态主要表现为危害品因素、仪器因素和基础设施配置因素等三个方面。

1. 危害品因素

危害品因素体现在实验室中的危害品在储存、使用和处理环节中处于非正常状态而引发实验室安全事故。依据《常用危险化学品的分类及标志》(GB 13690—92)，我国将危险化学品按照其危险性划分为 8 类 21 项，主要包括爆炸品，压缩气体和液化气体，易燃气体，易燃固体、自燃物品和遇湿易燃物品，氧化剂和有机过氧化物，毒害品和感染性物品，放射性物品和腐蚀性物品。

危害品自身的不稳定以及错误存放、使用和处理危害品，会增加实验室安全事故的发生概率。同时如果实验人员对危害品不合理地进行使用，使其处于不安全状态，也会导致发生安全事故。

2. 仪器因素

仪器因素体现在实验室内所存放的或者实验过程中所使用的仪器设备。其导致安全事故的原因主要包括仪器的老化损坏、仪器不齐全、仪器自身的安全性能差以及缺乏安全防护措施等。2010 年 9 月，国内某大学实验室进行油浴加热时，由于油浴锅温控系统出现故障，发生液体喷溅事件；同年 10 月，国内某研究所因使用劣质仪器发生爆炸事故，导致 1 人受伤。由实验设备仪器故障、设施不完善导致的安全事故发生频率较高，也提醒相关人员需要及时排查仪器因素导致的物不安全状态，为实验室安全提供基本保障。

3. 基础设施配置因素

基础设施配置因素主要侧重于实验室应急救援设施和消防设施的配置。应急救援设施指在工作场所设置的报警装置、现场急救用品、洗眼器、喷淋装置等冲洗设备和强制通风设备，以及应急救援使用的通信、运输设备等。常见的应急避难设施缺失表现为：避难出口不足；通往避难出口的标志不清；防火墙、防火门、防烟设备不足；等等。最基本的消防设施则包括手提灭火器和火灾自动警报系统，此外所有实验室应设置紧急照明设备或紧急广播设备以及洗眼、冲淋装置，以便在事故发生时帮助人员进行紧急处理。基础设施配置的不完善，会使相关人员无法及时处理事故发生带来的后果，进而引发新一轮的安全事故，导致更严重的财产损失与人员伤亡。

三、环境的不安全条件诱发事故分析

环境的不安全条件引发事故的原因主要与实验环境的干湿度有关。在不同的干湿度条件下进行实验，可能会使相关物品处于一种不安全的活跃状态，进而引发安全事故。针对客观环境条件无法改变的状况，一般可以通过监测和调整实验环境的干湿度，提高实验环境的安全性，进而避免安全事故的发生。

四、管理不当诱发事故分析

实验室的严格管理是实验工作正常进行的基本保证，是预防实验室安全事故发生的重要措施，如果对实验室管理不当，就会成为实验室突发安全事故的诱发因素。主要表现为以下方面：

①实验室人员管理。实验人员和管理人员作为实验室的主要工作者，需要时刻树立严格的安全意识并掌握过硬的安全工作能力。若缺乏对实验操作人员以及一线管理人员的管理，则无法及时了解相关人员的精神状况、操作水平及管理能力，进而增加一系列安全事故发生的风险。

②实验室物品管理。实验室物品类型错综复杂，其中包括危险化学品、机械设备和精密仪器等。如果未按照有关要求对物品进行有效的管理，容易

导致危化品不恰当存放和使用，以及机械设备和仪器损坏，从而造成安全事故的发生。

③实验室环境管理。实验室环境管理主要指对实验室水、电使用和排放物处理的相关管理工作。在实验过程中会产生大量的废液、废气和废物，含有多种有毒、有害物质，若不经妥善处理，未达到规定的排放标准而排放到环境（大气、土壤、水）中，将会造成严重的环境污染。同时，对实验室日常水、电使用管理不当，容易造成仪器损坏和电路短路现象的发生，进而引发实验室安全事故。

第 3 节　实验室突发安全事故的预防

实验室作为高校人才培养和科学研究的重要场所，在创建世界一流大学和一流学科、培养一流人才、建设一流师资队伍等方面发挥着重要的作用。实验室安全工作极具系统性，与校园安全息息相关，预防实验室安全事故的发生、保障实验室安全至关重要。俗话说："伐木不自其本，必复生；塞水不自其源，必复流。"本节将基于引发实验室安全事故的原因，提出实验室安全事故预防方法。

一、筑牢实验室安全红线意识

"海恩法则"指出：再好的技术，再完美的规章，在实际操作层面，也无法取代人员自身的素质和责任心。因此，实验室安全意识的提高应该从"人"抓起。首先，应该提高各部门以及实验室相关人员的政治觉悟，要深刻认识高校实验室安全工作的重要性，并作为一项重大政治任务坚决抓好。其次，要强化安全红线意识，将实验室安全摆在工作的首位，把实验室安全作为不可逾越的红线，牢牢把握"安全第一、预防为主、综合治理"的实验室安全工作方针，坚决克服麻痹思想和侥幸心理，切实解决实验室安全薄弱环节和突出矛盾，提高个人的安全意识，预防安全事故的发生，构建可持续发展的实验室安全文化。

二、健全实验室安全责任体系

为保证实验室的正常有效运转和实验室安全，有必要建立实验室安全责任体系，严格按照"党政同责、一岗双责、齐抓共管、失职追责"和"管行业必须管安全、管业务必须管安全”的要求落实责任，并根据“谁使用、谁负责；谁主管、谁负责”原则，把责任落实到岗位、落实到人头，明确相关部门及实验室人员的安全职责，落实实验室安全管理岗位责任制，确保其有效运行，进而推动科学、规范、高效管理，营造“人人要安全、人人重安全”的良好校园安全氛围。

健全责任体系措施主要应建立分级管理责任体系，构建学校、学院（系/所）、实验室和作业人员四级联动的实验室安全管理责任体系。

①学校层面。学校党政的主要负责人为实验室安全主要责任人，分管实验室工作的校领导为学校实验室安全的直接责任人，其他校领导在分管工作范围内对实验室安全工作负有支持、监督和指导职责。相关实验室安全责任部门负责组织日常安全管理、检查、督导等工作，如督导实验室安全制度的执行和措施的落实。

②学院（系/所）层面。学院（系/所）的党政负责人是本单位实验室安全工作第一责任人，协助院长分管实验室安全的班子成员为直接责任人。针对安全风险较大的单位要配备专职安全管理人员，切实履行实验室安全的闭环管理。

③实验室层面。各实验室负责人是本实验室安全工作的直接责任人，应严格落实实验室安全准入、隐患整改、个人防护等日常安全管理工作，切实保障实验室安全。

④作业人员层面。作业人员主要包括参与实验工作的教师和学生等，教师应该教育指导学生严格遵守实验室的各项规章制度及条例，按照仪器使用操作规程规范开展实验，并对学生负主要教育指导责任。学生应该牢固树立安全意识，熟练掌握操作技能，在安全制度与条例规范下进行实验。

三、完善实验室安全管理制度

完善的管理制度是实验室安全运行的基本保障，学校须在国家和主管部门制定的关于安全生产工作的法律法规、规章制度以及国家强制性标准等文件指导下，结合学校实验室的基础条件和实验室的专业门类特性，制定适合学校实验室安全工作的管理制度和办法。分别围绕定期检查、风险评估、危险源全周期管理、安全应急和安全培训管理等五个层面建立管理制度，将各层面进行有机组合形成一套行之有效、从上而下的管理体系，做到层层有人抓、事事有人管、奖罚有依据，使实验室安全制度化和规范化[4]。

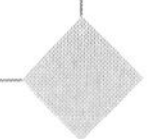

1. 建立定期安全检查制度

建立实验室“全过程、全要素、全覆盖”的定期安全检查制度，核查日常管理、责任体系、安全教育落实情况和存在的安全隐患，采取“一日一检，一周一查，一月一督”的实验室安全督查模式，实行问题排查、登记、报告、整改的“闭环管理”，严格落实整改措施、责任、资金、时限和预案“五到位”。对存在重大安全隐患的实验室，要立即停止实验室运行，直至隐患彻底整改消除，从源头保障实验室安全。

2. 建立安全风险评估制度

风险评估是消除隐患的重要举措。对实验室安全进行风险评估，可以及时发现安全隐患，及时采取有效控制措施，避免发生实验室安全事故。实验室风险评估内容包括但不限于：

①化学、物理、生物等风险源已知或未知的特性。

②实验室本身或相关实验室已发生的事故分析。

③实验室常规活动和非常规活动过程中的风险。

④设施、设备等相关的风险。

⑤人员相关的风险，比如人员的身体状况、能力、可能影响工作的压力等。

重要注意事项：

在新建、改建、扩建实验室时，应当把安全风险评估作为建设立项的必要条件。

3. 建立危险源全周期管理制度

针对危化品、病原微生物、辐射源等危险源，建立采购、运输、存储、使用、处置等全流程全周期管理制度。采购和运输必须选择具备相应资质的单位和渠道，并将所需购买的品种、数量、用途等报实验室管理部门备案。存储应设专门存储场所并严格控制数量，使用时须由专人负责发放、回收，并做好详细记录，实验后产生的废弃物要统一收储并依法依规科学处置。同时，对危险源进行风险评估，建立重大危险源安全风险分布档案和数据库，制定危险源分级分类处置方案。

4. 建立安全应急管理制度

实验室安全应急管理制度包含应急预案制度和应急演练制度。应急预案

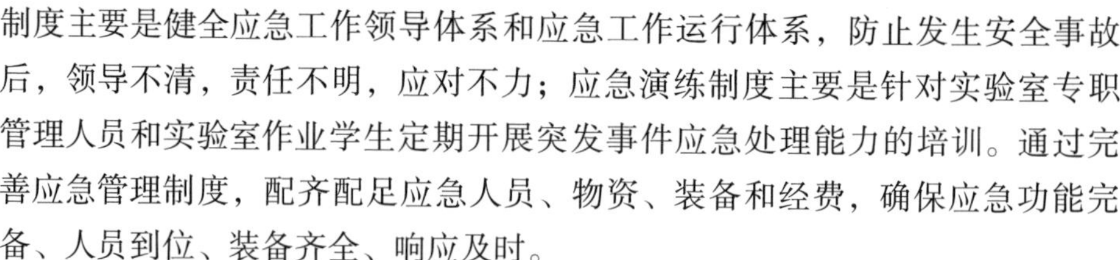

制度主要是健全应急工作领导体系和应急工作运行体系，防止发生安全事故后，领导不清，责任不明，应对不力；应急演练制度主要是针对实验室专职管理人员和实验室作业学生定期开展突发事件应急处理能力的培训。通过完善应急管理制度，配齐配足应急人员、物资、装备和经费，确保应急功能完备、人员到位、装备齐全、响应及时。

5. 建立定期安全培训制度

高校实验室安全管理往往存在技术力量不足、安全技术管理业务水平不强、业务学习欠缺等问题。实验室安全管理员多为科研人员兼职，缺乏特定的技能培训，在管理过程中需要兼顾个人的研究课题与科研任务，容易顾此失彼；实验操作人员缺少系统的培训学习，缺乏相关专业急救知识和应急培训机制，容易产生因人的不安全状态而导致安全事故发生的风险[5]。

制定完善的安全培训管理机制，加强对各级各类实验室管理人员与操作人员的安全培训，提高学生的实验室安全意识，增强风险防范能力、应急能力和自救能力，从多方面提升学生对实验室安全的重视度以及面对事故的处理能力，守好实验室的安全红线。

四、加强实验室安全宣传教育

高校要按照“全员、全面、全程”的要求，创新宣传教育形式，宣讲普及安全常识，强化学生安全意识，提高学生安全技能，做到安全教育“入脑入心”，达到“教育一个学生、带动一个家庭、影响整个社会”的目的。同时坚持常态化、新颖化和有效化，把安全宣传教育作为日常安全检查的必查内容，对安全责任事故一律倒查安全教育培训责任。

五、完善实验室基础设施配置

高校实验室基础设施配置和安全运行是预防安全事故发生的必要条件。学校和各级各类实验室应加大对相关基础设施的投入力度，确保实验室的设计、建设与改造符合安全标准的要求，确保实验室水、电、气、毒等设施规范和完善。也可以通过定期检查，淘汰陈旧落后的设施设备，及时更换老化的电气线路，消除各种安全事故隐患。同时，要提升实验室安全管理的信息化水平，建立和完善实验室安全信息管理系统、监控预警系统，促进信息系统与安全工作的深度融合。

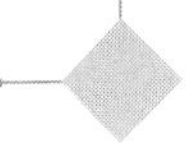

第 4 节　实验室突发安全事故的干预与处置

一、火灾事故的干预与处置

实验室发生火灾时，首先应当对火情进行判断。如果火势较小，应尽可能快速扑灭，同时应该搬离着火点附近的易燃易爆品，阻止火势的蔓延[6]。

重要注意事项：

一些能与水发生化学反应且非常剧烈的物质，如金属钠、乙醇钠等，在着火时应该用沙土或干粉灭火器切断其与氧气和水的接触，从而快速扑灭，不可盲目用水来扑灭。

若火势较大短时间内难以控制，应及时拨打消防救火电话并通知学校保卫部门，详细描述火灾发生的地点、着火楼层、着火物、着火范围、联系电话等，帮助消防人员与学校安保人员及时掌握火情。同时应迅速组织实验室内人员撤离火灾现场，疏散时各楼层的疏散引导人员及时进入现场组织，引导学生从安全出口通道、消防通道疏散到安全地点，并及时报告现场情况，确保人员不滞留火灾现场[7]。

在进入事故现场进行搜救时，救援人员应按照事故的最严重情况进行个人防护，同时应携带简易呼吸保护器具，以备被救人员使用。另外，应该对其他学生及媒体进行舆论引导，适时由权威部门负责人进行信息发布，确保舆论导向的正确性[8]。若出现人员因火灾导致烧伤情况时，立即用大量冷水冲洗烧、烫伤部位或将烧、烫伤部位浸入水中充分浸泡，防止烧、烫伤部位的创伤面积扩大，随后等待医护人员的进一步治疗。

二、爆炸事故的干预与处置

实验室爆炸事故的原因包括违规混合的化学药品受热、被摩擦或撞击，密闭体系中气体压力超过容器负荷，易燃易爆气体进入环境接触明火，压力钢瓶泄漏等。若发生爆炸事故，要按照“先救人、后救物”“先救治、后处理”“先制止、后教育”的顺序和原则，组织相关学生迅速从爆炸环境撤离，校院有关领导、实验室负责人要立即赶到现场，配合保卫部门和技术安全部

门判明突发事件的性质，果断采取有效措施，消除继发性危险。如发现有人员受伤情况，应立即求助医疗单位救助伤员，同时向学校主管领导汇报事件情况，根据需要向市公安、消防、安全生产监督管理部门报告[9]。

三、中毒事故的干预与处置

实验室中毒事故的主要形式有：食入毒物、呼吸道吸入毒气、皮肤接触有毒物质。因此，在事故现场，无论是受到伤害人员还是救援人员等，均需适当做好个人防护。如果实验室内发生化学气体中毒，应立刻开门开窗通风透气，并组织学生迅速有序疏散到空旷安全的地方；同时迅速将中毒者转移至空气新鲜的通风处，保持其呼吸道畅通，如遇心搏骤停，应进行人工心肺复苏术（参见本书第七章第 4 节），直至医护人员到达。此外，应尽快查清致毒物质，尽可能控制泄漏源，防止发生次生灾害，也便于协助医生第一时间排除中毒者体内的毒物。

如果中毒事故是因剧毒化学品所致，应结合中毒情况进行如下紧急处理：

①皮肤接触。应立即脱去污染的衣物，用流动清水或特定的解毒（中和）溶液彻底冲洗至少 20 分钟，同时尽快就医。

②眼睛接触。应立即提起眼睑，用洗眼器、大量流动清水或生理盐水彻底冲洗至少 15 分钟，并尽快就医。

③吸入毒气。应迅速脱离现场至空气新鲜通风处，保持呼吸畅通。如有呼吸困难状况，应尽快吸氧、就医；如遇心搏骤停，应立即进行人工心肺复苏术，并尽快就医。

④食入毒物。根据剧毒化学品的特性，通过服用足量温水或其他饮品等方式进行稀释、催吐（禁止催吐情况除外），并尽快就医。

四、环境污染事故的干预与处置

实验室环境的污染源种类复杂、品种多、毒害大，若处理不当，极易对污染环境中相关实验人员的健康产生影响。当因危险化学品泄漏与违反有关规定排放污染物造成环境污染事故时，当事人应该立即联系上一级管理人员告知事故发生地点、事故类型和现场情况，并由上级管理人员进行逐级汇报。相关管理人员赶往现场后，首先应该及时组织现场所有人员特别是学生迅速有序地撤离，设置警示戒备区，对泄漏区域进行封锁，尽量控制危险化学品泄漏的进一步扩散，等待安保人员和相关专业技术人员进入现场进行处理。

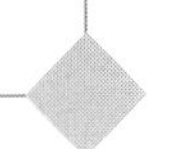

学校相关管理人员与专家应迅速确定消除或减轻危害的方案，并立即组织人员实施。

重要注意事项：

属于危险化学品污染类型的应联系市环保部门派专业人员进行处理，属于放射性物质污染类的应求助市卫生管理部门处置。

五、机械伤害事故的干预与处置

机械危害风险的大小不仅取决于机器的类型、用途、使用方法和人员的知识、技能、工作态度等因素，还与人们对危险的了解程度和所采取的避免危险的措施有关。当机械伤害事故发生后，现场人员应该立即关掉机械电源，向四周呼救并采取应急处置措施，利用通信设备迅速将情况和危害程度向实验室管理人员报备。若出现重大人员伤害事故，应该优先通知医护人员进行紧急处理，学校有关部门需要立即制定救援与处理方案，并组织人员进行救援。

六、生物安全事故的干预与处置

当实验过程中出现感染性物质泄漏事故，如病原微生物等生物分子泄漏，当事人首先应该检查自身保护服有无出现破损，主动联系实验室相关管理人员，在专业人员的指导下可先进行感染物质的紧急处理。对操作环境的泄漏物处理可使用沾有消毒剂的纸巾或纱布覆盖污染区域，然后往纸巾或纱巾上倾倒适量的消毒剂，处理30分钟。然后，用镊子等将各种碎片、纸巾或纱巾清理到盛有消毒剂的废液缸里，用新的纸巾对该区域进行擦拭，完成污染区域的处理。当泄漏物扩散至外部环境，无关人员需要紧急撤离，撤离过程要防止感染物质的产生和扩散，清除泄漏物前要封锁被污染的实验室，用尽可能短的时间将泄漏的感染性物质清除。若感染性物质意外进入人体，当事人应该妥善处置正在操作的感染性材料，以免造成进一步的外溢等二次事故的发生，由于当事人可能成为传染源，因此需要对其及时进行医学观察和采取必要的隔离措施，并针对污染源可能产生的后果进行事故风险评估[10]。

七、触电事故的干预与处置

触电事故的发生具有伤害大、危险性高的特点。当触电伤害事故发生后，

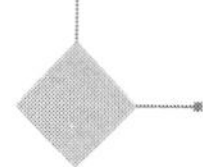

现场人员首先应该帮助当事人脱离电源，包括但不限于切断电源、用绝缘的尖锐物品切断电源线、利用绝缘物包裹触电者以隔断电流等。脱离电源后，现场人员要根据触电者的受伤情况进行相应处理，若伤势不重，应让触电者安静休息，严密观察并交由医护人员处理；若触电者伤势过重，出现呼吸困难、失去知觉等情况，应第一时间通知医护人员，按照医护人员指导进行紧急处理，等待医护人员到来后做进一步治疗，随后通知实验室管理人员，对现场情况进行处置。

八、设备相关事故的干预与处置

当出现设备相关重大安全事故时，首先应当判断事故发生原因，在做好保护措施的情况下及时关闭设备电源或切断实验室供电电源。当出现人员伤亡情况时，及时联系学校有关部门以及医护人员，在掌握伤员伤情的前提下可对伤员进行适当的救助。有关单位负责人要迅速到达事故现场，组织指挥救助工作，校技术安全部门、保卫部门要及时查明原因，并上报市安全生产监督管理部门，协助市有关部门处理事故和责任认定工作。

第 5 节　典型案例分析

案例一：南京某大学实验室爆燃事故

事故回顾：2021 年 10 月 24 日，南京某大学材料科学与技术学院材料实验室发生爆燃，事故造成 9 人受伤、2 人死亡。事故现场位于该校新校区实验室，初步判断实验室爆燃事故可能与镁铝粉爆燃有关。

事故原因：除去事故的直接引发原因，其背后安全意识淡薄、实验室管理措施存在漏洞等间接原因也是导致这场悲剧的重要因素，主要包括：

①实验室层面：实验室人员违规进行试验与作业；违规购买和违法储存危险化学品，并且未采取有效安全防护措施；实验室教师未告知实验人员试验的危险性；实验室管理人员未落实校内实验室相关管理制度，未有效制止事发项目负责人违规使用实验室，未发现违法储存的危险化学品。

②学院层面：学院对实验室安全工作重视程度不够，未对申报的横向科研项目开展风险评估；未按学校要求开展实验室安全自查；在事发实验室主任岗位空缺期间，未按规定安排实验室安全责任人并进行必要培训；对实验

室存放的危险化学品监管不严，对违规使用教学实验室开展试验的行为，未及时查验、有效制止并上报。

③学校层面：未能建立有效的实验室安全常态化监管机制，对实验室与学院的一系列违规违法行为未能及时发现；实验室日常安全管理责任落实不到位，最终酿成悲剧。

案例二：北京某大学实验室爆炸事故

事故回顾：2018 年 12 月 26 日，北京某大学市政与环境工程实验室发生爆炸燃烧，事故造成 3 人死亡。事故现场位于该校东校区教学楼，事发项目为垃圾渗滤液的污水处理，目的是制作垃圾渗滤液硝化载体。

事故原因：此次事故发生的直接原因是相关实验人员利用搅拌机对镁粉和磷酸进行搅拌反应，搅拌机料斗内形成了氢气、镁粉和空气的气固两相混合区，搅拌过程中由于搅拌机转轴处的金属摩擦和碰撞产生的火花点燃了可燃气体与金属粉尘形成的可燃混合物，从而引起了该爆炸事故。

案例三：中国某大学实验室爆炸事故

事故回顾：2015 年 4 月 5 日，中国某大学化工学院实验室发生爆炸，事故共造成 5 人受伤、1 人死亡。事故现场位于化工学院大楼的实验室，事发实验室正在进行纳米催化元件的制备实验，实验人员在实验室进行甲烷混合气体催化剂活性实验与燃烧实验，实验进行过程中随着一声尖锐的响声，甲烷混合气体实验气瓶突然发生爆炸，导致人员伤亡。

事故原因：此次事故发生的直接原因是实验采用的是私自充装的甲烷混合气体钢瓶，气瓶内甲烷含量达到爆炸极限范围。实验中开启气瓶阀门时，气流快速流出引起的摩擦热能或静电，导致瓶内气体反应发生爆炸。

实验室突发事故与我们的距离并不遥远，如何在实验室开展科学研究的同时，维护实验室安全，保护自身安全与实验室财产不受破坏至关重要。从学校各级管理人员到实验室操作人员，都应该将实验室安全摆在工作的首位，把实验室安全作为不可逾越的红线，提高个人的安全意识，预防安全事故的发生。同时各方应该积极促进实验室安全责任体系、安全管理制度的形成与实施，提高各方对于实验室安全事故干预与处置的能力，相互监管，努力营造一个安全的实验室环境。

参考文献

［1］项晓慧．高校实验室安全事故案例分析与成因研究［C］//Proceedings of 2014 3rd international conference on physical education and society management（ICPESM 2014 V24）．2014：378－383.

［2］武湘豫．高校实验室安全事故类型与安全管理对策研究［J］．科技创新导报，2020，17（5）：160－162.

［3］甘圣义，文方林，聂冬梅，等．2010—2019年国内高校及研究院所实验室涉化类消防安全事故原因分析及对策研究［J］．科技与创新，2021（7）：32－36.

［4］殷瑞祥．高等学校安全概论［M］．广州：华南理工大学出版社，2013.

［5］华子春，魏永军．以查促建：江苏省部分高校实验室安全检查结果分析［J］．实验技术与管理，2019，36（11）：1－6.

［6］陈铭祥，何树华，郑明彬，等．医药院校化学实验室安全事故预防与处理管理研究［J］．广州化工，2021，49（7）：174－176.

［7］汤海峰，刘艳，李臣亮，等．高校化学实验室常见安全事故的紧急处置策略［J］．广东化工，2021，48（24）：89－90.

［8］尹燕博．高校实验室爆炸与火灾事故统计分析及处置对策研究［C］//Proceedings of international conference on management science and industrial economy（MSIE 2019）（Advances in Economics，Business and Management Research，VOL. 118）．2019：353－359.

［9］刘淑萍，张世铭，张新华．高校实验室应对安全事故突发事件初探［J］．中国公共安全（学术版），2005（4）：44－46.

［10］汤海峰，刘艳，郑艳茹，等．高校化学实验室生物安全事故的紧急处置策略［J］．广东化工，2021，48（23）：228－229.

第二章　高校突发公共卫生事件的预防与处置

推进健康中国建设，把保障人民健康放在优先发展的战略位置，是中国共产党治国理政的重大决策部署。尤其是2020年以来，面对突如其来的新冠肺炎疫情，党和政府坚持人民至上、生命至上，坚持外防输入、内防反弹，坚持动态清零不动摇，开展抗击疫情人民战争、总体战、阻击战，最大限度保护了人民生命安全和身体健康。三年来，全国各地不断创新医防协同、医防融合机制，健全公共卫生体系，提高重大疫情早发现能力，加大重大疫情防控救治体系和应急能力建设，有效遏制重大传染性疾病的传播，以一张亮丽的成绩单生动践行了“健康中国”战略。高等学校作为人才培养和科学研究的重要基地，承载着培养中国特色社会主义事业建设者和接班人的重要使命，承载着千千万万学生家长的心愿和期盼，积极落实党中央的重大决策部署，深入开展健康中国行动和爱国卫生运动，倡导文明健康的生活方式，预防和处置好校园突发公共卫生事件，最大程度保护好学生的健康安全无疑是一项重要使命和责任。本章将从公共卫生事件预防的角度，重点分析高校突发公共卫生事件的原因，探讨预防的原则和措施并提出处置的策略，为高校干预和应对突发公共卫生事件提供参考和依据。

第1节　高校突发公共卫生事件的分类、分级与特点

一、突发公共卫生事件的定义

我国于2003年5月9日公布实施的《突发公共卫生事件应急条例》第二条对突发公共卫生事件做出了明确的定义：突发公共卫生事件是指突然发生，造成或者可能造成社会公众健康严重损害的重大传染病疫情、群体性不明原因疾病、重大食物中毒和职业中毒以及其他严重影响公众健康的事件。

结合上述定义，校园突发公共卫生事件则可以理解为在校园中突然发生的，危害或可能危害学生身体健康的公共卫生事件。

二、校园突发公共卫生事件的类型

根据突发公共卫生事件的定义，从事件的成因和性质来看，可以将校园突发公共卫生事件划分为重大传染病疫情、重大食物和职业中毒事件、群体性不明原因疾病，以及严重影响学生健康的事件四大类。

1. 重大传染病疫情

重大传染病疫情是指某种传染病在短时间内发生，波及范围广泛，出现大量的疾病患者或者死亡病例，其发病率远远高于常年的水平，且远远超过一般疾病的发病率。如2003年非典型肺炎、2009年全球甲型H1N1流感疫情、2019年12月开始暴发的新型冠状肺炎疫情等。

2. 重大食物和职业中毒事件

重大食物和职业中毒事件是指由于食品污染和职业危害造成的人数较多或伤亡较重的中毒事件。其中，食品污染包含摄入含有生物性、化学性有毒有害物质后或把有毒有害物质当作食物摄入后所出现的非传染性的急性或亚急性疾病，导致有毒有害因素污染的原因有水体污染、大气污染、放射污染等，此类中毒均属于食源性疾病的范畴。职业中毒是指在劳动过程中吸收工业毒物引起的中毒，主要有铅、汞、锰、镉等金属及其化合物，还有氯气、二氧化硫、一氧化碳等气体中毒。

3. 群体性不明原因疾病

群体性不明原因疾病是指在一定时间内，在某个相对集中的区域（如医疗机构、地区、学校等）内同时或者相继出现多例具有相同临床表现的病人，但相关医疗机构和专家却无法诊断或解释其病因，公众也缺乏相应的自我防护和治疗知识，且有重症病例或死亡病例发生的疾病。

4. 严重影响学生健康的事件

严重影响学生健康的事件是指除以上几种类型突发性公共卫生事件之外，其他严重影响学生健康的事件，包括医源性感染事件，药品或免疫接种引起的群体性反应或死亡事件，生物、化学、核辐射等恐怖袭击事件以及自然灾害（如地震、洪水等）引发的公共卫生事件等。

三、校园突发公共卫生事件的等级

参考《国家突发公共卫生事件应急预案》和《教育系统公共卫生类突发事件应急预案》，考虑事件的性质、危害程度和涉及范围，校园突发公共卫生事件的等级从高至低划分为：特别重大（Ⅰ级）、重大（Ⅱ级）、较大（Ⅲ

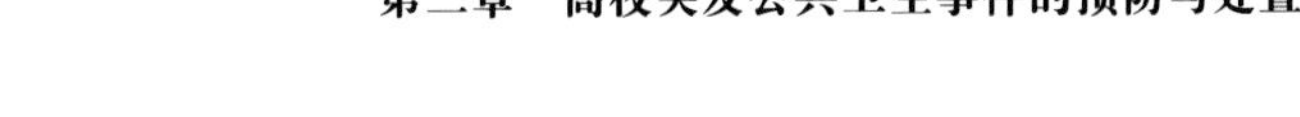

级）和一般（Ⅳ级）四级。

各等级所涵盖的内容因不同地区的要求、不同学校的实际以及考虑不同的因素，各学校制定方案时可能略有区别，但总体上大致可以归纳为以下内容（包括但不限于以下情况）：

1. 特别重大突发公共卫生事件（Ⅰ级）

①发生肺鼠疫、肺炭疽、SARS、新冠肺炎、人感染高致病性禽流感，并有进一步扩散趋势。

②发生群体性不明原因疾病以及我国尚未发现的疾病或已消灭的传染病等，达到国务院卫生行政部门确定特别重大突发公共卫生事件标准的疾病。

③发生烈性病毒株、毒株、致病因子等丢失事件。

④省级及以上卫生行政部门认定的其他特别重大突发公共卫生事件。

2. 重大突发公共卫生事件（Ⅱ级）

①学校发生集体食物中毒事件，且出现学生死亡病例。

②实验室、校医院有毒物（药）品泄漏，造成大量人员急性中毒，或者出现死亡事故。

③发生重大医源性感染事件。

④省级及以上卫生行政部门认定的其他重大突发公共卫生事件。

3. 较大突发公共卫生事件（Ⅲ级）

①校园内发生群体性不明原因疾病。

②乙、丙类传染病在短期内暴发流行，疫情局限在校园内。

③预防接种或群体预防性用药出现群体心因性反应或不良反应。

④政府卫生行政部门认定的其他较大突发公共卫生事件。

4. 一般突发公共卫生事件（Ⅳ级）

①学校发生食物中毒事件，但无死亡病例。

②实验室、校医院有毒物（药）品泄漏，造成人员急性中毒，无死亡病例。

③发生腺鼠疫、霍乱病例或者血吸虫急感病例。

④政府卫生行政部门认定的其他一般突发公共卫生事件。

四、校园突发公共卫生事件的特点

高校是一个复杂的社会组织，校园内的突发公共卫生事件既具有突发公共卫生事件的一般属性，又具有其相对的独特属性。

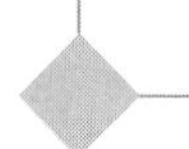

1. 突发性

突发性是突发公共卫生事件最显著的特征。突发公共卫生事件多为突然发生，且具有不确定性，一般事先没有预兆，时间和地点具有不可预见性，难以做出能够完全避免此类事件发生的应对措施，如各种自然灾害、重大疫情和食物中毒等，让人猝不及防。

2. 群体性

群体性是校园突发公共卫生事件的重要特征。校园中人口密集，人员结构混杂，活动场所相对集中，一旦发生突发性公共卫生事件，可能相比社会传播速度更快，波及范围更广，容易在短时间内蔓延和扩散。特别是一些城区内的老旧校区，校内空间相对拥挤狭窄，家属区与教学区又彼此相邻或交叉，如果出现传染性疫情，不仅影响学生和教师，也会波及家属区的老人、儿童以及一些体弱多病的人群。

3. 严重危害性

严重危害性主要与高校在社会中的特殊地位相关。校园内突发公共卫生事件不仅会对学校正常的教学、科研、生活等秩序造成严重影响，也可能对公共安全造成或可能造成严重的威胁或巨大的破坏，甚至可能会危害学生的身体健康和生命安全，在一定程度上也会给学生造成思想波动或者心理恐慌，处置不当则可能会演变成严重的群体性危机事件。

4. 高度复杂性

校园突发公共卫生事件种类繁多、原因复杂，不仅涉及传染性疾病、饮食卫生安全，也包括自然灾害、医源性感染，以及实验室生物、化学、辐射性物质泄漏等，有些会直接造成身体伤害，有些存在潜在的或间接的威胁，有些情况持续时间比较长，有些情况波及范围比较广，甚至引发连锁反应导致事态升级，造成严重的社会影响和巨大的经济损失。

5. 主体活跃性

主体活跃性主要与高校的人员结构密切相关。高校以学生和老师为主体，他们自主的弹性时间较多，科研调查范围广、活跃度高，出入校园较为频繁，与外界人员接触交流较多。一旦发生类似于新型冠状病毒的传染性疾病，很容易导致疫情进一步加重。同时，高校中大多数学生来源于全国各地，在国家法定节假日或寒暑假期间大多会选择返乡探亲或外出旅游，大量的流动人群会使得传染区域扩大，不利于疫情防控工作的开展[1]。

6. 社会敏感性

高校作为高层次人才培养的基地和科学研究的重地，绝大多数人员为高

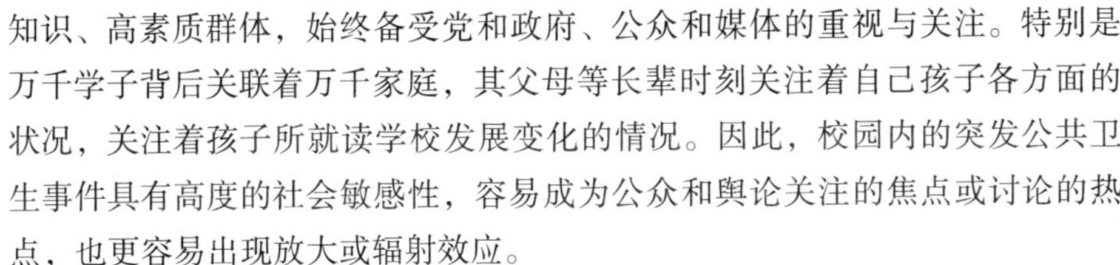

知识、高素质群体，始终备受党和政府、公众和媒体的重视与关注。特别是万千学子背后关联着万千家庭，其父母等长辈时刻关注着自己孩子各方面的状况，关注着孩子所就读学校发展变化的情况。因此，校园内的突发公共卫生事件具有高度的社会敏感性，容易成为公众和舆论关注的焦点或讨论的热点，也更容易出现放大或辐射效应。

第2节　高校突发公共卫生事件的原因解析

一、思想认识层面

1. 危机意识不强

党和政府历来十分重视公共卫生事件，颁布了多项法律法规或文件，始终将预防和处置突发公共卫生事件作为保证人民身体健康和生命安全的一件大事来抓。但是有些地方政府或卫生部门对公共卫生事件的危害性认识不足，对校园突发公共卫生事件所面临的严峻形势认识不充分，部分管理者心存侥幸，认为很难发生严重的公共卫生事件，在一定程度上存在思想松懈的心态。正是由于危机意识的缺乏，直接影响到高校对公共卫生管理工作的重视程度不够，如对校园公共卫生事件的相关诱发因素监管缺位，部分高校对校园治安、实验室管理、宿舍管理等方面监督检查力度不够，直接导致突发性公共卫生事件发生的概率大幅增加[2]。而部分高校管理者也惯于采取“事后救火”的处置态度，缺乏事前预测和预防，缺少主动科学的防范策略，对于公共卫生管理工作的前瞻思维和忧患意识严重不足。

2. 危害性认识不深

高校学生对公共卫生事件危害性认识不深体现在两个方面。一是学生对公共卫生事件的危害性认识不深，“四方责任”中的个人责任落实不到位。有的人认为突发性公共卫生事件与己无关，怀着事不关己的心态；有的人认为自己身体素质好，怀着不会轻易被传染的大意心态；也有的人认为危险性不大，一旦中招及时就医治疗的洒脱心态。突出表现为防控新冠肺炎期间，个别学生不按照要求进行定期核酸检测，不遵守相关防疫规定等。二是高校管理者对公共卫生工作不够重视，“四方责任”中的单位责任落实不到位。在日常教育管理过程中，一些高校对学生风险意识、底线思维、应急能力等方面的教育培训存在薄弱环节。高校的教室、食堂、宿舍均为人群高密度场所，也是校园内突发性卫生公共事件的高发之地，部分学生对卫生常识和医学知识相对缺乏，面对突发性公共卫生事件时应对和处置能力十分有限。尤其是当前在校生大多数为独生子女，心理承受能力相对较差，在一定程度上增加了校园突发性公共卫生事件的处置难度。

二、制度建设层面

1. 应急机制不够健全

回顾2003年SARS疫情全国暴发后，集中暴露出我国突发性公共卫生事件应急机制的不完善。此次疫情也引起党中央的高度重视，提出三年内完善公共卫生体系建设，直到2006年1月国务院颁布《国家突发公共事件总体应急预案》，标志着我国应急预案框架体系初步形成。2009年8月，教育部颁布《教育系统公共卫生类突发事件应急预案》，对校园突发性公共卫生事件的应对给出了指导意见，各高校随后制定了本校的突发公共卫生事件应急预案。但从2020年以来开展的新冠疫情防控看，应急机制还不够完善，如监测预警机制、信息报告和共享机制、应急处置协调联动机制、信息发布和舆论引导机制、定期演练机制等多个方面依然需要进一步完善。尤其当疫情在校园内出现时，部分学校在初期阶段应对明显不够有力，引起了学生及其家长和社会的高度关注。

2. 制度建设不够完善

随着党中央和政府主管教育部门的逐渐重视，多数高校已经建立了突发性公共卫生事件的应急预案及相应制度，但仍存在几方面突出的共性问题。一是相关制度文件与时俱进地更新不够及时，尤其是结合学校实际发展状况不够紧密，部分高校也未建立“废改立”长效机制；二是多数制度文件实践性不强，很多制度制定者仅根据上级文件修改完善，缺乏对制度文件精神的理解，更缺少符合学校实际的具体可实操层面的举措；三是制度文件发布后宣贯解读较少，基层单位干部教师不了解、不清楚的现象在一定程度上存在，尤其是办公信息化之后，不少单位制定的文件在校园网上一挂了之，导致突发事件发生后多数学生不知所措，严重影响事件的处置效果。所以高校应重视校园公共卫生工作相关制度建设，为提高应对突发性公共卫生事件的能力做好基本保障。

3. 应对能力不够有力

2020年年初，新冠肺炎疫情暴发之后，全国各大高校为抗击疫情做出了很多努力，健全完善了多项制度和运行机制，但与此同时在某些方面也暴露

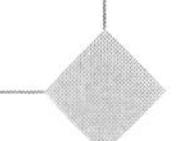

出不少短板。一是学校公共卫生服务体系建设不够完善，多数校医院在面对此类重大疫情时暴露出人员短缺、能力不足，医疗资源跟不上等问题。二是多校区办学模式下防控机制面临挑战，随着各高校新校区的建设，以及与社会合作办学数量的增加，学生跨校区流动、跨单位交流愈发频繁，给高校突发公共卫生事件应对和处置带来非常大的挑战。三是学校资源保障运行机制尚需加强，尤其是应对传染性疾病所需的隔离观察场所明显存在短板，当社会面疫情出现扩散或蔓延之后，政府拥有的可支配资源必然出现挤兑，这种状况下高校需要“校自为战”，而一旦校园出现聚集性疫情，仅仅依靠校内现有资源将很难应对，也较难确保学生的健康与安全。

三、日常管理层面

1. 公共卫生管理存在短板

高校的公共卫生管理关键在饮食。现阶段高校的食堂虽然名义上由学校主办，但多数属于外包经营，部分食堂为了追求风味，甚至存在层层转包的现象。在这种运行模式下，承包人受经济利益驱使某种程度上会忽视食堂的环境卫生、餐具卫生、操作间的卫生以及原材料安全等方面的工作，如果学校管理部门对其监管力度不到位，久而久之必然会留下隐患或诱发公共卫生事件。从近些年的现实情况来看，校园内发生的食源性公共卫生事件多由食堂引发，应该引起高校管理者的重视和关注。此外，部分偏远地区高校或新建扩建的校区，由于周边城市配套设施未能及时跟进，给社会的小摊小贩留下了经营的空间，令人担忧的是这些路边摊严重缺乏监管，相关从业人员对食品卫生安全问题重视不够，非常容易引发集体食物中毒事件。

2. 管理机构作用发挥不够全面

按照教育部对高校的办学要求，每一所高校均应设立专门的卫生管理机构，具体职责包括负责学校公共卫生服务、传染病预防保健、基本医疗服务和学生健康教育等方面的工作。然而在实际工作运行中，部分高校卫生机构存在方向模糊、定位不清、履职不到位现象，很多高校的校医院或医务科仅重视日常的基本医疗服务，忽视健康教育、传染病防治等工作，忽略公共卫生服务和卫生行政两大职责[3]。进入21世纪以来，高校卫生机构在应对疫情和传染病方面虽然发挥了重要作用，但也暴露出相关领域在平时工作中还存在很大的欠缺。当然这一方面与学校顶层设计有关，表现为对该部门日常工作支持不够，对该部门的队伍建设和资源配备重视度不高，遇到突发事件“临阵磨枪”；另一方面也暴露出卫生机构相关管理人员履职不到位，主要表现在日常有计划有组织地开展健康教育及应急技能的培训不足，更缺乏对突发公共卫生事件的预警和识别能力。

四、社会环境层面

1. 不可抗拒性的自然灾害具有不可预见性

随着社会经济的发展，人类活动和自然环境的互相作用日趋明显，自然灾害的风险日趋增高。从中华人民共和国成立以来中国人民遭遇的经历看，我国无疑是世界上自然灾害最为严重的国家之一，地震、台风、洪水、暴雨、泥石流、冰雹、风沙等各种自然灾害频发，不同区域的高校始终要面对不同类型自然灾害所造成的危机事件。而自然灾害往往破坏力较强，且极易引发连锁反应，如 2012 年发生在北京的“7・21”特大暴雨事件，由于暴雨影响，部分高校停水断电，校园内树木折断、泥沙垃圾遍地，学校不仅要及时进行抢险救灾、恢复重建，还要兼顾灾后传染病的传播和学生心态的调节。

2. 社会范围的突发公共卫生事件具有扩散性

进入新世纪后，我国已经经历了两次重大传染病疫情的考验，校园内食物中毒事件也偶有发生。仅从两次疫情来看，暴发于 2003 年的非典型性肺炎，由于当时我国缺乏应对大规模疫情的经验，发现病例初期未能进行科学有效的防控，导致疫情快速扩散。在社会大环境因素的影响下，部分高校最终演变为疫情传播的重灾区。以北京某大学为例，自当年 4 月 17 日出现第一例“非典”疑似病例后，仅过三天时间发热症状师生便增加至 65 人，导致后来 400 余人相继隔离，由于暴发了聚集性疫情，学校随后宣布进入了战时状态。又如 2019 年年底以来暴发的新冠肺炎疫情，可以说是中华人民共和国成立以来我国遭遇的传播速度最快、感染范围最广、防控难度最大的突发性公共卫生事件，虽然我国各地采取常态化疫情防控举措，但狡猾的病毒防不胜防，在社会上快速扩散。

第 3 节　高校突发公共卫生事件预防的原则与措施

一、高校突发公共卫生事件的预防原则

根据《突发公共卫生事件应急条例》，突发公共卫生事件应当遵循预防为主、常备不懈的方针。高校突发性公共卫生事件具备一般突发公共卫生事件

的特点，同时也有其自身的特殊性。基于我国高校的现实情况，总体上应坚持预防为主、常备不懈、防治结合、重点防范的基本原则。

1. 预防为主

近年来，国内多起校园突发公共卫生事件提醒我们，应对突发公共卫生事件最好的办法是未雨绸缪、防患于未然。自古有云，“预则立，不预则废”。中国工程院院士钟南山也曾表示，通过本次新冠肺炎疫情的防控斗争，我们得出一条经验，就是应对各种突发公共卫生事件，包括各种影响大家健康的慢性病，必须强调预防为主。因此，各高校在平时管理工作中应增强危机意识，筑牢突发事件的预防理念，尽量避免采用“事后补救”的干预措施，进而最大限度减少或避免突发性公共卫生事件的发生，这也是高校应对突发公共卫生事件最为有效、最为经济的应对原则。

2. 常备不懈

所谓“常备不懈”，是指在应对校园突发公共卫生事件时应当做到时刻准备，毫不松懈[4]。由于突发性公共卫生事件具备突发性、紧迫性和严重危害性的特点，高校在处置突发公共卫生事件时首先需要提高快速反应能力，这就要求高校必须有一种常备不懈的精神状态，时刻保持高度的警惕性，绝不可存在麻痹思想、厌战情绪、侥幸心理、松懈心态，务必从严从细落实好各项工作要求，提高预警、预测、预防能力，同时也要对校内学生开展忧患意识教育，增强其自我防护的意识和能力。

3. 防治结合

“防治结合”，顾名思义，“防”即预防，“治”即治疗、治理。防治结合是指高校在应对突发公共卫生事件时应首先采取各种预防措施，加强对相关隐患的排查工作，尽可能将引发公共卫生事件的潜在因素消除，或者最大限度地将发生概率以及产生的影响降到最低。但由于引发校园内公共卫生事件的因素具有很多不确定性，例如自然灾害等，无法从预防的角度完全避免公共卫生事件的发生，所以不仅要做好预防措施，同时也应当做好应对突发公共卫生事件的准备，完善应对突发情况的机制体制建设，坚持防治结合。

4. 重点防范

根据国家突发公共卫生事件报告管理信息系统报告的数据分析，2017—2020 年仅广西报告学校突发公共卫生事件达 1 406 起，其中传染病居首位，占突发公共卫生事件的 97. 37%，主要为呼吸道和肠道传染病；排名第二的是食物中毒事件，主要是细菌性食物中毒和有毒植物中毒。可见，校园内最常见、发生概率最高的突发公共卫生事件是重大传染病疫情和重大食物中毒事件。因此，学校预防突发公共卫生事件必须从实际出发，突出工作防范重点，有针对性地做好学校的传染病疫情和食物中毒防范工作，将有限的人力、物力、财力用到刀刃上，对降低校园突发公共卫生事件具有重要的意义[5]。

二、高校突发公共卫生事件的预防措施

1. 加强组织领导，强化公共卫生危机管理理念

“危机管理”又称作“突发事件管理”，概念由美国学者提出，其中最著名的理论是“4R”理论，即危机缩减（Reduction）、危机预备（Readiness）、危机反应（Response）、危机恢复（Recovery）四个阶段[6]。突发性公共卫生事件作为校园内的危机事件完全适用危机管理理念。“4R”理论的核心是危机缩减阶段，是指减少风险发生的可能性和危害性，属于前馈控制，也就是预防环节。各高校在应对突发性公共事件表现出的应对能力薄弱、反应速度不及时、处置方法不科学等问题，归根结底在于组织领导薄弱、缺乏危机意识，具体体现在学校涉及突发公共卫生事件方面的讨论较少，校园文化中缺少应对突发公共卫生事件危机元素，学生也比较缺少危机管理的知识和意识，所以建立危机管理理念是高校提高突发公共卫生事件应对能力的首要任务。

2. 定期排查隐患，建立突发公共卫生事件预警机制

预警机制包括预警分析和预警监控两个部分，主要的任务包含以下几个方面：一是加强风险评估，强化诱发校园内突发公共卫生事件的潜在因素的识别，建立校园风险数据库。二是定期开展学校风险隐患排查，尤其要加强针对食品卫生安全的检查和对季节性流行性疾病的重点排查。比如流行性感冒等疾病的传播，在季节上有明显的特征，高校可以总结出相关经验或规律，有针对性地加强传染病预防知识的宣传和教育。三是重视信息管理工作，充分利用信息网络技术收集突发公共卫生事件的风险因素和事前征兆，并根据分析结果向学生发布预警。四是完善预警响应机制，当信息系统监测收集到数据并发出预警警报后，应该做到快速的预警响应，实现早发现、早干预、早控制，避免事态进一步发展和扩大。

3. 提升防范意识，建立传染病预防工作体系

传染病类突发性公共卫生事件是近年来在校园内发生概率最高、影响范围最广的公共卫生事件，不仅对高校的正常教学秩序和学生的身心健康造成了很大影响，而且给学生家庭和社会带来了很多不安定的因素。因此，加强高校突发传染性疾病的预防，研究并建立科学合理和高效的防控体系迫在眉睫。鉴于 2003 年非典型性肺炎和 2020 年新型冠状肺炎两次大型传染病的影

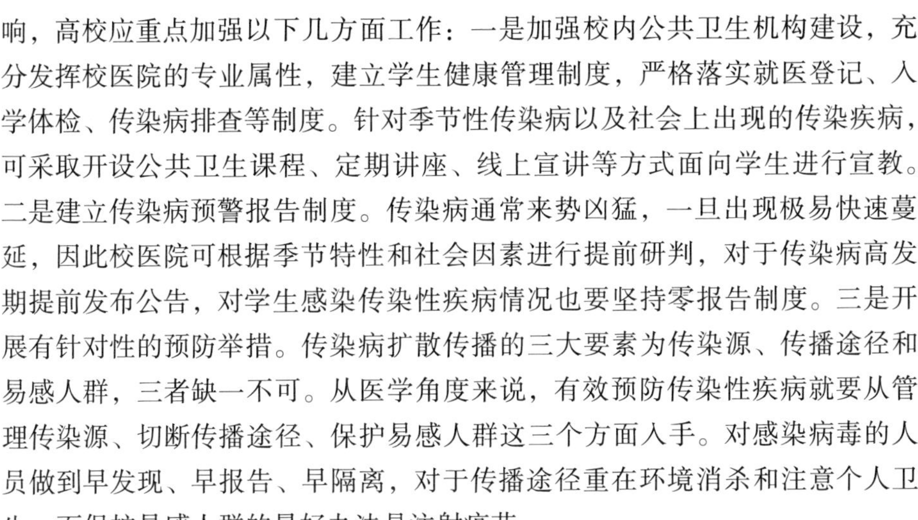

响，高校应重点加强以下几方面工作：一是加强校内公共卫生机构建设，充分发挥校医院的专业属性，建立学生健康管理制度，严格落实就医登记、入学体检、传染病排查等制度。针对季节性传染病以及社会上出现的传染疾病，可采取开设公共卫生课程、定期讲座、线上宣讲等方式面向学生进行宣教。二是建立传染病预警报告制度。传染病通常来势凶猛，一旦出现极易快速蔓延，因此校医院可根据季节特性和社会因素进行提前研判，对于传染病高发期提前发布公告，对学生感染传染性疾病情况也要坚持零报告制度。三是开展有针对性的预防举措。传染病扩散传播的三大要素为传染源、传播途径和易感人群，三者缺一不可。从医学角度来说，有效预防传染性疾病就要从管理传染源、切断传播途径、保护易感人群这三个方面入手。对感染病毒的人员做到早发现、早报告、早隔离，对于传播途径重在环境消杀和注意个人卫生，而保护易感人群的最好办法是注射疫苗。

4. 关心关爱学生，切实加强食品卫生安全管理

加强食品卫生管理，是减少公共卫生事件的有效途径。近些年来，在校园中发生的突发公共卫生事件中食物中毒位居前列。从成因分析，食物中毒一般分为细菌性食物中毒、真菌霉素食物中毒、有毒动植物中毒以及化学性食物中毒和亚硝酸盐中毒。其中 70% 的食物中毒事件是由葡萄球菌、大肠杆菌、肉毒杆菌等细菌和真菌引起的细菌性中毒和真菌霉素中毒事件，大部分是由于动植物食品变质或食品加工操作过程中手或者容器携带细菌或者真菌污染了食物。另一种常见的食物中毒是有毒动植物中毒，一般是食用了含有有毒成分的动植物，比如不新鲜的海鲜、发芽的土豆、未煮熟的豆角、有毒的蘑菇等。因此，高校加强食品卫生安全管理工作，既要注重构建责任明确、部门协同、分工合作的食品卫生安全科学组织体系，又要建立有效的监督、管理制度体系，确保校园食堂、超市、餐厅等场所符合卫生管理规定。此外，也要面向食堂、超市等从业人员开展培训，增强其责任意识、危机意识，提高相关人员对食品卫生安全工作的认识，做到操作规程标准化、规范化[7]。

5. 强化宣传教育，提高学生自我防护能力

2017 年教育部颁布的《普通高等学校健康教育指导纲要》明确指出，高校健康教育是中小学健康教育的延续和深化，是全民健康教育的重要组成部分。高校健康教育内容主要包括健康生活方式、疾病预防、心理健康、性与生殖健康、安全应急与避险五个方面。然而，目前公共卫生教育仅在医学类院校才有一定的关注度，在非医学类院校普遍不被重视，这造成了学生公共卫生知识的匮乏，导致公共卫生事件发生后学生自我防护意识和能力的欠缺。

因此，学校相关部门应采取多种形式广泛开展公共卫生知识的宣传教育，使学生增强自我防护意识，掌握科学应对方法，提升自我保护能力。同时也要普及公共卫生相关法律法规，强化学生知法、懂法、守法、护法的观念和意识。

第 4 节　高校突发公共卫生事件的干预与处置

一、干预与处置原则

校园突发公共卫生事件的应急处置原则，应遵循以人为本、减少危害，快速响应、统一指挥，依法规范、科学处置，内外联动、协同应对的原则[8]。

1. 以人为本、减少危害

《国家突发公共事件总体应急预案》明确规定“以人为本，减少危害”是处理突发公共卫生事件的首要原则。习近平总书记多次强调，“把人民群众生命安全和身体健康放在第一位”。在应对校园突发公共卫生事件时，高校应当始终把学生的生命安全放在首位，时时刻刻尊重学生的主体地位，考虑学生的切身利益[9]。

2. 快速响应、统一指挥

突发性是校园公共卫生事件的最典型特征。高校只有在应急处置领导小组统一指挥下，第一时间做出快速响应、正确处置，才能迅速控制影响，有效防止公共卫生事件进一步扩大。俗话说“天下武功唯快不破”，面对突发性公共卫生事件，讲究的是“第一时间”出击，做到发现快、报告快、处置快，将危机控制在萌芽状态。

3. 依法规范、科学处置

校园突发性公共卫生事件涉及面广、专业性强，因此，在应急处置过程中，应依据《中华人民共和国传染病防治法》《突发公共卫生事件应急条例》等法律法规，规范、科学地处置，尤其要充分发挥专业人员和专家队伍的作用，提高应对处置的科学化水平，切实保护好学生的身体健康，维护好学生的合法权益。

4. 内外联动、协同应对

校园突发公共卫生事件具有高度复杂性和社会敏感性的特点，这决定了该类事件无法由高校某个部门独立处理和应对，必须建立校内外各部门的协

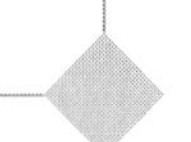

同和联动机制，尤其是对社会上发生的重大突发公共卫生事件流入校园或校园中发生的严重公共卫生事件，不仅要由校内各个部门协同处置，还应依靠政府有关部门协同应对。

二、干预与处置策略

1. 完善落实好校园应急预案

自2006年《国家突发公共事件总体应急预案》出台以来，各级政府、部门相继颁布突发公共卫生事件应急预案，教育系统同样予以积极跟进，并开始越来越重视校园公共卫生工作。目前经过多年的发展与建设，突发事件应急工作理念逐步得到各单位管理者的重视与认可，各高校也纷纷按照主管部门的要求，结合学校实际制定了校园突发公共卫生事件应急预案，但是我们也能够发现，部分预案的内容不够切合实际，缺乏一定的实际操作性及可行性。此外，在具体执行过程中，部分高校存在各职能部门之间配合不够密切的问题，无法形成合力。因此，仍需在以下几方面进一步做好细致工作：

①要强化应急预案的科学性。万丈高楼平地起，应急预案作为应急管理体系的基础核心内容，在应急管理工作中发挥着重要的作用，其制定的程序应确保合规合法，具体内容应确保有理有据。

②要强化应急预案的实用性。全面及时修订完善应急预案，不断夯实应急预案实用基础，尤其要注重结合学校实际和工作需要，确保应急预案符合时代发展要求，面对突发事件时能够有效应对和妥善处置。

③要强化应急预案的指导性。制定应急预案目的是更好地应对突发事件，绝不能成为“纸上谈兵”的面子工程，因此应注重强化定期演练机制，确保预案内容刻入人心，尤其是突发事件到来时能够遵循预案应对有方[10]。

2. 构建应急管理体系

从危机干预的角度出发，任何突发事件发生后，均要求第一时间采取合理措施进行处置应对，尽量控制事态的进一步蔓延和扩散，同时也要努力避免次生灾害的发生，校园突发公共卫生事件自然也不会例外。基于这一思想，高校要提高应急处置水平和管理者临场指挥能力，尤其要加强学校应急管理的组织体系、机制建设两方面的建设。

从实践来看，组织体系关系着突发公共卫生事件处置的决策、指挥和协调，是应急突发事件管理中化解危机的关键保证，所以加强组织领导，建立健全组织体系，确保突发事件来临时能够有效动员、指挥、协调以及做好资源保障。

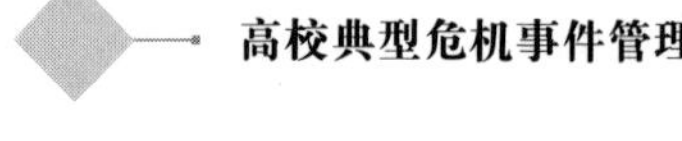

建立健全应急管理机制是提升高校应急处置能力的另一重要因素，结合高校的工作实际，大致可以归纳为八大机制：监测预警机制、信息报告机制、应急决策和协调机制、响应机制、保障机制、心理干预机制、舆论引导机制以及善后恢复机制[11]。

3. 强化部门间协同联动机制

高校作为社会的组成部分，是一个复杂的系统。其内部人员包含教师、学生、离退休人员、服务保障人员以及家属和其他社会人员，内设机构也是涵盖了多个党群部门、机关单位、专业学院或研究院、后勤保障部门等，同时学校相关工作与政府和社会有关部门或单位也是密切关联。而突发公共卫生事件具有群体性和敏感性特点，不仅波及人员广泛，而且涉及部门较多，其处置应对工作需要多部门加强信息沟通和协同配合。

①信息共享方面：主要解决的是参与者和参与部门之间的信息传递和反馈。在实际过程中，突发性公共卫生事件扩散的主要原因是处置过程中信息渠道不通畅、信息传递不对等导致的处置时间滞后。一是要明确信息的发布主体，在应急预案中明确进行信息预警和信息发布的机构或部门，规定信息发布时间、范围等；二是要建立符合学校实际的信息发布渠道，可以采用公文发布、线上系统推送、点对点发布等方式；三是要建立信息上报机制，制定校内突发事件信息上报制度，以便学校决策层和上级相关单位能够及时准确掌握最新事态进展情况。

②协同联动方面：应对突发公共卫生事件一般都会涉及物资保障、人员调配、舆论引导等方面的工作，需要学校管理层根据工作实际统筹校内资源，明确部门职责，做到相互协作形成合力，共同打好应对突发事件的攻坚战。当然，高校的资源和力量是有限的，突发公共卫生事件的应急管理仅凭学校自身很难得到较好的解决。因此，高校应努力争取属地政府部门、上级教育行政主管单位以及公安机关和媒体力量的指导和支持，与其建立良性合作和密切沟通机制，共同做好突发事件应急管理工作。

4. 完善舆情管理机制

随着互联网和新媒体的快速发展，微博、知乎、微信等多个平台成为高校学生发表个人意见和想法的重要载体。尤其面对突发性公共卫生事件，学生的焦虑情绪和恐惧心理可能会促使学生到互联网上表达情感，如果不能及时控制和正确引导，网络空间很可能演变成突发性公共卫生事件的另一个没有硝烟的战场。本书关于舆情危机的管理将在第十一章专题讨论，本部分仅做简要叙述。

①舆情引导方面，要建立“信息发布—信息回应”的闭环机制，将突发事件的基本情况于第一时间通过官微、公众号、新闻、公告等方式及时公布，保持相关信息的公开透明，赢得学生对于学校的信任和支持，同时能够预防虚假信息、网络谣言的滋生。也要关注网络舆情发展，针对学生关注的焦点问题，学校应采用积极的态度主动沟通回应，以诚恳的态度消除学生的疑虑。

②舆情管控方面，要争取占领舆论的主战场，积极引导学生不信谣、不传谣，对于网络出现的错误信息或者谣言要及时纠正，防止谣言在网络传播扩散，努力消除相关事件的负面影响，避免在学生群体中出现恐慌情绪，进而实现全校上下一心，协同化解危机事件。

5. 健全善后处理与心理干预机制

在校园突发公共卫生事件的处置和应对中，善后处理及恢复是最容易被忽略的环节。在通常情况下，突发性公共卫生事件发生后，干预的重心会聚焦到事件的处置和应对方面，一旦事态得到良好控制后，往往会出现松口气、歇歇脚的心态，故而放松或忽视对事件善后处理和心理干预工作的推进，最终可能会造成一定程度的次生灾害。因此，在相关事态得到控制后，高校的工作重心就要求从危机应对转为危机恢复方面。

①应尽快恢复正常的教学、生活秩序，对因传染病原因暂停教学活动或开展线上教学活动的，应尽快做好环境消杀，确保第一时间恢复正常校园秩序。

②对受到突发性公共卫生事件影响及危害的学生进行心理疏导，配合完成就医及康复，并做好关心关爱工作。

③做好总结和评价工作，要尽快查清事发原因，认真总结事件在干预、处置过程中存在的问题，反思工作中的薄弱环节，并采取切实的措施加以改进，消除潜在的隐患，防止类似事件再次发生。

第5节　典型案例分析

一、事件回顾

新型冠状病毒肺炎，简称新冠肺炎，是由新型冠状病毒引起的一种急性呼吸道传染性疾病。自2019年年底，我国暴发新冠肺炎后，很快席卷全国多个省份，至2022年年底已经持续三年时间，给人们生活和经济社会发展带来

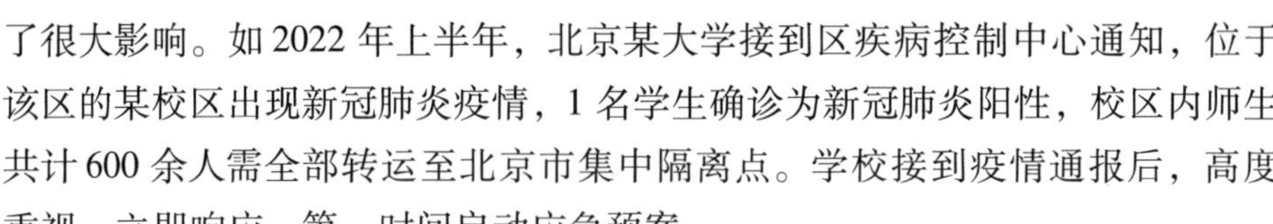

了很大影响。如 2022 年上半年，北京某大学接到区疾病控制中心通知，位于该区的某校区出现新冠肺炎疫情，1 名学生确诊为新冠肺炎阳性，校区内师生共计 600 余人需全部转运至北京市集中隔离点。学校接到疫情通报后，高度重视，立即响应，第一时间启动应急预案。

二、应对与处置

1. 加强领导，建立健全组织

学校深入贯彻落实习近平总书记关于坚决打赢疫情防控阻击战重要指示精神，落实北京市和主管单位工作要求，在疫情防控之初便重视组织机构建设，成立了由党委书记和校长任组长、相关副校长任副组长的疫情防控工作领导小组，成员单位包括党政办公室等相关职能部门及各学院。领导小组不断强化统一领导、统一指挥、统一行动，确保领导到位、人员到位、保障到位。各级领导干部特别是主要领导始终坚守岗位、靠前指挥，深入防控工作第一线。此次疫情发生后，学校第一时间启动应急工作预案，成立四个疫情防控应急处置工作专班，分工负责、深入细致开展战疫工作，打响了“遭遇战、阻击战、攻坚战、保卫战”的四大战役。同时不断健全工作运行机制，每日晚间召开疫情防控工作调度会议，加强工作的研判、决策、部署、协调、反馈、督促，建立工作闭环，狠抓工作落实，力争以快制快、跑赢病毒。学校党委书记和校长等校领导分别驻守不同“战区”，靠前指挥，始终与师生在一起，齐心共筑疫情防线。

2. 精准摸排，严格防控措施

学校不断完善疫情防控领导工作机制，成立各学院疫情防控工作领导小组。定期召开学校疫情防控领导小组工作会议，建立学校疫情防控领导小组成员单位日沟通机制，进行日报信息研判。注重加强各部门、各单位之间，学校与上级机关、属地社区以及医疗卫生机构之间的沟通联系。在分校师生核酸检测出现阳性后，学校积极配合疾病控制中心进行环境采样和流调排查，开展全员核酸检测、抗原检测以及无死角环境清洁消杀，并按要求迅速组织涉疫校区师生转运至指定隔离点集中隔离。在加紧开展该校区疫情处置工作过程的同时，同步从严从紧做好其他校区疫情防控工作。按不同校区风险等级严控各校区校内人员活动，对风险较大的校区，学生实行足不出户（宿舍），学校干部教师送饭送物到门，对风险相对较小的校区，学生停止堂食，停止一切聚集性活动，并在全校师生范围内全面开展流调工作，摸排学校师生往返于不同校区的详细情况，建立工作信息台账，对密接人员进行集中隔

离观察，对次密接人员进行居家隔离观察。

3. 筑牢堡垒，多管齐下防控

①提级管控，校园实行应急闭环管理。所有人员只出不进，“保食洁”等重点人员不出校，工作过程中全程佩戴 N95 口罩。对于因急病、大病就医等特殊原因出校的，需经上级单位审批，持单位负责人签字、加盖公章的单据出校，落实“两点一线”要求，返校后进入健康观察点，经校医院研判后“一人一策”明确进校要求。

②组建队伍，抽调符合条件的党员干部、学生骨干、后勤服务保障人员等第一时间入驻校园，与学生同吃同住，做好服务保障工作。

③加强对校门、围栏等风险区域管理，实行物理隔离，杜绝校外物品“手递手”传递，引导校园学生不点外卖。

④对进入校园的必要保供物流进行全面消杀。所有进入校园的快递均须在物流缓冲区进行消杀，进入校内快递点后再次消杀，学校根据属地要求适时调整快递收发业务，必要时暂停服务。

⑤家属区与教学区和学生生活区之间设置物理隔离墙，严格禁止人员流动，实现校园与社会面的完全隔离。

⑥关停校园内所有营业商户，开设后勤超市，确保进货渠道符合疫情防控管理要求，平价销售。

⑦加强疫情防控监督检查力度，提高室内外卫生消杀频次。

4. 精心谋划，确保校园秩序

①优化教学安排，全面实行线上教育教学，各学院及教务部门做好相关工作，保障教育教学工作平稳运行，确保教学进度不落后、教学质量不打折。

②加强一线学生教育管理力量投入，建立“六级联动、建制运行”全员育人机制，组织力量全面深入了解学生群体健康状况和思想动态，认真做好学生心理和情绪疏导。

③发布《关于开展疫情防控“大思政课”的通知》，直面同学们的困惑和疑问，建立师生“线上—线下”急难愁盼问题解答处理机制，通过日报、线上会议等途径征集同学们的各项问题和遇到的困难，关心关怀学生学习、生活，保障学校正常生活、教学秩序。

5. 网络管理，实行“楼长负责制”

学校建立网格化管理模式下的楼长负责制，实行“楼长—副楼长—辅导员—寝室长”四级网格化管理体系，在各二级学院书记、院长或相关部门负责人中遴选 20 余名干部担任楼长、50 余名学生工作队伍骨干担任副楼长，入

驻学生宿舍楼，与学生同吃同住同战疫，负责统计宿舍学生人数、安排楼宇核酸检测、建立楼宇工作机制、保证楼宇生活物资等。通过“学校—楼长”这一扁平化管理模式，校级层面的安排部署在第一时间通过楼长直达学生，学生反映的问题通过楼长直接反馈给相关部门，确保了防控工作的“快、严、准”。在做好疫情防控的同时，楼长们还肩负着开展思想政治教育，充分为学生精神解忧、心理解压的责任。驻校干部们担当“楼长”“指挥长”“战斗员”，变身“送餐员”“搬运工”，成为学生们的“大家长”，不分昼夜做好防疫工作，守好战斗岗位，为学生吃下定心丸、注入强心剂，成为打赢疫情防控攻坚战的不可缺少的中坚力量。

6. 加强宣传，增强抗疫信心

学校做实宣传教育工作，积极做好舆论引导。在官方网站开设疫情防控工作专题，通过官方微信、网站等平台，及时发布有关通知和相关信息，传播防疫科学知识，增强师生防护意识和防护能力，并积极回应师生的关切。疫情发生后，学校于第一时间面向全体师生发布“致全体师生员工的一封信”，通报疫情情况和学校工作安排及进展，稳定师生情绪，增强抗击疫情的信心。同时发起倡议，鼓舞师生斗志，积极做好疫情防控的正向引导。集中抗疫期间，学校党委策划发布 18 篇“战疫”推送，及时总结宣传学校各级党组织和身边党员、干部在疫情防控斗争中涌现出的先进典型和感人事迹，凝聚起众志成城、全力以赴、共克时艰的强大正能量。这些宣传报道把抗疫一线的“战火硝烟”、感人瞬间呈现给大家，极大程度地统一思想、凝聚人心、鼓舞士气，引起了学校师生和社会相关人员的广泛关注，也产生了 3 篇点击量超过 10 万的新闻推送，而总点击量达到 80 余万次。

经过全校师生 19 天的共同努力，学校疫情防控由应急闭环管理调整为封闭管理，集中隔离点的师生安全撤离，学校转为常态化疫情防控状态。至此，在学校统一领导下，全校师生初步打赢了本次疫情防控的四大战役。

三、经验与启示

1. 科学果断指挥决策是应对突发公共卫生事件的关键所在

新型冠状病毒作为一种重大传染性疾病，经过多轮变异后的传染性越来越强，且具有突发性和不可预测性，应对这样的突发公共卫生事件，科学果断的指挥决策是化解危机的关键。尤其是在疫情来临时，能否在第一时间做出决策并采取应对措施，是危机干预处置成败的重点。因此，首先应建立一个统一的指挥协调领导小组，统筹协调应对突发的疫情，推动相关部门联动

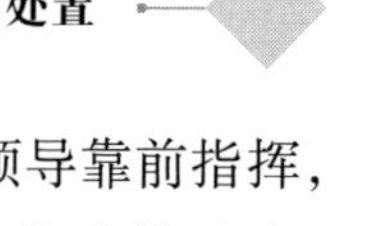

配合、形成合力，最大限度地发挥现有资源的作用。其次主要领导靠前指挥，也是危机事件应对成败的关键，以该案例的大学为例，在此次抗疫战斗中，党委书记和校长分工负责，亲赴一线，分别坐镇不同校区，为赢得疫情防控的战役奠定了决定性作用。

2. 党组织和党员冲锋在前是战胜突发公共卫生事件的制胜法宝

新型冠状病毒疫情发生以来，习近平总书记高度重视，做出一系列重要指示，强调各级党委（党组）、各级领导班子和领导干部、基层党组织和广大党员要不忘初心、牢记使命，挺身而出、英勇奋斗、扎实工作，团结带领广大人民群众坚定不移把党中央的决策部署落到实处，坚决打赢疫情防控阻击战。北京某大学党委第一时间发布了《中共北京××大学委员会关于充分发挥全校党组织战斗堡垒作用和共产党员先锋模范作用坚决打赢疫情防控阻击战的通知》，全校各级党组织、全体党员牢记师生利益高于一切，始终把群众安危放在心里、把防控责任扛在肩上，全力以赴奋战在防控疫情斗争的第一线，在坚决打赢疫情防控阻击战中践行初心使命、体现责任担当。“疫情就是命令，防控就是责任”，在疫情防控期间，该大学展现出了“一个支部就是一座堡垒，一名党员就是一面旗帜”，尤其在防控重点区域的校区，各栋宿舍楼前党旗飘扬，师生胸前党徽闪耀。

3. 内外协同快速应对是处置突发公共卫生事件的重要保障

重大突发公共卫生事件的防控涉及卫生防疫、疾病诊断、物资供应等多方面的工作，单靠一个部门、一个单位的力量应对处置是难以妥善解决的，因此加强校内外的协同联动，尤其是与属地疾病预防控制部门、主管单位等之间的沟通协作至关重要。同时也要做到快速反应，也就是在第一时间有序做好流调、隔离、预防、安抚等工作，有效防止事态向更坏的方向发展，掌握工作的主动权。北京某大学此次战疫充分证明了内外协同快速反应的重要性，疫情发生后学校与属地和上级主管单位保持密切联系，及时请示汇报最新工作进展情况，争取各级政府和部门的大力支持，为赢得战疫工作提供了重要保障。

参考文献

[1] 姜威．浅析高校突发公共卫生事件的特点及影响［EB/OL］.（2020－03－09）［2022－06－10］. http://wellan. zuel. edu. cn/2020/0309/c1675a239594/page. htm.

[2] 熊有爱．当前高校突发公共卫生事件原因及应对思考——以某市高校为例［J］. 江西教育学院学报，2013（3）：53－56.

［3］秦振秀．高校医院的职能定位及其改革发展［J］．改革与开放，2015（14）：34－35.

［4］唐绿娟，姚亚玉．浅谈高校突发性公共卫生事件的应对与预防［J］．江苏技术师范学院学报，2011（6）：61－63.

［5］宫晨，韩姗珊，邓革红，等．2016—2020 年广西突发公共卫生事件流行特征分析［J］．应用预防医学，2021（2）：149－151，154.

［6］焦大伟．浙江中职学校突发公共卫生事件危机管理研究——以新冠肺炎疫情为例［D］．西宁：青海师范大学，2021.

［7］郝明．高校食品卫生监督管理对策探究［J］．现代食品，2020（4）：146－148.

［8］丁烈云，杨新起．校园突发事件应急管理［M］．武汉：华中师范大学出版社，2009：184.

［9］徐海捷．高校突发事件及应急管理机制研究［D］．福州：福建师范大学，2010.

［10］于杰．高等院校突发公共卫生事件的现状分析与对策研究——以广西部分高校为研究对象［D］．南宁：广西大学，2014.

［11］黄全华，李阳阳，李枫．高校突发公共卫生事件应急管理现状及对策研究［J］．高教研究，2021，37（35）：189－191.

第三章　高校突发道路交通事故的成因及应对

道路千万条，安全第一条。道路交通安全问题是各单位、各地方乃至全球各国面临的共性难题。近几年，随着我国道路交通事业的快速发展，交通事故发生数量及直接财产损失金额始终居高不下，已经成为交通管理所面临的重要课题。大学校园是培养社会主义事业建设者和接班人的重要场所，其安全工作是全社会安全工作十分重要的组成部分，而校园交通安全又是学校安全工作的基础和前提，更应该引起高度重视。尤其是进入21世纪以来，随着国家经济社会快速发展和人民生活水平显著提高，人们的出行方式也发生了很大变化，机动车、摩托车、电动自行车已经成为多数人的代步工具，校园内外的大小街道常常是各种车辆川流不息，特别是随着电子商务平台的发展，现代物流业快速兴起，其中远途运输车辆和短途快递三轮车也是遍布城市大街小巷和校园内外。不可否认，各种机动车或非机动车给人们生活工作带来了极大便利，但时有发生的酒后驾驶、超速驾驶、违规行车、违章停车等违法行为，以及人车混行、人车抢行、道路狭窄、雨雪天气等现实状况，也给人们的日常出行埋下了非常大的交通安全隐患。本章将从道路交通发展状况出发，重点分析高校道路交通事故的类型与成因，探讨预防和预警机制，并提出道路交通事故应对处置的策略。

第1节　道路交通安全状况

一、我国道路交通发展状况

随着经济社会发展及人民群众出行需求的快速增长，我国机动车保有量、驾驶人数量、道路里程持续增长。据公安部交通管理局统计数据，截至2022年9月底，全国机动车保有量达4.12亿辆，其中汽车3.15亿辆（含纯电动汽车926万辆）；机动车驾驶人4.99亿人，其中汽车驾驶人4.61亿人。从2014年开始，我国汽车新注册登记数量每年以超过2 000万辆的速度增长（见图3－1），汽车驾驶人数量也是呈逐年上升趋势（见图3－2）。由于城市机动化水平的不断提升，导致道路安全状况也日趋复杂[1]。

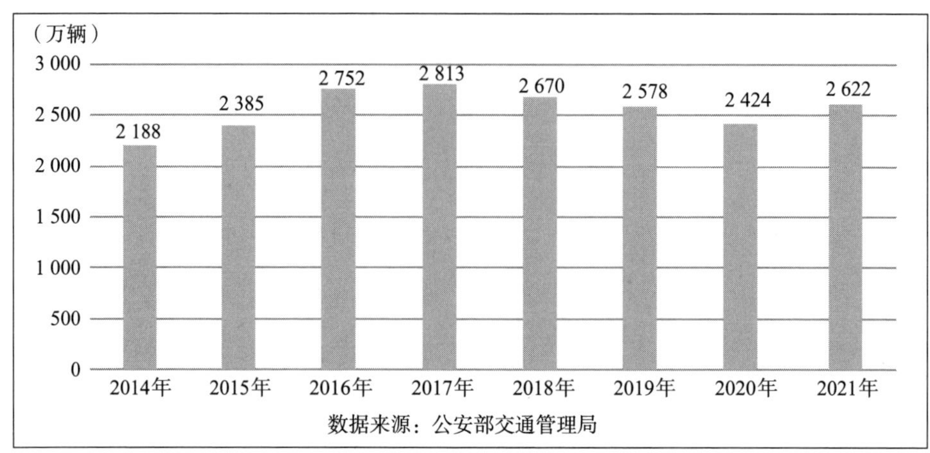

图 3－1　近年来汽车新注册登记数量

图 3－2　2015—2021 年汽车驾驶人数量情况

从以上数据来看，我国已经进入汽车社会，成为一个机动车交通大国。同时，交通新业态不断涌现，交通安全防控形势复杂多变。据工信部统计，2021 年我国电动自行车产量达 3 850.2 万辆，社会保有量 3.6 亿辆（见图 3－3），位居世界第一，已成为电动自行车大国，而随着快递、外卖等行业快速兴起，“骑手”引发的道路交通事故数量呈上升趋势[1]。

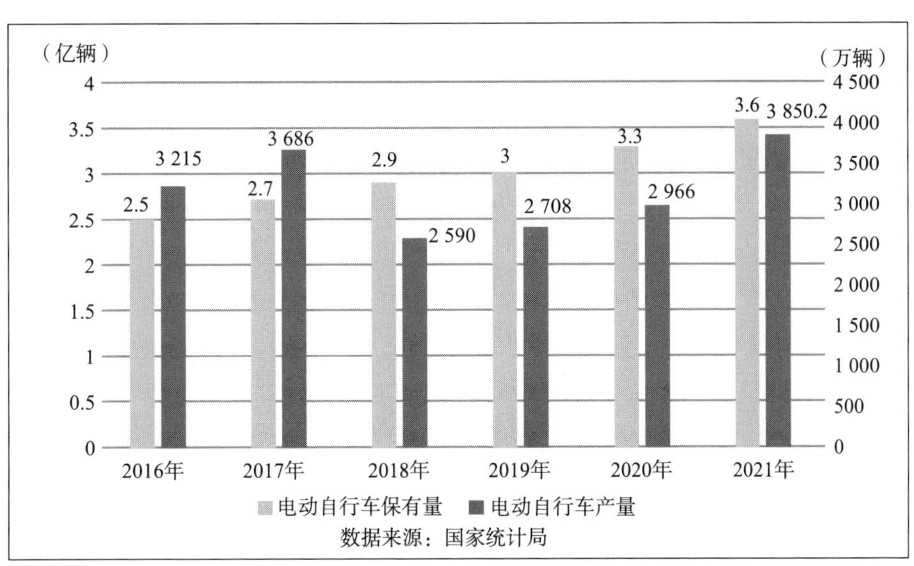

图 3－3　2016—2021 年中国电动自行车产量和保有量

二、高校道路交通安全状况

1. 校园内人员结构复杂，车流量大

由于我国特殊的国情，大学校园尤其是老旧校区通常按照教学实验区、学生生活区、职工家属区和商业服务区等四个功能区域规划建设，不仅人员密集度高、结构复杂，而且各种车辆繁多，加之校园开放办学后社会车辆穿行等特点，导致校园内各种交通安全问题越来越多。

2. 校园内交通基础设施不够完善

随着校园内机动车保有量和道路车流量的快速上升，许多高校特别是老校区暴露出校园内道路狭窄、停车位数量不足、充电桩数量不够等短板，而且相关交通标识及设施与校外城市道路相比较为简单，大多数校园内道路没有安装红绿灯，缺少交通限制、限速、禁停等交通标识，有些转角盲点还缺少反光镜，基础设施达不到机动车、电动车、自行车以及共享单车停放、通行的需求。

3. 校园内交通管理存在法律盲区

在现行法律法规中，没有针对高校内的交通安全管理处罚细则，而《中华人民共和国道路交通安全法》中也没有具体授权交通警察管理校园内交通安全，这使得校内超速、违规停车等违法行为处于法律法规的盲区，而校园内安装的交通监控设施并未联入政府交通管理部门的监控系统内[2]。由于没有法律约束，部分驾驶员存在侥幸心理，交通安全意识下降。

4. 校园内学生交通安全意识薄弱

校园内部分学生交通安全意识不强，常常出现随意横穿道路，或者三五人群并排行走在机动车道上，有的学生还戴着耳机边听歌边走路、边走路边聊天、边骑车边打电话等，也有学生在校园的道路上玩滑板、玩轮滑等，对过往车辆视而不见，为校园交通安全埋下隐患。

5. 校园内道路交通具有鲜明的潮汐特征

校园作为高校学生学习、生活、工作及日常活动的主要场所，具有很明显的潮汐性，在时间和空间上均表现出不一样的需求。如上下课时间点教室周边道路人员相对较多，进餐时间段食堂周边道路人员比较集中，举办大型活动的场所周边道路会相对拥挤，上下班时段会有大量师生涌入校内道路等，这些情况与其他时段情况形成显著差异。

第 2 节　高校道路交通事故类型和成因分析

一、校园道路交通事故类型

根据事故原因，将校园内的交通事故分为以下五类：意外或操作不当导致的交通事故、酒后驾驶导致的交通事故、故意伤害导致的交通事故、车辆自身问题引起的交通事故、非机动车辆引起的交通事故（见图 3 –4）。

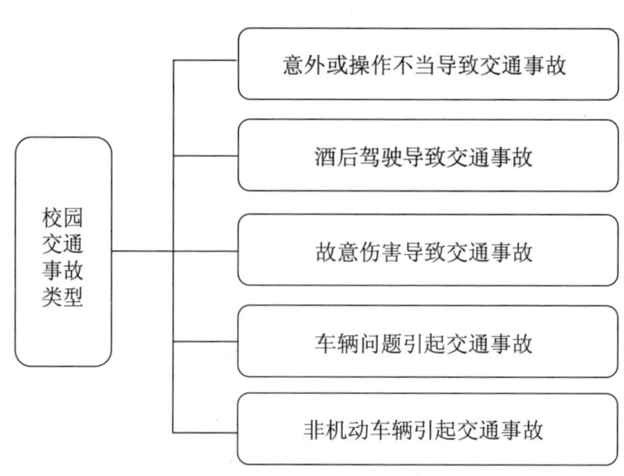

图 3 –4　校园道路交通事故类型

从公开信息中收集整理近十年发生在校园内的交通事故案例，按照上述五类交通事故分析可知，意外或操作不当、酒后驾驶、非机动车引发的事故占据较大比例，如表 3－1 所示。

表 3－1　近十年来校园内发生的交通事故情况汇总

事故类型	事故时间	事故地点	事故后果
意外或操作不当	2022. 9	湖南某学院	一名教师驾驶小轿车与停放在路边的小车和行人碰撞，造成 2 人受伤、3 车受损、5 人受到惊吓
	2021. 9	北京某大学	1 名女生被圆通快递货车倒车时碾轧，造成死亡
	2020. 12	大连某大学	1 名大学教授在学校超速驾驶，由于事发时校园里积雪比较厚，路面结冰，车辆发生了侧滑，导致 1 名女研究生被撞，送去医院后抢救无效死亡
酒后驾驶	2020. 11	湖北某中学	1 名教师酒后驾驶小汽车，在校门口撞上 2 名学生及 1 名戴黄色帽子的安全人员，其中 1 名学生遭车轮碾轧。救护车到场后，1 名学生经抢救无效当场身亡
	2019. 9	南京某大学	无锡 1 位家长送孩子到南京上学，在校园内酒后驾驶并与学校门卫保安发生矛盾，幸好被制止，未发生交通事故
	2013. 5	浙江某大学城	2 名学生行经某大学南大门地段时，被飞驰而过的小轿车撞出数米远，送至医院抢救无效死亡。事后经鉴定，司机刘某涉嫌醉驾
非机动车引发	2015. 11	海南某大学	1 名学生骑自行车取包裹，由于包裹过重导致摔倒被送到医院
	2015. 9	海南某大学	2 名女生骑电动车穿过人群时撞倒 1 名学生，导致该学生头晕恶心
	2015. 5	珠海某学院	1 名骑自行车的女生被骑行速度过快的电动车撞出 1 米远
	2014. 10	华中某大学	新闻专业的刘同学被疾驰的电动车撞成重伤
车辆自身问题	2022. 3	四川眉山某学校	学校内 1 辆小轿车发生自然爆炸
	2021. 5	广西百色某学校	校园内 4 辆电动摆渡车起火
故意伤害	2012. 3	北京某大学	大二学生张某为室友帮忙，租车去王某女友学校，由于王某女友与某女生发生争执气不过，便让车辆撞向人群，撞伤 1 名保安和 1 名学生

二、校园道路交通事故成因分析

道路交通事故发生的原因是多元和复杂的，基本上可以归结为人的因素、车辆因素、道路因素、环境因素、天气因素、管理因素和法规政策因素等[3]。一般认为城市道路交通事故的发生是因为上述因素在统一的系统内失去相互之间的平衡造成的。国内外对道路交通事故成因的理论分析主要经历了三个阶段，即单因素理论阶段、多因素理论阶段、系统致因理论阶段（见图3-5）。

单因素理论	多因素理论	系统致因理论
交通事故的发生原因为某一要素，且主要偏重于人的因素。	交通事故的发生原因归结为人、车、路三个因素。	交通事故的发生原因归结为多种因素间相互作用。

图3-5　道路交通事故成因理论研究三阶段[4]

按照城市道路交通事故的成因，结合校园实际特点，可以把校园道路交通事故诱发的主要原因分为政府治理因素、学校管理因素、车辆性能因素、驾驶员因素、学生自身因素、天气环境因素等。

1. 政府治理因素

政府治理因素主要体现在法制不健全、处罚力度不够。我国交警部门处理交通事故的主要依据是《中华人民共和国道路交通安全法》和《道路交通事故处理程序规定》，然而，《中华人民共和国道路交通安全法》并未对高校校内交通做出特殊规定，取而代之是由各个高校的校内交通管理制度予以规制，缺乏统一性和权威性，也缺乏约束力和对应的法律后果[5]。也就是说，即使机动车在校园内出现未按高校规定限速行驶、违章停车等不良行为，学校保卫部门也只能采取教育劝导、拉入校园黑名单等措施，难以起到很好的威慑作用与管理作用。这种状况也导致了校园内“酒驾”或“醉驾”现象时有发生，给学生安全带来很大安全隐患。

2. 学校管理因素

学校管理层面原因主要表现在两个方面：一是校园交通基础设施不够完善。高校校园内部道路纵横交错，但很少设置交通信号灯，人流高峰时段一般也不会对车辆进行交通管制，同时因部分道路狭窄，也无法将机动车道与

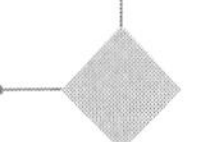

非机动车道分开，造成行人、机动车、非机动车混行，在上下课高峰期、用餐高峰期极容易发生剐蹭、碰撞。尤其在学生宿舍、教学楼、图书馆、学生食堂等场所周边路段，常常会形成人流、车流交织的情形，交通处于无序、危险状态[5]。二是学校管理机制不够健全。因校园交通管理缺位，校园内的教学楼、食堂、宿舍等区域周边常常会出现机动车和非机动车乱停乱放现象，有的甚至占用人行道、主干道、消防通道，让原本不宽敞的道路显得更加狭窄，既妨碍正常交通秩序，也容易引起矛盾纠纷。

3. 车辆性能因素

车辆是导致交通事故的不可忽视的因素，其安全性对交通安全具有最为直接的影响，车辆的转向、制动、行驶和电气电子系统等都对行车安全有重要影响。目前，我国已经成为汽车和电动自行车的产销大国，不仅品牌种类众多，而且车辆的动力性能、安全性能、控制性能差异较大。长期使用后，车辆的技术状况参数都将以不同规律和不同强度发生变化，或性能参数劣化，导致机动车的性能不佳、机件失灵或零部件损坏，如果维护保养和检修不及时，都容易造成交通事故。此外，电动汽车和电动自行车的电池在受到外力碰撞时，以及在充电过程中和高温环境下行驶时都可能引发自燃，也是导致校园交通事故的重要因素。

4. 驾驶员因素

近些年来，由于我国汽车驾驶员数量增长较快，摩托车、电动自行车保有量较大，且呈现不断上升趋势，而驾驶人的整体素质和驾驶水平参差不齐。在校园内，时常会有驾驶员超速行驶、违规停车、乱鸣喇叭等不文明交通行为，也时常会有驾驶员行车过程中注意力不够集中、心理身体状况欠佳的情况，还有部分驾驶员属于新手上路，驾车技术不够娴熟，在校园道路人流高峰时由于慌张导致操作不当，等等，这些都成为导致校园道路交通事故的主要因素。另外，驾驶摩托车和电动自行车的学生常常超载、超速、穿行、逆行，而且不习惯佩戴头盔，也是导致校内交通事故的原因之一。

5. 学生自身因素

校园内发生道路交通事故的另一个重要原因是学生安全意识淡薄、思想麻痹大意。由于校园与社会相对隔离，学生内心会有一种校园内绝对安全的心态，往往容易忽视交通规则。特别是在上下课和用餐高峰期，道路上人员相对比较密集，且三五成群结伴而行，常常不会完全遵照道路交通规则行走，有时甚至会忽视过往车辆。同时在一些校园面积比较大的高校中，很多学生为了节省时间经常骑车往返于教室、食堂、宿舍或办公场所之间，穿行在人员密集的道路上，也给交通事故埋下了隐患。

6. 天气环境因素

天气和环境变化也是引发校园道路交通事故的重要原因。例如，冰冻雨雪天气就会在道路条件、车辆制动效果以及车速等方面影响驾驶人员的驾驶安全性，而大雾天气、重污染天气、风沙天气等气候环境会影响驾驶员的视野和视线，进而增大校园交通事故发生的概率。此外，校园内道路坑洼不平、灯光昏暗，以及狭窄或转弯路段、施工或道路临时封闭路段、检查或疏通上下水道或地下管线的窨井路段等，都会在一定程度上影响车辆行驶的安全，引发道路交通事故。

第 3 节　高校道路交通事故的预防与预警

《中华人民共和国突发事件应对法》指出，“突发事件应对工作实行预防为主、预防与应急相结合的原则”。校园道路交通事故应该遵循国家突发事件应对的要求，建立起健全的事故预防和预警机制。

一、预防的原则

校园道路交通事故的预防，应坚持积极预防、依法管理、突出重点、学生参与的原则。

“积极预防”就是要牢固树立以人为本的思想，采取积极的态度、有力的措施抓好校园道路交通安全管理，避免给学生带来身体的伤害或财产的损失。

“依法管理”就是要依照《中华人民共和国道路交通安全法》《中华人民共和国高等教育法》等法律法规性文件，抓好校园交通事故的预防工作，同时也要根据这些法律法规制定学校的校园交通安全管理制度，切实有效地治理好校园交通秩序，最大限度地预防校园交通安全事故的发生。

“突出重点”就是要从时间和空间的角度抓好校园交通事故的预防，尤其是校园道路人员相对集中的时间段、相对集中的场所，以及安全隐患较大的路段，增大预防管理力度，减少事故发生概率。

“学生参与”就是要建立群防群治的校园道路交通事故预防机制，让全校学生积极参与和支持学校道路交通安全治理工作，共同维护良好的校园道路交通秩序，提高交通安全意识和法制意识，守护好和谐、安全、有序的校园交通氛围和环境。

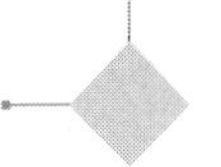

二、预防的能力建设

1. 学校层面

①强化宣传和教育机制，提高学生遵守交通规则的思想自觉。

对学生开展交通安全宣传教育，培养他们的交通安全意识，提高他们的交通事故防范能力，是预防校园道路交通安全事故的重要举措。一是将交通安全教育纳入学校教育教学内容体系，充分发挥课堂教学提高学生安全素质的作用。二是组织集中的交通安全教育主题活动，主动邀请公安人员、交警到学校为学生做专题报告或现场宣传国家的道路交通安全法律法规。三是通过学校的网站、公众号、校园论坛、贴吧等线上平台，以及橱窗宣传栏、海报、横幅、展览等线下资源，开展形式多样的交通安全教育。通过多措并举的交通安全教育方式，不断强化学生道路交通安全意识，提醒大家自觉遵守各项交通规则，做到在校园内骑车、驾车要减速、避让行人，不鸣笛、不违章、不违停，进而提高广大学生文明出行的主动性和自觉性。

②构建师生联防联控机制，提高学生遵守交通规则的行动自觉。

校园道路交通安全涉及每一位学生生命安全和健康，牵动着社会和家长们敏感的神经，而交通安全工作涉及方方面面，预防校内交通事故发生，必须依靠多方力量共同参与，形成合力。一是学校要加强对交通安全工作的领导，形成各职能部门各负其责、紧密配合，广大学生共同参与的联防联控工作机制，最大限度减少交通事故的发生。二是学校交通保卫部门要主动与属地公安交管部门汇报、沟通和配合，积极争取政府部门对学校内部交通安全管理工作的指导和支持，形成校地协同联动的工作格局。三是鼓励学生积极主动地参与校园交通志愿服务工作，协助学校有关部门开展校园交通安全宣传、监督和引导，维护良好的校园交通秩序。通过各种形式的安全教育活动，教育引导广大学生树立高度的交通安全责任意识，降低校园交通事故的风险率，完善对学生的教育、宣传等源头管理机制，构建平安和谐的校园环境。

③坚持以人为本，不断优化校园道路交通基础设施建设。

学校应该坚持以国家标准和道路交通需求为基础，对校园内的交通标线、标识、信号灯、道路以及停车场等基础设施进行持续的完善和改进，减少或消除校园道路交通安全隐患。如在重要道路交叉路口设置交通信号灯，确保人员车辆有序通行，减少交通事故的发生；主干道路安放缓冲带并设置“减速慢行”标识，及时对破损的缓冲带进行修复；安装合理数量的测速仪器和监控设备，对超速、违规的车辆实行警告或处罚，严重者可限制其一定时期内再次进入校园。当然，也要营造良好安全的环境氛围，改换校内主干道路上的路灯，增加照明度；根据学生出行的潮汐规律，在相关路段设置车辆临时禁行区域或步行区；等等。

④坚持科技引领，推进校园道路交通管理的智慧化、科学化、精细化。

高等学校应发挥人力资源、技术资源的优势，对校园车辆实行智能化、科学化管理。尤其是城市内部的老旧校区，人员密集度高，道路设计不符合时代发展需要，应该尽早借助智能管理系统，实现校园道路交通管理的智慧化、科学化、精细化。一是在停车场、交通事故发生率较高的地方、校园主要路口、校门口等位置安装车辆号牌自动识别器、智能读卡器、视频监控探头等设备，实现智能管理和自动识别，提高道路交通管理的效率。二是对校内车辆和外来社会车辆实行分类管理，引导不同类型车辆按照规定路线行驶，并到指定停车区域停放，避免其对校内正常的教育教学秩序产生干扰。三是要发挥智能系统做好停车区域监控，避免“僵尸车”长期占据校园有限的停车资源，以有效缓解校园内停车位不足的压力。

2. 政府层面

①坚持依法治校，不断完善校园交通安全的法律法规。

我国于2003年颁布的道路交通安全法，虽然可适用于高校校内道路，但是该法并未考虑到高校校园的特殊性，虽经过两次修订，依然没有明确将校园道路交通安全给予特殊说明或特殊保护。而在日常工作中，校园内部的道路监控系统为独立设置，与政府交通管理部门的监控系统并未联通共享，学校保卫部门也不具有执法权力，导致校园道路交通安全出现一定程度的真空地带。因此，要推进依法治国、依法治校的力度，力争在道路交通安全法中增设高校校内道路的特别规定，或者单独制定校园道路交通安全法，明确高校校内驾驶员负有更高的防范义务，如慢速行驶、避让学生等。同时明确高校校内交通的管理职责，督促高校制定完善的校内交通管理规章制度，从法律的位阶上对高校校内交通加以约束，进而提高驾驶员以及学生的校内交通安全意识，降低高校校内交通事故发生概率[5]。

②加强应急管理机制建设，提高处理突发事件的能力。

校园内部的交通事故如果处理不及时，很容易引发人员聚集围观，学生也容易对被伤害人员产生共情心和同理心，进而引发群体性事件。因此，政府相关部门尤其是交通管理部门要提高对校园交通事故的应急处置能力，避免简单的交通安全事件演化为复杂的安全稳定事件。一是交警、公安部门应安排专人对接各高校，专门负责指导和处理对应高校内部的交通安全事件，

在交通事故发生后，若有学生、老师打电话报警等，第一时间应赶到事发现场进行妥善处理。二是政府相关部门要与学校联动做好恶劣天气的应对工作，尤其是遇到雨雪、结冰、大风等天气，应做好提前预警工作，协调有关部门配合学校做好应急物资、装备和人员的准备，必要时采取相应的措施确保校园交通安全有序[6]。三是配合指导学校保卫部门做好大型活动期间校内道路交通的现场指挥疏导，提前设置警示提示标牌或及时发布避堵、绕行提示等。

3. 学生自身层面

人的因素是许多突发事故发生的主要原因，校园道路交通事故也不例外。在现实生活中，因学生乱穿马路、违规骑车，或因驾驶员违规行车、疲劳驾驶等个人行为不当及违法违规引发的交通事故屡见不鲜，教训也非常惨痛，所以学生自身表现是预防校园道路交通事故关键因素所在。一是要提高学生对交通法律法规的认识，使其做一个知法、懂法、守法的新时代公民，克服侥幸心理，高度重视自身的健康安全。二是要掌握基本的交通安全知识，了解道路通行条件中的交通规则、交通标识等含义；掌握交通事故处理中的保护现场、抢救受伤人员、报警、交通事故的调解和诉讼以及向保险公司的理赔等方面的知识，以防在遇到相关情况时不知所措。三是增强自我保护意识，出行时要集中精力，不仅要瞻前，而且要顾后，发现违章的车辆向自己驶来，要主动避让，防止伤害到自己；驾车者要与前车保持安全距离，遇到路况复杂、天气不好时，要谨慎驾驶、及时避让，警惕和防止由于过失行为给自己或他人造成伤害。

三、监测与预警

监测预警是应对校园内部道路交通安全的重要环节，是落实预防为主的重要举措，是实现从源头治理的有效途径。一是强化对校园内部道路的风险评估，特别是对不合理的道路规划设计、容易引发交通事故路段或区域、学生通行高峰时段等，做好台账和风险评估，必要时应安排工作人员到现场指挥疏导提醒，做好风险的动态监控。同时也要对已发生的交通事故进行分析总结研判，找出诱发事故的原因和问题根源所在。二是要做好校园交通大数据的分析，挖掘车辆和人员通行、滞留或停放的关键数据信息，并对收集到的信息进行分类，做到系统化、条理化，进而指导日常校园交通管理工作有效实施。当然也要针对不同时段、不同区域、不同空间发生突发交通事故的可能性及其可能造成的影响进行评估，关注重要危机预警信号，找出临界危机阈值的信息。三是要及时排查和消除交通安全隐患，尤其是对涉及内部道路建设、交通基础设施安置、周边环境以及管理缺陷等问题，应定期组织认真检查，对存在的不足做到立行立改，排除交通安全隐患，确保交通安全管理工作不缺位、不失位。

第 4 节　高校突发道路交通事故的应对处置与善后处理

一、校园道路交通事故的应对处置原则

校园突发道路交通事故的应对处置工作应该坚持生命安全至上、快速果断处理、校内校外协同的处置原则[7]。

1. 生命安全至上

校园交通安全事件一般均涉及学生的切身利益和生命安全，始终受到党和政府高度重视及社会和家庭的密切关注，主要原因是：一方面在于青年学生是祖国的未来、家庭的希望，他们能否健康成长直接关系到一个家庭的和睦幸福，也关系到社会的和谐稳定，确保这一群体的身体健康安全已经成为全社会的共同责任；另一方面是当前我国已经进入汽车普及化社会，一旦发生道路交通事故，会造成严重后果。因此，处置校园道路交通事故应本着生命安全至上的原则，对受伤学生尽全力抢救，这也是贯彻以人民为中心理念的具体体现。

2. 快速果断处置

快速果断处置要求学校既要快速应对，也要果断处置。快速应对就是一旦发生校园交通事故，保卫部门和相关学院的负责人及老师应第一时间到达现场，全面了解情况，迅速控制事态进一步演化，必要时向学校主要领导报告。果断处置就是要求工作人员到达现场后，在全面了解掌握事故情况的基础上，尽快化解矛盾或冲突，尽快恢复校园交通秩序，避免人员聚集和事端升级。

3. 校内校外协同处置

校园道路交通事故如果造成人员伤亡或车辆损伤情况，到达现场的工作人员应立即请求学校医院协助到现场开展应急处理，情况严重时还应及时呼叫 120 请急救人员到现场对人员进行急救和处置，同时也应拨打 110 请求交警到现场处理。学校保卫、后勤、学院等部门相关人员应多方联动，同心协力积极配合，妥善处理好相关工作。

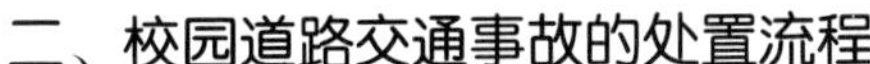

二、校园道路交通事故的处置流程

按照上文的处置原则，当校园道路交通事故发生后，应遵循下面的流程进行处置：

第一步，学校相关部门接到交通事故报告后，应第一时间启动应急预案。

第二步，工作人员迅速赶赴现场，查明是否有人员伤亡，以及发生交通事故的时间、地点、车辆类型、车辆牌号、是否载有危险物品、事故状态、损害后果、事故发生的初步原因等情况。

第三步，到达现场的工作人员应做好事故现场的维护，划定保护范围，设置现场保护标志，确保现场抢救和后续调查取证工作能够顺利进行。必要时可封闭现场路段或道路，并做好经过事故现场人员的疏导和车辆引导。

第四步，根据事故严重程度和双方意愿，做出初步处理。即轻微事故且没有受伤或受损等情况，可以协调双方和解；如有人员伤害或财物受损等情况，应结合现场情况做好应急处置。

①观察事故是否致使车辆爆炸或自燃、引起火灾等情况，如发生上述情况，应选择拨打 119 消防部门前往现场援助处理。

②观察事故是否造成伤害或财物受损，如有此类情况，要依据伤者的受伤情况和财产损失情况，判断是否需要拨打 120 或通知校医院。若受伤情况严重则尽快拨打 120，请救护车前来将伤者送往医院治疗；若不是很严重，校医院可以进行治疗处理；若财物受损严重，应请求 110 到达现场处理。

③了解事故是否属于故意伤害或造成严重后果可以认定为刑事案件，如属于此类情况，应拨打 110 报警电话，请求公安人员前往现场处理。

第五步，组织恢复事故现场交通秩序。在工作人员协调和解或公安部门完成现场勘查后，学校保卫部门应尽快对现场进行清理，撤走警戒标志，恢复正常交通秩序。

第六步，做好事故信息和处置情况上报工作。对未造成学生伤亡或财物损失的事故，应及时整理好相关资料，录入预警信息库；对于造成学生伤亡或重大财物损失的事故，应及时整理好相关资料，上报学校或教育主管部门。

校园道路交通事故处置流程如图 3－6 所示。

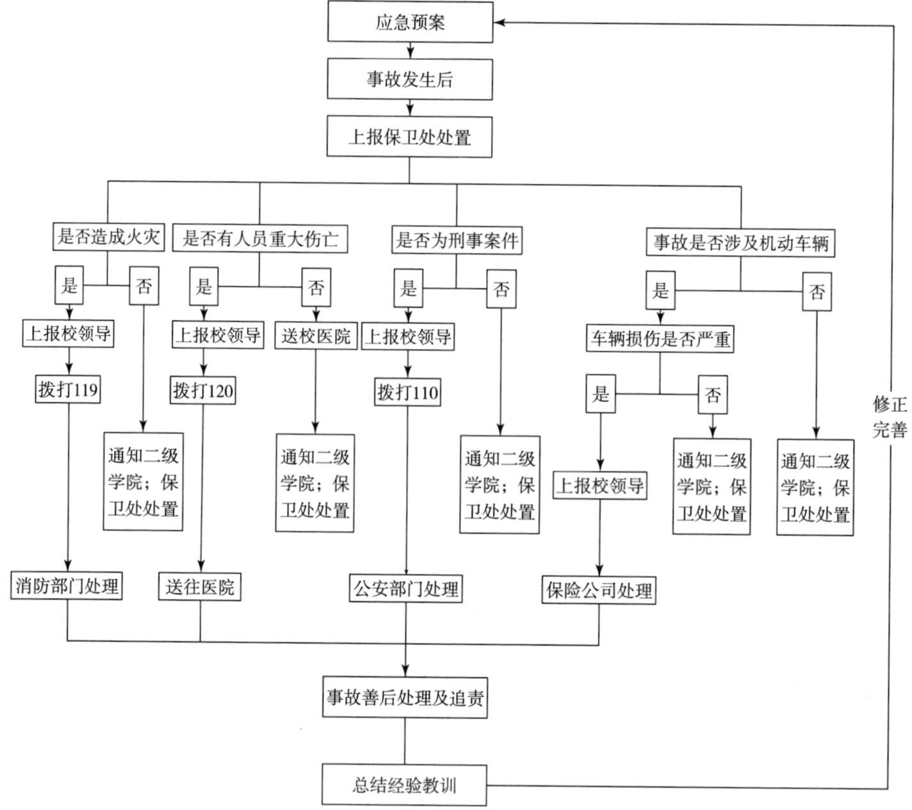

图 3－6　校园道路交通事故处置流程

三、校园道路交通安全事故的善后处理

校园交通安全事故的善后处理主要是要分析事故原因、总结经验教训、弥补短板不足、开展警示教育。分析事故原因应通过现场了解的情况和监控录制的事故过程等信息进行复盘，查清引发事故的具体原因。总结经验教训的过程要从人、车、路、环境、天气等多方面分析总结；如事故为人的因素所致，要加强宣传教育；如事故因路况和环境所致，应全面排查校内的交通安全隐患。弥补短板不足就是要结合引发事故的原因，尽快制定整改方案，特别是要正视涉及管理和环境方面的问题，要不折不扣地予以完善，避免在同一地点再次发生同类事故问题。开展警示教育是要汇总相关交通事故发生过程、诱发原因、造成后果等，择机对学生进行安全警示，增强学生的道路交通安全意识。

第5节　典型案例分析

一、案例背景介绍

2021年9月5日8时45分，位于北京的某大学发生一起交通事故。一名本校保研的女同学刚刚入学报到三天，在校园内被圆通快递货车倒车时碾轧，送医急救无效身亡，医学死亡证明为“多发性骨折”。事发地附近是学生宿舍区的一个集中寄取快递的点位。

二、案例分析

1. 现场处理情况

根据学校通报，该学校保卫处于2021年9月5日8时50分接到校园报警电话后，学校立即启动校园突发事件应急预案，保卫处工作人员和校园巡逻队员于2021年9月5日8时53分赶到现场。校医院医生于2021年9月5日8时55分赶到现场抢救。2021年9月5日9时6分，区交警大队车辆赶到现场。120救护车于2021年9月5日9时8分赶到现场，在进行初步救治后，学生被抬上救护车送至中日友好医院急诊抢救，学校于2021年9月5日10时14分电话通知学生家长。

事件发生后，学校立即组建工作专班，由校领导牵头处理相关事宜，主动与学生家属沟通交流，全力做好抢救、安抚慰问与善后处理工作，积极配合警方开展相关调查。令人痛心的是，该生于2021年9月5日20时左右经抢救无效死亡。

2. 分析处理过程

①在事故发生后，学校立即启动了突发事件应急预案，这一措施是毋庸置疑的。

②学校保卫处在接到校园报警电话，也是立即赶往，很快到达了现场。

③之后，校医院、交警队、救护车相继在短时间内很快赶来，将受伤学生送往医院进行救治。

④在将伤者送往医院后，学校也通知了学生家长，并组建工作专班处理相关事宜。

⑤工作专班安抚慰问学生家属，积极配合警方调查。

分析后可知，学校的突发事件应急方案符合规定，但最后抢救无效，令人痛心，在事件结束后，学校应当总结经验教训，并修正完善之前的突发事件应急预案，对校园交通安全更加重视。

3. 分析原因

在为这一悲剧痛心的同时，我们更应对事件发生的原因进行分析，为高校校园交通安全提出警示。导致该事故发生的原因是快递公司、学校和学生等多方面的，具体原因为：

①快递公司方面：公司对司机教育培训不到位，作为驾驶中大型货车的司机，在倒车时的基本规范为，应当察明车后情况，确认安全后倒车，或者安排人员指挥或观望，尤其是在校园这种人员密集的场所，更应严格规范执行。然而令人遗憾的是发生事故的司机怀着侥幸的心态在无人指挥的情况下倒车，酿成了悲剧。

②学校方面：学校未对校外快递送货车辆等严加管理，在开学前几天学生都集中在学校快递站、超市等地方，学校对运送快递的车辆管理不严格，措施不得当。尤其是校外相关送货车辆，什么类型的车可以进入校园，以及什么时间允许在校内行驶，均缺乏明确规定或者未严格执行，缺乏基本的危机预防与干预措施。

③学生方面：从事故发生的背景情况分析，校园内的同学缺乏基本的安全意识。运送快递的车辆是货车，车型较大，作为行人首先不应在该类型车辆附近逗留，其次行走在其周边时，应提高警惕，增强安全防范意识。

三、教训与启示

上述案例警示我们，随着高校管理逐步社会化，校园内的安全风险隐患无处不在，这种状况下更需要学校强化校园治理，特别是对进入校园内的社会车辆和社会人员，应进一步完善管理机制，明确入校活动时间和活动区域，切不可一放了之，任其随意而行、随意而为。首先，毕竟校园有其自身特殊性，与社会仍存在一定的区别。其次，应尽快完善校内交通安全设施，逐步趋同城市道路设施配备和建设，强化依法治理、违规担责甚至加重处罚的管理理念。再次，坚持定期对老师和学生等校内人员进行交通安全知识宣传教育，帮助广大学生提高交通安全意识，了解和掌握交通安全法规知识，增强遵守交通规则的自觉性。特别是要提醒学生路上行走或驾驶车辆不玩手机、不听音乐、不嬉笑打闹。最后，应开展交通安全警示教育，以校园发生的典型交通事故为题材，警示广大学生珍爱生命，做遵守交通规则的好公民。

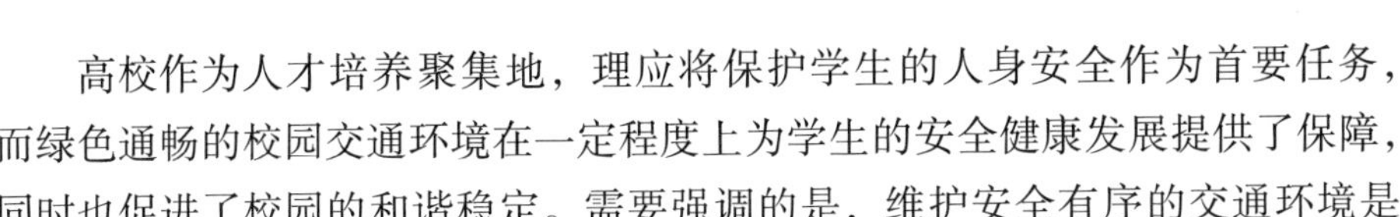

高校作为人才培养聚集地，理应将保护学生的人身安全作为首要任务，而绿色通畅的校园交通环境在一定程度上为学生的安全健康发展提供了保障，同时也促进了校园的和谐稳定。需要强调的是，维护安全有序的交通环境是一项长期而又艰巨的任务，需要高校内所有人员以及社会人员共同努力。

参考文献

[1] 数说中国道路交通安全发展现状［R/OL］.（2021－12－02）［2022－07－08］. http://www.xinhuanet.com/. 2021. 12. 2.

[2] 戴宇超. 高校校园内交通安全管理的对策分析［J］. 科技资讯，2021（28）6：112－114.

[3] 马社强，丁立民，刘东，等. 我国道路交通安全状况及挑战［J］. 中国人民公安大学学报（自然科学版），2020，26（4）：35－41.

[4] 马云瀚. 广州市城市道路机动车交通事故预防对策研究［D］. 兰州：兰州大学. 2020.

[5] 刘浩田，王加铭. 高校校内交通管理的现状、问题及对策——以西南大学为例［J］. 法制与经济，2021（1）：78－81.

[6] 易丹，梁源. 武汉市道路交通事故成因分析及预防对策［J］. 交通企业管理，2019（6）：99－102.

[7] 丁烈云，杨新起. 校园突发事件应急管理［M］. 武汉：华中师范大学出版社，2009.

延伸阅读（一）

突发公共卫生事件应急条例

（2022 修订）

第一章　总　　则

第一条　为了有效预防、及时控制和消除突发公共卫生事件的危害，保障公众身体健康与生命安全，维护正常的社会秩序，制定本条例。

第二条　本条例所称突发公共卫生事件（以下简称“突发事件”），是指突然发生，造成或者可能造成社会公众健康严重损害的重大传染病疫情、群体性不明原因疾病、重大食物和职业中毒以及其他严重影响公众健康的事件。

第三条　突发事件发生后，国务院设立全国突发事件应急处理指挥部，由国务院有关部门和军队有关部门组成，国务院主管领导人担任总指挥，负责对全国突发事件应急处理的统一领导、统一指挥。

国务院卫生行政主管部门和其他有关部门，在各自的职责范围内做好突发事件应急处理的有关工作。

第四条　突发事件发生后，省、自治区、直辖市人民政府成立地方突发事件应急处理指挥部，省、自治区、直辖市人民政府主要领导人担任总指挥，负责领导、指挥本行政区域内突发事件应急处理工作。

县级以上地方人民政府卫生行政主管部门，具体负责组织突发事件的调查、控制和医疗救治工作。

县级以上地方人民政府有关部门，在各自的职责范围内做好突发事件应急处理的有关工作。

第五条　突发事件应急工作，应当遵循预防为主、常备不懈的方针，贯彻统一领导、分级负责、反应及时、措施果断、依靠科学、加强合作的原则。

第六条　县级以上各级人民政府应当组织开展防治突发事件相关科学研究，建立突发事件应急流行病学调查、传染源隔离、医疗救护、现场处置、监督检查、监测检验、卫生防护等有关物资、设备、设施、技术与人才资源储备，所需经费列入本级政府财政预算。

国家对边远贫困地区突发事件应急工作给予财政支持。

第七条 国家鼓励、支持开展突发事件监测、预警、反应处理有关技术的国际交流与合作。

第八条 国务院有关部门和县级以上地方人民政府及其有关部门，应当建立严格的突发事件防范和应急处理责任制，切实履行各自的职责，保证突发事件应急处理工作的正常进行。

第九条 县级以上各级人民政府及其卫生行政主管部门，应当对参加突发事件应急处理的医疗卫生人员，给予适当补助和保健津贴；对参加突发事件应急处理作出贡献的人员，给予表彰和奖励；对因参与应急处理工作致病、致残、死亡的人员，按照国家有关规定，给予相应的补助和抚恤。

第二章　预防与应急准备

第十条 国务院卫生行政主管部门按照分类指导、快速反应的要求，制定全国突发事件应急预案，报请国务院批准。

省、自治区、直辖市人民政府根据全国突发事件应急预案，结合本地实际情况，制定本行政区域的突发事件应急预案。

第十一条 全国突发事件应急预案应当包括以下主要内容：

（一）突发事件应急处理指挥部的组成和相关部门的职责；

（二）突发事件的监测与预警；

（三）突发事件信息的收集、分析、报告、通报制度；

（四）突发事件应急处理技术和监测机构及其任务；

（五）突发事件的分级和应急处理工作方案；

（六）突发事件预防、现场控制，应急设施、设备、救治药品和医疗器械以及其他物资和技术的储备与调度；

（七）突发事件应急处理专业队伍的建设和培训。

第十二条 突发事件应急预案应当根据突发事件的变化和实施中发现的问题及时进行修订、补充。

第十三条 地方各级人民政府应当依照法律、行政法规的规定，做好传染病预防和其他公共卫生工作，防范突发事件的发生。

县级以上各级人民政府卫生行政主管部门和其他有关部门，应当对公众开展突发事件应急知识的专门教育，增强全社会对突发事件的防范意识和应对能力。

第十四条 国家建立统一的突发事件预防控制体系。

县级以上地方人民政府应当建立和完善突发事件监测与预警系统。

县级以上各级人民政府卫生行政主管部门，应当指定机构负责开展突发事件的日常监测，并确保监测与预警系统的正常运行。

第十五条 监测与预警工作应当根据突发事件的类别，制订监测计划，科学分析、综合评价监测数据。对早期发现的潜在隐患以及可能发生的突发事件，应当依照本条例规定的报告程序和时限及时报告。

第十六条 国务院有关部门和县级以上地方人民政府及其有关部门，应当根据突发事件应急预案的要求，保证应急设施、设备、救治药品和医疗器械等物资储备。

第十七条 县级以上各级人民政府应当加强急救医疗服务网络的建设，配备相应的医疗救治药物、技术、设备和人员，提高医疗卫生机构应对各类突发事件的救治能力。

设区的市级以上地方人民政府应当设置与传染病防治工作需要相适应的传染病专科医院，或者指定具备传染病防治条件和能力的医疗机构承担传染病防治任务。

第十八条 县级以上地方人民政府卫生行政主管部门，应当定期对医疗卫生机构和人员开展突发事件应急处理相关知识、技能的培训，定期组织医疗卫生机构进行突发事件应急演练，推广最新知识和先进技术。

第三章 报告与信息发布

第十九条 国家建立突发事件应急报告制度。

国务院卫生行政主管部门制定突发事件应急报告规范，建立重大、紧急疫情信息报告系统。

有下列情形之一的，省、自治区、直辖市人民政府应当在接到报告1小时内，向国务院卫生行政主管部门报告：

（一）发生或者可能发生传染病暴发、流行的；

（二）发生或者发现不明原因的群体性疾病的；

（三）发生传染病菌种、毒种丢失的；

（四）发生或者可能发生重大食物和职业中毒事件的。

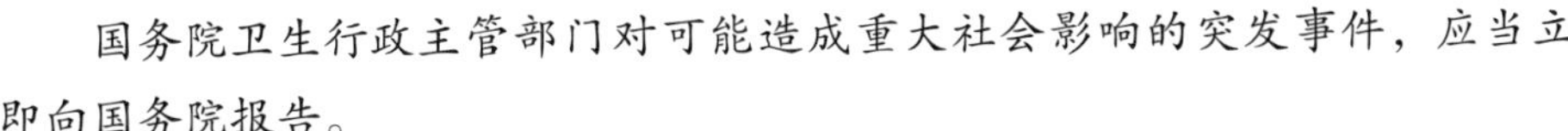

国务院卫生行政主管部门对可能造成重大社会影响的突发事件，应当立即向国务院报告。

第二十条 突发事件监测机构、医疗卫生机构和有关单位发现有本条例第十九条规定情形之一的，应当在2小时内向所在地县级人民政府卫生行政主管部门报告；接到报告的卫生行政主管部门应当在2小时内向本级人民政府报告，并同时向上级人民政府卫生行政主管部门和国务院卫生行政主管部门报告。

县级人民政府应当在接到报告后2小时内向设区的市级人民政府或者上一级人民政府报告；设区的市级人民政府应当在接到报告后2小时内向省、自治区、直辖市人民政府报告。

第二十一条 任何单位和个人对突发事件，不得隐瞒、缓报、谎报或者授意他人隐瞒、缓报、谎报。

第二十二条 接到报告的地方人民政府、卫生行政主管部门依照本条例规定报告的同时，应当立即组织力量对报告事项调查核实、确证，采取必要的控制措施，并及时报告调查情况。

第二十三条 国务院卫生行政主管部门应当根据发生突发事件的情况，及时向国务院有关部门和各省、自治区、直辖市人民政府卫生行政主管部门以及军队有关部门通报。

突发事件发生地的省、自治区、直辖市人民政府卫生行政主管部门，应当及时向毗邻省、自治区、直辖市人民政府卫生行政主管部门通报。

接到通报的省、自治区、直辖市人民政府卫生行政主管部门，必要时应当及时通知本行政区域内的医疗卫生机构。

县级以上地方人民政府有关部门，已经发生或者发现可能引起突发事件的情形时，应当及时向同级人民政府卫生行政主管部门通报。

第二十四条 国家建立突发事件举报制度，公布统一的突发事件报告、举报电话。

任何单位和个人有权向人民政府及其有关部门报告突发事件隐患，有权向上级人民政府及其有关部门举报地方人民政府及其有关部门不履行突发事件应急处理职责，或者不按照规定履行职责的情况。接到报告、举报的有关人民政府及其有关部门，应当立即组织对突发事件隐患、不履行或者不按照规定履行突发事件应急处理职责的情况进行调查处理。

对举报突发事件有功的单位和个人，县级以上各级人民政府及其有关部门应当予以奖励。

第二十五条 国家建立突发事件的信息发布制度。

国务院卫生行政主管部门负责向社会发布突发事件的信息。必要时，可以授权省、自治区、直辖市人民政府卫生行政主管部门向社会发布本行政区域内突发事件的信息。

信息发布应当及时、准确、全面。

第四章 应急处理

第二十六条 突发事件发生后，卫生行政主管部门应当组织专家对突发事件进行综合评估，初步判断突发事件的类型，提出是否启动突发事件应急预案的建议。

第二十七条 在全国范围内或者跨省、自治区、直辖市范围内启动全国突发事件应急预案，由国务院卫生行政主管部门报国务院批准后实施。省、自治区、直辖市启动突发事件应急预案，由省、自治区、直辖市人民政府决定，并向国务院报告。

第二十八条 全国突发事件应急处理指挥部对突发事件应急处理工作进行督察和指导，地方各级人民政府及其有关部门应当予以配合。

省、自治区、直辖市突发事件应急处理指挥部对本行政区域内突发事件应急处理工作进行督察和指导。

第二十九条 省级以上人民政府卫生行政主管部门或者其他有关部门指定的突发事件应急处理专业技术机构，负责突发事件的技术调查、确证、处置、控制和评价工作。

第三十条 国务院卫生行政主管部门对新发现的突发传染病，根据危害程度、流行强度，依照《中华人民共和国传染病防治法》的规定及时宣布为法定传染病；宣布为甲类传染病的，由国务院决定。

第三十一条 应急预案启动前，县级以上各级人民政府有关部门应当根据突发事件的实际情况，做好应急处理准备，采取必要的应急措施。

应急预案启动后，突发事件发生地的人民政府有关部门，应当根据预案规定的职责要求，服从突发事件应急处理指挥部的统一指挥，立即到达规定岗位，采取有关的控制措施。

医疗卫生机构、监测机构和科学研究机构，应当服从突发事件应急处理指挥部的统一指挥，相互配合、协作，集中力量开展相关的科学研究工作。

第三十二条 突发事件发生后，国务院有关部门和县级以上地方人民政

府及其有关部门，应当保证突发事件应急处理所需的医疗救护设备、救治药品、医疗器械等物资的生产、供应；铁路、交通、民用航空行政主管部门应当保证及时运送。

第三十三条 根据突发事件应急处理的需要，突发事件应急处理指挥部有权紧急调集人员、储备的物资、交通工具以及相关设施、设备；必要时，对人员进行疏散或者隔离，并可以依法对传染病疫区实行封锁。

第三十四条 突发事件应急处理指挥部根据突发事件应急处理的需要，可以对食物和水源采取控制措施。

县级以上地方人民政府卫生行政主管部门应当对突发事件现场等采取控制措施，宣传突发事件防治知识，及时对易受感染的人群和其他易受损害的人群采取应急接种、预防性投药、群体防护等措施。

第三十五条 参加突发事件应急处理的工作人员，应当按照预案的规定，采取卫生防护措施，并在专业人员的指导下进行工作。

第三十六条 国务院卫生行政主管部门或者其他有关部门指定的专业技术机构，有权进入突发事件现场进行调查、采样、技术分析和检验，对地方突发事件的应急处理工作进行技术指导，有关单位和个人应当予以配合；任何单位和个人不得以任何理由予以拒绝。

第三十七条 对新发现的突发传染病、不明原因的群体性疾病、重大食物和职业中毒事件，国务院卫生行政主管部门应当尽快组织力量制定相关的技术标准、规范和控制措施。

第三十八条 交通工具上发现根据国务院卫生行政主管部门的规定需要采取应急控制措施的传染病病人、疑似传染病病人，其负责人应当以最快的方式通知前方停靠点，并向交通工具的营运单位报告。交通工具的前方停靠点和营运单位应当立即向交通工具营运单位行政主管部门和县级以上地方人民政府卫生行政主管部门报告。卫生行政主管部门接到报告后，应当立即组织有关人员采取相应的医学处置措施。

交通工具上的传染病病人密切接触者，由交通工具停靠点的县级以上各级人民政府卫生行政主管部门或者铁路、交通、民用航空行政主管部门，根据各自的职责，依照传染病防治法律、行政法规的规定，采取控制措施。

涉及国境口岸和入出境的人员、交通工具、货物、集装箱、行李、邮包等需要采取传染病应急控制措施的，依照国境卫生检疫法律、行政法规的规定办理。

第三十九条 医疗卫生机构应当对因突发事件致病的人员提供医疗救护

和现场救援，对就诊病人必须接诊治疗，并书写详细、完整的病历记录；对需要转送的病人，应当按照规定将病人及其病历记录的复印件转送至接诊的或者指定的医疗机构。

医疗卫生机构内应当采取卫生防护措施，防止交叉感染和污染。

医疗卫生机构应当对传染病病人密切接触者采取医学观察措施，传染病病人密切接触者应当予以配合。

医疗机构收治传染病病人、疑似传染病病人，应当依法报告所在地的疾病预防控制机构。接到报告的疾病预防控制机构应当立即对可能受到危害的人员进行调查，根据需要采取必要的控制措施。

第四十条 传染病暴发、流行时，街道、乡镇以及居民委员会、村民委员会应当组织力量，团结协作，群防群治，协助卫生行政主管部门和其他有关部门、医疗卫生机构做好疫情信息的收集和报告、人员的分散隔离、公共卫生措施的落实工作，向居民、村民宣传传染病防治的相关知识。

第四十一条 对传染病暴发、流行区域内流动人口，突发事件发生地的县级以上地方人民政府应当做好预防工作，落实有关卫生控制措施；对传染病病人和疑似传染病病人，应当采取就地隔离、就地观察、就地治疗的措施。对需要治疗和转诊的，应当依照本条例第三十九条第一款的规定执行。

第四十二条 有关部门、医疗卫生机构应当对传染病做到早发现、早报告、早隔离、早治疗，切断传播途径，防止扩散。

第四十三条 县级以上各级人民政府应当提供必要资金，保障因突发事件致病、致残的人员得到及时、有效的救治。具体办法由国务院财政部门、卫生行政主管部门和劳动保障行政主管部门制定。

第四十四条 在突发事件中需要接受隔离治疗、医学观察措施的病人、疑似病人和传染病病人密切接触者在卫生行政主管部门或者有关机构采取医学措施时应当予以配合；拒绝配合的，由公安机关依法协助强制执行。

第五章　法律责任

第四十五条 县级以上地方人民政府及其卫生行政主管部门未依照本条例的规定履行报告职责，对突发事件隐瞒、缓报、谎报或者授意他人隐瞒、缓报、谎报的，对政府主要领导人及其卫生行政主管部门主要负责人，依法给予降级或者撤职的行政处分；造成传染病传播、流行或者对社会公众健康造成其他严重危害后果的，依法给予开除的行政处分；构成犯罪的，依法追究刑事责任。

第四十六条 国务院有关部门、县级以上地方人民政府及其有关部门未依照本条例的规定，完成突发事件应急处理所需要的设施、设备、药品和医疗器械等物资的生产、供应、运输和储备的，对政府主要领导人和政府部门主要负责人依法给予降级或者撤职的行政处分；造成传染病传播、流行或者对社会公众健康造成其他严重危害后果的，依法给予开除的行政处分；构成犯罪的，依法追究刑事责任。

第四十七条 突发事件发生后，县级以上地方人民政府及其有关部门对上级人民政府有关部门的调查不予配合，或者采取其他方式阻碍、干涉调查的，对政府主要领导人和政府部门主要负责人依法给予降级或者撤职的行政处分；构成犯罪的，依法追究刑事责任。

第四十八条 县级以上各级人民政府卫生行政主管部门和其他有关部门在突发事件调查、控制、医疗救治工作中玩忽职守、失职、渎职的，由本级人民政府或者上级人民政府有关部门责令改正、通报批评、给予警告；对主要负责人、负有责任的主管人员和其他责任人员依法给予降级、撤职的行政处分；造成传染病传播、流行或者对社会公众健康造成其他严重危害后果的，依法给予开除的行政处分；构成犯罪的，依法追究刑事责任。

第四十九条 县级以上各级人民政府有关部门拒不履行应急处理职责的，由同级人民政府或者上级人民政府有关部门责令改正、通报批评、给予警告；对主要负责人、负有责任的主管人员和其他责任人员依法给予降级、撤职的行政处分；造成传染病传播、流行或者对社会公众健康造成其他严重危害后果的，依法给予开除的行政处分；构成犯罪的，依法追究刑事责任。

第五十条 医疗卫生机构有下列行为之一的，由卫生行政主管部门责令改正、通报批评、给予警告；情节严重的，吊销《医疗机构执业许可证》；对主要负责人、负有责任的主管人员和其他直接责任人员依法给予降级或者撤职的纪律处分；造成传染病传播、流行或者对社会公众健康造成其他严重危害后果，构成犯罪的，依法追究刑事责任：

（一）未依照本条例的规定履行报告职责，隐瞒、缓报或者谎报的；

（二）未依照本条例的规定及时采取控制措施的；

（三）未依照本条例的规定履行突发事件监测职责的；

（四）拒绝接诊病人的；

（五）拒不服从突发事件应急处理指挥部调度的。

第五十一条 在突发事件应急处理工作中，有关单位和个人未依照本条例的规定履行报告职责，隐瞒、缓报或者谎报，阻碍突发事件应急处理工作人员执行职务，拒绝国务院卫生行政主管部门或者其他有关部门指定的专业技术机构进入突发事件现场，或者不配合调查、采样、技术分析和检验的，对有关责任人员依法给予行政处分或者纪律处分；触犯《中华人民共和国治安管理处罚法》，构成违反治安管理行为的，由公安机关依法予以处罚；构成犯罪的，依法追究刑事责任。

第五十二条 在突发事件发生期间，散布谣言、哄抬物价、欺骗消费者，扰乱社会秩序、市场秩序的，由公安机关或者工商行政管理部门依法给予行政处罚；构成犯罪的，依法追究刑事责任。

第六章 附 则

第五十三条 中国人民解放军、武装警察部队医疗卫生机构参与突发事件应急处理的，依照本条例的规定和军队的相关规定执行。

第五十四条 本条例自公布之日起施行。

第二篇

心理健康危机事件

第四章　大学生心理危机诱发因素与风险感知

2016年12月，习近平总书记在全国高校思想政治工作会议上强调，高校要坚持把立德树人作为中心环节，把思想政治工作贯穿教育教学全过程，实现全程育人、全方位育人，努力开创我国高等教育事业发展新局面。要求高校坚持不懈促进学校和谐稳定，培育学生理性平和的健康心态，加强人文关怀和心理疏导，把高校建设成为安定团结的模范之地。基于以上精神，各高校要认真做好大学生心理健康工作，让学生成为德才兼备、全面发展的人才。特别是进入新世纪之后，在校大学生以独生子女居多，心理危机已经成为学生危机中最常见的一种危机状态，也是高校学生群体中突发事件的主要原因和形式之一，既影响着大学生本人的身体健康及其家庭的幸福，也在一定程度上冲击着社会和高校的安全稳定。在这种情况下，各高校更应积极落实党和国家的育人方针，把青年工作作为战略性工作抓好，用党的科学理论武装青年学生，用党的初心使命感召青年学生，号召广大教师做青年学生的知心人、引路人，做青年工作的热心人，为社会主义事业培养合格建设者和接班人。本章将结合工作实际，分析大学生心理危机的诱发因素，探讨新时代大学生心理健康的衡量标准和危机预警机制，并提出干预和处置机制。

第1节　心理危机的内涵与类别

一、心理危机的定义

“心理危机”的概念是由美国心理学家卡普兰（G. Caplan）提出的，他于1954年开始该方面研究并提出：“心理危机是当个体面临突然或重大生活逆遇（如亲人死亡、婚姻破裂或天灾人祸等）时所表现出来的心理失衡状态。”

二、心理危机的类别

心理学家布拉默[1]（Brammer）从心理危机的演化机理角度出发，把危机分为三个方面：发展性危机、境遇性危机和存在性危机。

发展性心理危机主要是指大学生在成长和发展过程中，出现的涉及生理、心理变化的心理危机，也是其参与社会竞争活动中追求自身发展出现的一种失当行为。

境遇性心理危机是指大学生面对突如其来的变故或事件，导致自身对后续发展情况无法预料和难以控制的心理危机，包含交通事故、自然灾害、死亡等。

存在性心理危机是指大学生对人生中的重要事件存在认识性的问题，导致自身内心焦虑、冲突和矛盾而产生的心理危机。

从这三种危机的定义看，发展性危机的形成具有一个演化的过程，也是日常工作中比较难以被早期识别的。境遇性危机因其具有突发性或灾难性，相对比较容易被发现掌握。存在性危机主要是学生思想认知上存在偏差，需要在全面了解其具体情况、掌握其发展动态后方可识别。

北京理工大学贾晓明教授在《大学生心理健康》一书中，根据心理危机的严重程度，把大学生心理危机分为心理困扰、心理障碍和精神疾病三个类别[2]（见表4－1）。

表4－1　大学生心理危机的类别、表现和症状

主要类别	主要表现	常见症状
心理困扰	学习困扰	厌学情绪、考试焦虑、睡眠失常
	人际关系困扰	交往障碍、要求苛刻、自我封闭
	情感困扰	失恋、暗恋、单相思、亲情关系、导学关系
	职业发展困扰	就业和升学存在矛盾、对所学专业发展前景不乐观、对未来发展方向不清晰
心理障碍	人格障碍	个人的思想和行为与社会割裂，临床表现分为偏执型、分裂型、反社会型、冲动型、边缘型、表演型、强迫型等
	神经症	焦虑、不安、恐惧、失眠、注意力不集中、行为不受自己意志支配
	性心理障碍	对两性的心理和行为偏离正常、喜欢收集异性使用的物品、穿戴异性服饰等
精神疾病	精神分裂症	思维紊乱、情绪错乱、知觉扭曲、脱离现实、动作怪异等
	抑郁症	自卑绝望、情绪低落、厌倦生活、食欲降低、睡眠失常、有自杀想法等

大学生的心理困扰主要包括学习困扰、人际关系困扰、情感困扰、职业发展困扰等方面，也可泛指生活、学习中的各种困扰。

大学生的心理障碍主要包括人格障碍（如性格孤僻、以自我为中心、情绪极不稳定等）、神经症（如焦虑症、恐惧症、强迫症等）、性心理障碍（如恋物癖、暴露癖、窥阴癖等）等。

大学生精神疾病主要分为精神分裂症和抑郁症。精神分裂症表现为思维紊乱、情绪错乱、知觉扭曲、脱离现实等；抑郁症表现为情绪低落、思维缓慢、言语动作迟缓、睡眠失常等。

第2节　大学生心理危机的诱发因素

当前，我国社会经济已经步入转型的关键期，改革进入攻坚期和深水区，高等教育也已经从大众化阶段迈入普及化阶段，社会竞争压力明显增大。处在这样的社会大环境中，部分大学生在一定程度上存在着发展焦虑、情感困惑等问题，一旦受到猛烈刺激很容易导致心理失衡或者心理危机。据2020年世界卫生组织的调查，我国大约有25%的大学生承认曾经或正在有包括抑郁症在内的心理危机特征。那么，诱发大学生心理危机的主要因素有哪些？这里我们把其归纳为三个方面，即内部因素、外部因素和生理学因素。

一、内部因素

1. 自身的迷茫

大学与中学不论是在教育理念、教育方法，还是在教学形式、教学内容、管理方式等方面都有较大的差异，需要大学生尽快去适应这些变化。然而，由于每个人的成长经历和自身素质有所不同，其角色转变和状态调节也表现得参差不齐。部分学生因自律性不足，在求学过程中逐渐迷失方向，既丢掉了学习目标，也失去了学习主动性，导致学业出现问题。随着这些问题的累积，金榜题名时的佼佼者变为大学中的普通人，曾经的那种喜悦、骄傲心情很快丧失，慢慢就会演变为自卑、烦躁、焦虑等心理问题。也有部分学生不善于独立生活和人际交往，导致日常生活杂乱无章，生活中的琐事演变为精神上的压力。还有部分同学家庭经济状况并不优越，但是虚荣心太强，攀比心过重，与同学相处敏感而自卑，经常会采取逃避、自闭的做法，严重者甚至发展成自闭症、抑郁症等心理危机。

2. 家庭的影响

家庭是孩子成长的第一摇篮，也是影响其性格和心理健康的首要因素。随着社会的不断发展进步，一些新思想逐渐被“00后”一代的父母所接受，导致社会上离婚率不断攀升，形成了很多单亲家庭。据2020年中国离婚率数据显示，我国个别地区离婚率已高达近40%，这些离婚的家庭必然给孩子的世界观、人生观和价值观造成巨大负面影响[3]。高校学生思想政治工作人员经常发现，在大学期间出现心理危机的学生，虽然多数是由于某件事情的刺激引发，但或多或少都与原生家庭环境给其造成的心理影响存在密切关联，使其在遇到一些突发问题时，内心缺乏安全感，处理事情的态度比那些生活在健全家庭环境中的孩子更为偏激、极端，也更易引发心理危机。当然，即使是双亲家庭，也会因为每个家庭的教育方式不同而产生不同的心理健康问题，如父母的专制或溺爱，会使大学生形成偏执、冲动的个性，或者养成以自我为中心、过分追求完美、无法面对挫折等状态。

3. 情感问题处置不当

随着人们的社会观念和生活方式的变化，恋爱问题已经渗透到大学生的学习、生活之中，在校园谈恋爱也不再是过去那种“犹抱琵琶半遮面”。这种状况一方面源于人们思想的解放和社会环境的开放，另一方面主要在于人们也认识到良好的恋爱关系有助于大学生人格健全和健康成长[4]，有利于培养其责任意识，尤其是在恋爱过程中能够让其逐渐学会珍惜，学会尊重，学会相互谅解、相互负责。但有恋爱就会有失恋，如果这个过程处理不当，经历恋爱与失恋的痛苦体验之后，部分学生心理上会受到情感挫折与打击，导致其产生爱情挫败感，从而引发心情长期低落，甚至引发心理危机。

二、外部因素

1. 素质教育存在短板

近年来，我国高等教育持续推进素质教育，已经取得了明显成效。但不可否认，大学生们因其家庭环境、来源地域等方面的差异，综合素质也是参差不齐。尤其是刚步入大学校园的学生，在开启了自己独立生活和学习旅程的同时，也关闭了父母生活上照顾、老师学习上督促的大门，心理感受和生活状态必然会有较大落差。部分大学生在中学阶段为了追求学习成绩，通常是“两耳不闻窗外事，一心只读圣贤书”，造成自己依赖性强、承受能力差、交流沟通能力弱等问题，而在自己需要独自面对困难或挫折时，往往会出现焦虑、急躁，甚至不知所措，久而久之很容易发展成心理障碍，抑或心理疾

病。因此，高校应充分认识此类问题的严重性，帮助他们尽快适应大学生活，补齐综合素质的短板，进而降低心理危机发生的概率。

2. 社会竞争压力过大

随着20世纪末和21世纪初我国高等教育经历两次扩招之后，再经过20年的发展，到2021年毛入学率已经达到57.8%，已经实现了高等教育大众化向普及化的历史性“转段”，这也意味着大学生不再是少数的精英，考上大学已经不再意味着进了保险箱。但是受到社会观念和家庭环境等因素影响，每一名大学生依然被寄予厚望，无形之中给大学生在心理上造成非常大的压力，更何况当前又面临着复杂的国际政治经济形势和突如其来的新冠疫情的双重影响，社会竞争、就业压力、就业形势不断挤压大学生脆弱的心理防线。他们理想中的社会与现实社会存在着较大差距，往往会导致部分大学生心理防线崩塌、难以接受或自暴自弃等，也有部分学生既想参与竞争又惧怕失败，难免会产生更多的焦虑、不安与失落。这种社会性的压力同样是诱发大学生心理危机的因素之一。

3. 网络存在负面作用

网络和新媒体的快速发展，丰富了人们的日常生活，给人们工作学习带来极大便利，与此同时网络和新媒体给大学生造成的负面作用也逐渐显现。在现实生活中，一部分大学生因缺少成就感而沉溺网络游戏，一部分大学生因虚拟世界的强大魅力而不能自拔，久而久之，不仅影响了他们正常的认知、情感和心理定位，还可能导致人格分裂，影响其健康性格和人生观、价值观的塑造。而且过分迷恋网络也会使人产生精神依赖，导致在日常生活和学习中举止失常、神情恍惚，对他人漠不关心，在一定程度上也会引发多种心理健康问题，严重者发展成为“网络综合征”。

4. 新冠肺炎等传染性疾病影响

2019年年底暴发新冠肺炎疫情之后，党中央坚持以人民为中心实施了严格的防控措施，确保了全国人民身体健康和生命安全。大学校园因其人员密集度高、流动性大、防控形势复杂等特点，所采取的防控政策相比社会面更加严格。因此，通常情况下某地区出现本土疫情，便会影响到学校正常教学，比如延期开学、校园封闭管理、取消线下教学、取消大规模集体活动等，学生的生活方式、学习方式均会发生不同程度的改变，学生的思想教育工作质量和效率也会降低，导致部分学生焦虑、紧张、悲观、恐惧等负面情绪持续增加[5]。

三、生理学因素

生理学因素是心理问题诱发的重要因素之一，其根源在于一个人神经系统的发育过程出现了缺陷。神经发育主要的时期在婴幼儿阶段，要经历神经诱导、图式形成、细胞命运决定及特化、神经细胞极性建立与迁移、神经环路形成等过程，最终形成一个高度复杂的有功能的神经调控网络，如图 4 –1 所示。哺乳动物神经系统的发育需要动态基因表达模式的复杂协调，以产生神经功能所需的细胞类型的多样性。以中枢神经系统为例，多能神经干细胞在大脑中分化成为多种细胞类型，包括神经元、星形胶质细胞和少突胶质细胞。这些细胞随后不对称分裂为神经元或神经胶质细胞命运的神经祖细胞，并通过细胞分裂进一步扩展。然后这些细胞迁移到最终目的地，最终成熟并在功能上整合到大脑中。

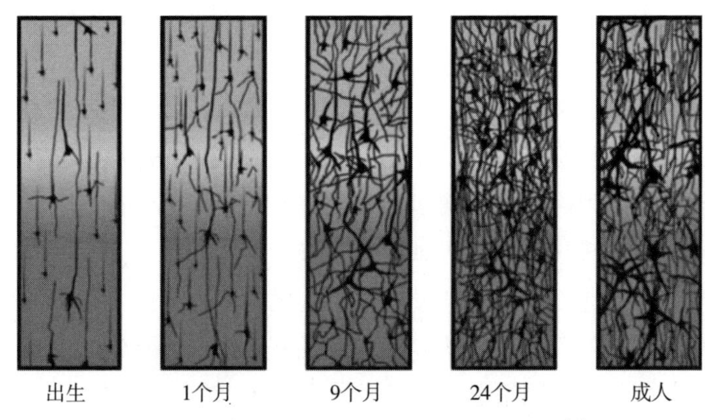

图 4 –1　不同年龄阶段大脑神经网络生长[6]

在中枢神经系统的发育过程中，内在的基因和外在的环境因素相互作用以确保神经元发育的各个阶段（如神经细胞的增殖、分化、迁移，轴突延伸，树突成长，功能性突触的形成等）有序进行。这一过程需要众多的基因表达调控机制对不同基因的表达水平进行精确的时空调节。异常的神经发育会导致精神、心理、行为发育障碍，表现为认知、学习、交流和行为上的功能失调，称之为神经发育障碍性疾病（Neurodevelopmental Disabilities，NDDs），这类疾病包括智力发育障碍、交流障碍、孤独症谱系障碍、注意缺陷/多动障碍、特殊学习障碍、运动障碍和其他神经发育障碍，给家庭及社会带来沉重经济压力和精神负担。如图 4 –2 所示，突触的形成、维持和消除影响树突棘数量和形态的变化，使神经元回路内的连接得以建立和重建，与精神分裂和

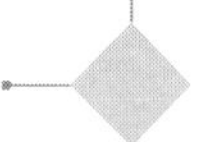

老年痴呆患者不同，自闭症患者由于磷酸酶和紧张素同源物基因突变，导致树突肥大的同时树突棘密度增加，树突棘数量高于正常人水平，其数量的异常则一定程度上导致了自闭症的发生。

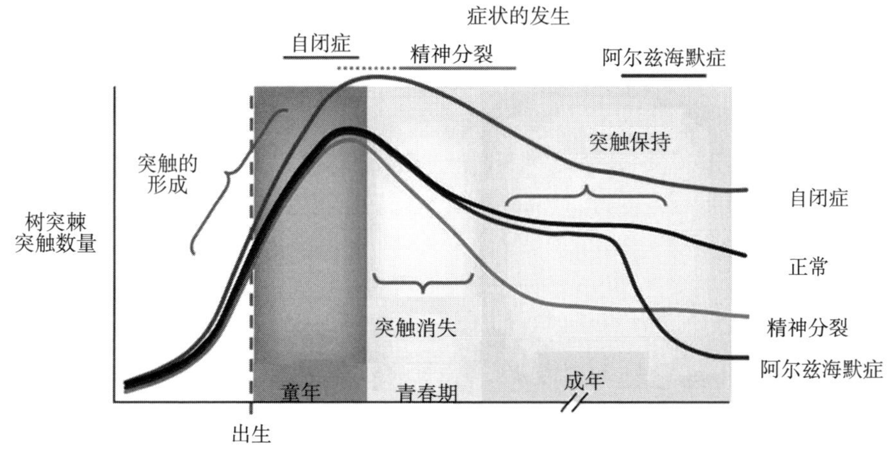

图 4－2　大脑神经发育不良导致的疾病[7]

NDDs 致病机制复杂，原因并不完全清楚，推测可能和以下因素有关：

①药物：用精神类药物可增加对行为的影响。

②异常放电：持续异常放电对记忆、注意和反应速度都有影响。

③遗传因素：遗传因素可能共同作用于神经系统疾病和发育行为疾病。最新研究表明，N－甲基－D－天冬氨酸受体基因家族中的 GRIN2B，功能异常不仅可以引起认知发育障碍，还可能是孤独谱系障碍、注意缺陷多动障碍、癫痫的病因之一。

④结构或递质因素：无论是神经系统疾病还是发育行为方面的问题，中枢神经系统结构的异常，如扩大的脑室、丘脑和白质纤维通路异常，或者神经递质释放的异常，都可能是共同的病因。

神经元发育过程中基因表达失调与一些神经发育性疾病相关，如自闭症谱系障碍、Rett 综合征、脆性 X 综合征以及其他遗传性疾病。

总之，大学生心理危机的诱发因素是多方面的（见图 4－3），在实际工作中应该因人因事而异，需要详细了解每个个体的具体情况后方可对症下药。

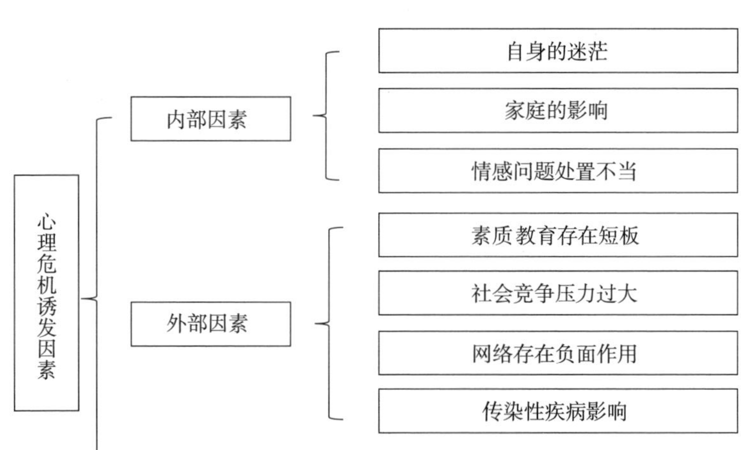

图 4-3　大学生心理危机诱发因素维度结构

第 3 节　大学生心理健康的识别与心理危机的预警

一、健康的识别

世界卫生组织（WHO）对人的健康的定义为："健康不仅是没有疾病，而且包括躯体健康、心理健康、社会适应良好和道德健康。"也就是说，一个健康的人，不但应该没有身体的缺陷和疾病，而且身体上、精神上、思想品质上以及社会适应能力等方面均处于完好状态。从这个定义也可以认为，是否存在心理危机也是一个人是否健康的重要标志之一。

世界卫生组织曾列出身体健康的一些细则，如下：

①充沛的精力，能从容不迫地担负日常和繁重的工作而不感到过分紧张和疲劳。

②处事乐观，态度积极，乐于承担责任，事无大小，不挑剔。

③善于休息，睡眠良好。

④应变能力强，能适应外界环境中的各种变化。

⑤能够抵御一般感冒和传染病。

⑥体重适当，身体匀称，站立时头、肩、臂的位置协调。

⑦眼睛明亮，反应敏捷，眼睑不发炎。

⑧牙齿清洁，无龋齿，不疼痛，牙齿颜色正常，无出血现象。

⑨头发有光泽，无头屑。

⑩肌肉丰满，皮肤有弹性。

从上述10条细则看，前四条与心理健康紧密相关，后六条则为躯体健康方面内容。因此，一个人在成长与发展过程中，其心理健康与躯体健康是互相依存、互相促进、有机结合、缺一不可的。

关于心理健康内涵可以从广义和狭义两方面定义，广义上的心理健康是指一种高效而满意的、持续的心理状态；狭义上的心理健康是指人的基本心理活动的过程内容完整、协调一致，即认识、情感、意志、行为、人格完整和协调，能顺应社会，与社会保持同步[8]。

美国心理学家马斯洛（Maslow）和米特尔曼（Mittelman）在合著的《变态心理学》一书中提出心理健康的10条标准，得到心理学界的普遍认同。

①有充分的自我安全感。

②能充分了解自己，并能恰当地估计自己的能力。

③生活理想切合实际。

④不脱离现实环境。

⑤能保持人格的完整与和谐。

⑥善于从经验中学习。

⑦能保持良好的人际关系。

⑧能适度地宣泄情绪和控制情绪。

⑨在符合团体要求的前提下，能有限度地发挥个性。

⑩在不违背社会规范的前提下，能适度地满足个人的基本需要。

以上10条作为人们日常工作生活中一种常用的心理健康水平衡量标准，具有很大的权威性和影响力。但是，通常情况下人的心理健康水平呈现动态变化，是个体主观精神的一种体现，较难有固定且清晰的界限和尺度。因此，上述心理健康10条标准同样为相对标准，是否存在心理危机也是因人因事而异，而且也会受到社会进步、经济发展及自身成长环境等因素影响。

进入新时代之后，我国开启了建设中国式现代化的新征程，大学生心理健康衡量标准和要求也不必照搬照抄西方的理论内容，而应该按照新时代中国特色社会主义理论提出符合中国国情的标准。特别是针对当前“00后”在校大学生，生逢盛世，内心本该有理想、存信念，与祖国同奋斗、与时代共奋进，其心理健康标准理所当然应该体现出这一时期华夏儿女的特点和特质。本章概括了以下10条内容：

①有理想，始终坚持以中华民族伟大复兴和构建人类命运共同体为己任。

②有情操，始终坚持以社会主义核心价值观为引领，自觉遵守社会规范，自觉传承中华优秀传统文化，有较强的民族自豪感和国家荣誉感。

③敢担当，胸怀国之大者，敢于斗争、善于斗争，遇上事情不怕事，遇到困难知难而进、迎难而上。

④能吃苦，勇于在困境中锤炼意志、强壮筋骨，历练能力、提高本领。

⑤肯奋斗，不仅要有仰望星空的家国情怀，更要有脚踏实地的实干精神，要勇于把汗水洒在祖国的大地上。

⑥有目标，日常生活学习中情绪相对稳定，能够客观理性分析身边的人和事，有着自己奋斗的目标。

⑦有信心，心理行为符合大学生年龄阶段，充满阳光朝气，富有活力，对未来充满信心[9]。

⑧勇创新，始终保持初生牛犊不怕虎、越是艰险越向前的刚健勇毅。

⑨善交流，家庭和睦，人际关系融洽，愿意并有效地与亲人及周围的人进行交流，也能够融入自身所处的大环境。

⑩懂感恩，心地宽容，乐于回报和付出，对世界的人和事物拥有感恩之心。

二、大学生心理危机的预警

危机预警有利于对大学生心理危机早发现、早识别、早干预，是防止其进一步演化的重要举措，完善的心理危机预警机制是和谐校园建设的稳定剂，也是实施健康中国战略的重要组成部分。高校通过预警机制采取有针对性的防范措施，可以将大学生心理危机控制或消除在初期的心理困扰阶段，减少心理障碍和精神疾病发生的概率。

1. 预警队伍

心理危机的识别与预警需要多方协同，构建网格化、全覆盖的预警队伍体系。当前，各高校的心理危机预警队伍主要由少量的专业心理咨询师和专兼职辅导员组成，个别学校配备有班级心理委员，然而面对多校区办学的模式，学生相对分散、数量众多，心理咨询工作量大大增加，预警队伍体系建设已经暴露出一些短板。因此，高校应加快健全心理危机预警队伍体系，构建校、院、班和专业心理咨询师、专兼职队伍（含辅导员、班主任、导师和班级心理委员）、学生家长为主体的“三横三纵”网格化、全覆盖的心理危机预警队伍体系，以便能够及时准确地了解大学生的心理健康状况。当然，心理危机干预工作的专业技术性较强，预警队伍人员要经过相关的专业培训，了解新时代大学生的特点，掌握心理学、行为学、管理学等知识，进而提高心理危机识别、干预、处置的能力。

2. 预警指标

目前，国内高校大学生心理危机的识别和预警主要是基于临床诊断量表的统计分析，这种方法存在测量不精确、有效性低的情况。在信息化时代，高校应进一步完善大学生心理危机预警指标体系建设，将学生的大数据样本与学校信息化管理系统结合起来，构建危机预警信息数据库[10,11]。如完善学生心理健康档案，包括学生的基本信息、身体状况、家庭境况、学习情况、负面生活事件等，尤其是经济困窘、心理困扰、思想困惑、学习困难和就业困境的“五困”学生，以及孤儿、单亲、家庭关系不和睦、身体患有疾病、生活发生变故或受到重大打击的“五特”学生。在此基础上，借助无处不在的大数据，将大学生的网络使用情况、宿舍表现情况、课堂出勤情况、学习成绩情况、交友情况等，利用大数据挖掘技术进行动态的跟踪和管理，最大限度、最为高效地对学生状态进行综合分析研判，提高心理危机识别和预警的有效性[11]。所以，高校建设一套完善的心理危机信息收集系统与信息数据库，并定期更新心理危机数据库内容，可以为日常工作与心理援助进行服务指引，并可参照心理健康预警指标，重点对心理危机高危群体进行监管。图 4 –4 所示为“5 +5 + N”大学生心理危机预警指标体系。

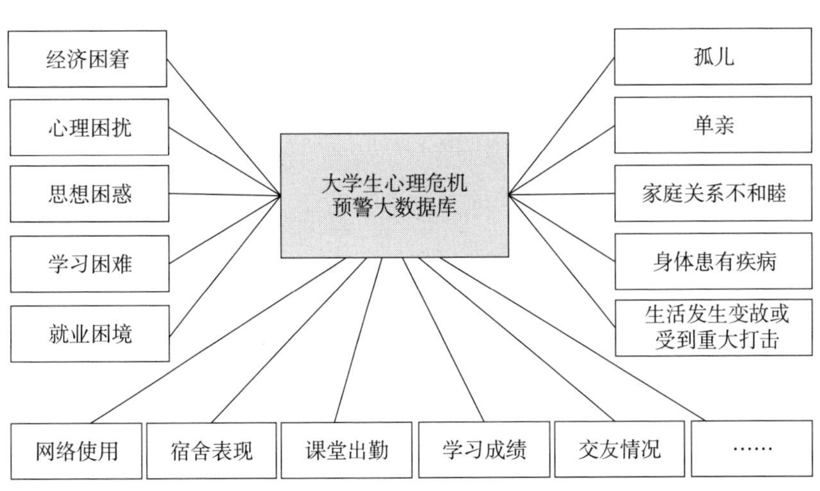

图 4 –4　“5 +5 + N”大学生心理危机预警指标体系

3. 预警模式

新时代大学生对未来充满憧憬与幻想，但其成长历程却相对优越和单一，同时兼具明显的差异化和多样性。结合这些现实状况，高校应在新生入学之初进行全面的心理普查，为每一位同学建立起心理健康档案，并坚持每年定期开展心理普查工作，持续跟踪学生的心理健康状况，为心理危机预警提供基本保障。在心理普查中，可以选用信效度较高的量表如“SCL－90”“UPI”进行症状筛查，选用人格量表如“MMPI”“EPQ”了解学生的人格特点，由此筛选出心理易感性较强的学生群体[10]。同时，也要注重强化心理健康动态监测机制建设，可以通过访谈等方式，了解学生的家庭情况和阶段时期内的思想动态，通过日常管理和生活观察，了解其情绪和心理变化，通过班主任或导师反馈，了解学生的学业进展，通过与家长沟通了解学生的内心想法和家庭关系情况等。这样依托专业技术筛查和积极主动工作，构建起“静态调查＋动态监测”的心理危机预警模式（见图4－5）。

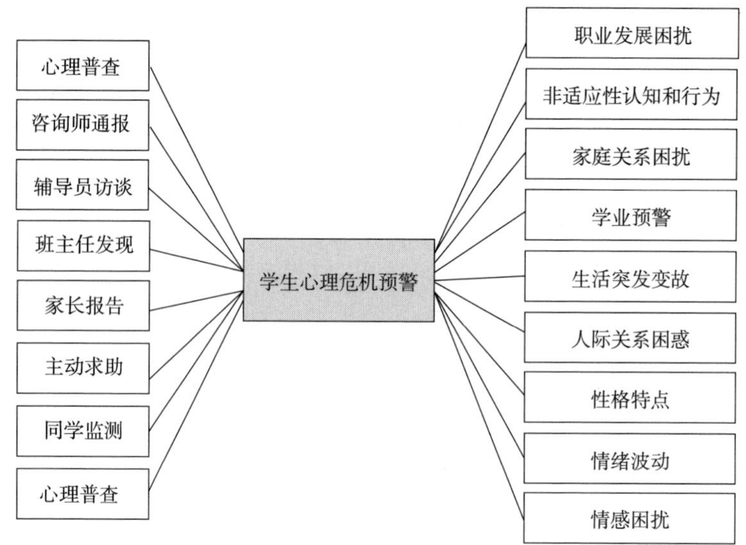

图4－5　大学生心理危机预警模式[12]

第4节　大学生心理危机的干预与处置

一、心理危机干预体系构建

1. 构建心理危机干预的教学体系

中共教育部党组在2018年印发的《高等学校学生心理健康教育指导纲

要》（教党〔2018〕41号）明确指出：高校应充分发挥课堂教学在大学生心理健康教育工作中的主渠道作用，根据心理健康教育的需要建立或完善相应的课程体系。要求学校开设必修课或必选课，给予相应学分，保证学生在校期间普遍接受心理健康课程教育。按照国家对大学生心理健康教育的这一基本要求，高校在实施素质教育的背景下，应大力宣传普及心理科学知识，增强大学生的心理调适能力和社会适应能力，并结合学校的人才培养目标，把心理健康课程编入学校整体教学计划，以课程或者专题讲座的形式普及心理健康教育知识，促进心理健康教育工作科学化、规范化，从而帮助大学生提升心理健康意识，提高自身的认知能力，主动化解和预防心理问题带来的障碍，让心理危机消失在萌芽阶段。

2. 拓展心理危机干预的活动体系

大学生心理危机的干预应坚持预防为主、重心前移的原则，争取及早识别相关倾向性和苗头性问题。一是应积极拓展学生心理危机干预工作机制的第二课堂建设，拓展课外实践活动，锻炼学生体魄，组织并举办“5·25”大学生心理健康节等品牌活动，逐步增强大学生心理健康教育实践内容的深度与幅度[5]。二是应充分利用互联网、手机新媒体等平台开展心理健康教育宣传活动，营造积极向上、健康成长的校园氛围。三是充分发挥广大学生在心理健康教育工作中的主体作用，满足学生自我成长的心理需要，重视发挥班级、党团支部建设在大学生心理健康教育中的重要作用，创造条件支持学生成立心理社团，发挥同龄人之间具有共同话语的优势，自发组织开展心理疏导、谈心谈话等活动，调动学生自我认识、自我教育、自我成长的积极性和主动性，形成全员预防的工作局面。

3. 搭建心理危机干预的咨询体系

心理健康咨询工作是大学生心理危机干预的重要举措，是心理健康教育的继续和延伸。高校要开设心理咨询中心、心理健康热线、心理健康信箱、心理健康活动中心等，帮助那些在现实生活中遇到难题而产生心理负担的学生给予及时、科学、有效的心理咨询，教给他们疏导和调整情绪的方法和途径，增强学生自我管控、自我调节以及心理抗压的能力，引导他们尽早走出心理危机阴影，健康发展。

4. 制定心理危机干预的应急处置体系

大学生心理危机应急处置体系主要包括及时阻控、实时监护、紧急救助等。及时阻控的重点对象是因某种刺激引发心理危机的大学生，这类学生在经过紧急干预后能保持情绪稳定，但需要将引发心理危机的刺激物清除以缓

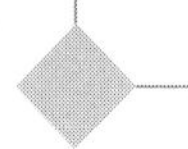

解危机。实时监护重点对象是已经发展为精神疾病的学生，为避免危机个体在校期间发生意外事故、保障其人身安全而采取的全程实时监护措施，一般应交由学生监护人进行，在监护人到达学校之前学校应代为执行。紧急救助的重点对象主要是发生心理危机事件的大学生，心理危机事件发生后，相关医护和工作人员应第一时间赶赴事发现场进行紧急救助或处理，将危机事件的影响控制在最低限度[13]。在应急处置过程中，要注重发挥社会专业医疗机构的优势，对发生危机的个体及时开展专业的干预和治疗，以“医教结合”的方式控制危机进一步的发展。

5. 完善心理危机干预的后期跟进体系

对大学生心理危机进行干预是一项长期性的工作，后期的跟进关注也是心理危机干预体系中的一个重要步骤。首先，需要充分借助专业人士和机构，通过心理咨询专家与大学生心理危机个体的定期访谈，了解危机个体当前的心理状态以及行为动向等信息，及时发现状态不好的危机个体并做好危机处置工作[13]。其次，要建立健全心理危机干预后的心理支持系统，尤其是要做好家校协同、师生协同、生生协同，发挥社会支持系统的缓冲作用。最后，对于严重的危机事件，还要建立对周边学生的干预制度，防止危机影响或扩散给其他人员。

二、心理危机处置流程

心理危机的处置主要是为了减弱心理危机的负面影响，降低危机产生的风险，帮助当事人从危机中恢复，主要可以按照以下六个步骤（见图4－6）进行处置：

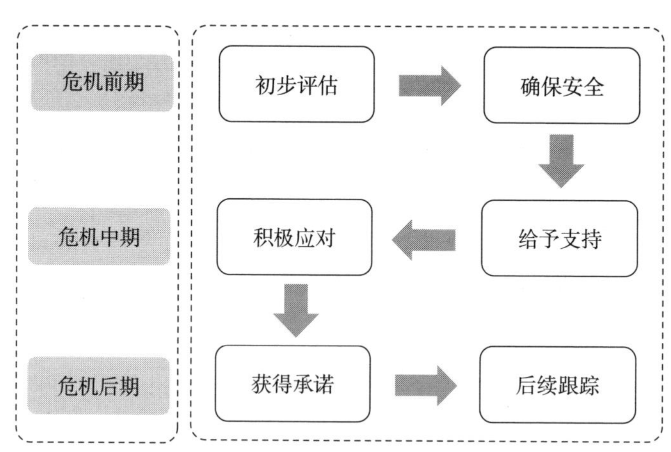

图4－6　心理危机处置流程

①对当事人的状况进行初步评估。心理咨询专家可以通过临床访谈、心理测验、认知行为评估等手段收集信息，对当事人当前的状况进行评估，了解当事人面临的问题，明确危机产生的根源，为有效处置危机奠定基础。

②确保当事人人身安全。通过安抚情绪、多方面关心、危机上报等，尽快使当事人情绪恢复稳定，保持基本的心理平衡。同时通过增加陪伴、将当事人置于安全环境等确保其生命安全。

③给予当事人心理支持。最大限度与当事人共情，为当事人提供发泄机会，耐心倾听并热情关注，以不偏不倚的态度进行观察，尊重并接纳当事人的心理反应，为其提供心理支持。

④为当事人制定具体的危机应对方案。基于当事人的实际情况，危机干预者与当事人共同制定行动步骤。整合当事人、学校、家庭、医院等一切可以利用的资源，激活社会力量，形成多方联动，帮助当事者尽快摆脱危机。

⑤获得当事人配合实施解决方案的承诺。当事人允诺会采取积极的步骤后，按照制订的计划进行。需要强调的是在解决问题的过程中，应充分发挥当事人的自主性。

⑥跟踪当事人的危机状况。适时对当事人的危机状态进行动态评估，检查核实当事人的行为，在危机缓解之后，减少对心理危机的干涉，降低当事人对危机干预的依赖性，逐步提高其应对心理危机的能力。

第5节　典型案例分析

一、案例背景介绍

余某，北京某高校大三女生，22岁，家中独生女，从小学习成绩不错，被父母过度管理，并为其灌输只能和学习好的人交朋友的观念，对朋友进行等级区分。进入大学之后，余某在生活中和同学、舍友相处不愉快，经常咄咄逼人，导致同学们和她越走越疏远。在学习上，从高中到大学的转变让余某十分不适应，学习成绩一落千丈，甚至出现不及格的情况。在感情上，余某被班里某位男生猛烈追求并最终谈起了恋爱，但在恋爱中经常被男朋友嫌弃，最终二人分手。其后余某一直难以走出失恋的阴影，开始对自己产生深深的怀疑，经常出现情绪低落、失眠的情况，对什么事情都失去了兴趣。后来经专业机构诊断，被确诊为躁狂抑郁症患者。

二、案例分析

根据本章第 3 节提出的我国新时代大学生心理健康衡量标准和要求，该案例中的余某属于严重缺乏理想和目标，没有将自己的成长置身于中华民族伟大复兴的进程中，尤其是进入大学后，对自己未来发展的目标迷茫，导致缺乏吃苦耐劳的精神和脚踏实地的奋斗劲头。同时，受到家庭教育的影响，自身价值观出现偏差，无法融入新的成长环境，无法与大学同学和谐相处，更不能客观理性看待身边的人和事。在感情方面，当自己失恋后，情绪无处疏解也不能够适度地宣泄和控制，久而久之导致出现心理疾病。

专业机构诊断的躁狂抑郁症简称躁郁症，又称为情感性精神病，是一种以情感的异常高涨或低落为特征的精神障碍。躁狂抑郁症的心理异常为躁狂和抑郁，躁狂主要表现为兴奋、夸大、情感高涨、易激惹、发脾气、精力旺盛等症状，抑郁则表现为情绪低落、兴趣丧失、精力下降、睡眠障碍等症状，不同的发作时期会有不同的症状。

躁狂抑郁症病因较为复杂，目前尚未明确，主要认为是遗传因素、生物学因素以及社会心理学因素之间的相互作用在疾病发展过程中起到了关键作用。这些因素可能通过影响中枢神经信息传递，导致狂躁和抑郁等情感症状。

该案例如果从前文所述的内部因素和外部因素分析，可以归纳为以下几个方面的原因：

①进入大学的余某在现实生活中是一个独立的个体，相比于中学缺少了父母、朋友的关照，因此不适应大学的独立生活。缺乏人际交往能力的余某会因为一些事情和室友、同学闹得不愉快，大家也逐渐疏远了余某，不再与其交往。

②余某受原生家庭影响，从小受到父母教育观念的影响，在人际交往方面表现出不在乎他人感受的情况，甚至出现了仅以学习成绩论人品的偏激观点。因此余某在大学生活中很难和同学们建立良好的人际关系，也难以找到真心朋友，在多次与同学的不愉快中逐渐与人疏远，不与人交往，产生了自卑、易怒、睡眠质量差等状况。

③多年来被父母全方位保护的余某，很少有与异性正常交往的经验。因此在面临同班男生的猛烈追求之下，受到了一些惊吓，在男生多的环境中，容易产生对于示爱场景的回忆和幻想；并且在之后的恋爱过程中，不断被男朋友打击自信心，越来越自卑，不愿与人沟通交流。

④个性自卑，遇事较为敏感。研究表明，心理敏感的人往往害怕与别人

交往，害怕暴露自己的真实想法而受到别人的嘲讽。个性自卑的余某第一次走出生活多年的舒适圈，独自面对生活，内心骄傲但又十分自卑，因此不能够正视朋友取得的成就，产生了嫉妒的情绪，在疏远了朋友之后更加使自己变得封闭起来。

⑤进入大学之后，老师的授课方式、学习难度的提高、学习方法的问题，导致余某长期处于精神过度紧张的状态，心理压力极大。在这样的精神压力之下的余某很难集中精力到学习上，学业水平不佳的结果更加剧其内心压力，因此心理问题也会随之产生。

三、解决方案

1. 找到学生，确保安全

当发现学生在一段时间内的精神状态不佳，有出现心理疾病的征兆之后，辅导员首先要采取必要的、及时的保护措施来确保学生的人身安全。可以通过联系学生进行谈心、派专人进行照顾、安排同学给予及时的关心等方式来缓解学生的消极情绪，确保其处于安全状态。

2. 汇报情况，寻求配合

在确保该学生安全之后，应该立即将情况汇报给学院领导进行综合研判，并向学校心理咨询中心寻求帮助，请求专业的指导，必要时应带学生及时就医。同时还要联系家长，告知孩子当前情况，争取家校协同配合做好孩子的治疗。

3. 用爱关心，用情沟通

发觉学生出现心理问题之后，在保证其生命安全的前提下，需要积极地和学生进行沟通，充分了解其思想状态，关心其身体状态，询问其病情。在得到该学生的同意之后，要熟悉其病情，做好分析，并根据与学生交流谈心的结果对其病因进行分析。同时要对学生保持足够的耐心，在条件允许的情况下可以采用一边学习一边治疗的方案，制定以医院医生治疗为主、学校心理治疗为辅的治疗方案。

参 考 文 献

［1］王雪．大学生心理危机成因及干预策略探析［J］．安阳工学院学报，2016，15（1）：117－119.

［2］贾晓明，等．大学生心理健康［M］．北京：北京理工大学出版社，2005：158.

［3］张蓉蓉．新时代大学生心理健康问题与教育策略探讨［J］．中国多媒体与网络教学学

报，2021（1）：128－130.

[4] 程振凯．大学生心理疾病的预防与疏导［J］．中州学刊，2007（5）：123－125.

[5] 马士龙，郭兰春蕾．高等院校大学生心理危机干预工作研究［J］．山西青年，2022（17）：181－183.

[6] 李素梅．心理健康与大学生活［M］．武汉：华中科技大学出版社，2011.

[7] COREL，J L. The postnatal development of the human cerebral cortex［M］. Cambridge，MA：Harvard University Press：1975.

[8] PENZES P，CAHILL M E，JONES K A，et al. Dendritic spine pathology in neuropsychiatric disorders［J］. Nature neuroscience，2011，14（3）：285－293.

[9] 姚振．新时期大学生心理健康标准整合的探索性研究［J］．高教学刊，2017（5）：176－177.

[10] 李旭，郑雪．大数据视阈下的大学生心理危机识别与预警探讨［J］．太原城市职业技术学院学报，2015（6）：52－53.

[11] 古阳，姜盼秋．基于大数据技术的大学生心理危机预警研究［J］．科教导刊，2017（26）：164－165.

[12] 田秀菊，连红杰．大学生心理危机预警指标与预警模式探讨［J］．湖州师范学院学报，2017，39（6）：70－73.

[13] 高艺霞，潘聪聪，王梦雪．高校大学生心理危机预警及干预体系的建构研究［J］．新校园（上旬），2016（11）：29.

第五章　大学生情感危机原因分析与干预处置

习近平总书记在庆祝中国共产党成立100周年大会上指出：100年前，一群新青年高举马克思主义思想火炬，在风雨如晦的中国苦苦探寻民族复兴的前途。100年来，在中国共产党的旗帜下，一代代中国青年把青春奋斗融入党和人民的事业，成为实现中华民族伟大复兴的先锋力量。100年后，中国共产党已经成功实现了第一个百年奋斗目标，正在朝着第二个百年奋斗目标前进，对于新时代青年来说可谓生逢其时，施展才干的舞台无比广阔，实现梦想的前景无比光明。然而，部分青年大学生因成长经历和环境的局限性，以及成长过程中心理生理的变化等，表现出思想和认识不够成熟，考虑问题不够全面，如面对个人与社会、索取与奉献、现实与理想、收获与付出等价值关系的处理与抉择时，常常会产生困惑的心理和矛盾的心态，导致在情感方面产生危机。这些危机应对不好，不仅会直接影响学生本人的学业，也会影响其未来的工作和生活，更会辜负党和人民的殷切期望。本章将在第四章“大学生心理危机诱发因素与风险感知”的基础上，重点讨论心理困扰中的情感困扰，结合实际归纳出大学生面临的情感危机类型、产生的原因及影响，提出对大学生情感危机的干预举措，并列举具体案例进行分析，为高校学生情感危机事件的处理提供理论依据和现实参考。

第1节　大学生情感危机的类型

马克思曾说，“人的本质是一切社会关系的总和”。大学生情感危机归根到底是人的问题。因此，结合大学生群体的年龄特点与成长经历，把大学生情感危机归纳为亲情危机、友情危机、爱情危机、导学关系危机等四个方面。

一、亲情危机

家庭是个体成长和社会化的主要场所之一，家庭功能则是衡量家庭系统运行情况及影响家庭成员发展状况的重要指标，它的发挥对个体价值观形成、社会适应力提升以及个性发展等方面均有影响。家庭关系也是每个人出生后

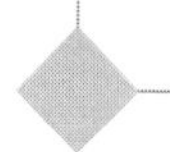

接触到的第一个社会关系，这对一个人的成长和世界观、价值观、人生观的形成起着至关重要的作用。大部分学生出现的问题都能从学生的父母身上找到发生的原因，可见亲情问题在大学生情感问题中的重要性。

1. 家庭关系不睦

进入大学后，随着世界观、人生观、价值观的逐步形成，越来越多的学生跳出原本的家庭环境，以旁观者的角度来审视自己的原生家庭。当其看到自己的原生家庭有这样或那样的问题，特别是自己的父母关系不和，经常采取消极、拒绝的态度或行为来解决问题，或经常出现吵架、冷战、肢体冲突等情况时，部分学生会选择逃避家庭，拒绝与父母产生联系。这将会导致部分学生出现偏执、以自我为中心的性格，出现问题时不会向外界寻求帮助和支持，甚至出现极端行为。另一种情况是原生家庭带给大学生的是深深的自责与自我怀疑，在这种家庭氛围中，孩子可能会将家庭不和的原因错误地归结于自己，产生被抛弃、自卑、低自尊的心理体验，严重影响学生的爱情、友情的形成，影响对自我的正确认知，产生严重的焦虑情绪[1]。

2. 家庭沟通不畅

家庭在个体生命历程中具有不可替代的作用。在个体发展的各个阶段，家庭对于个体的情感支持功能各有侧重。对于大学生群体而言，个体对于家庭的情感需求相较于中学学习阶段会更加广泛且深入。然而，很多大学生因其与父母沟通不畅，难以和家人共情，导致在自身的成长过程中出现亲情的缺位。主要表现出两种状况：一是不良的家庭情感互动。积极的家庭情感互动有助于提高大学生的学习兴趣并促进其学习投入，而消极的情感互动更易引发学生对学习，甚至是对生活的厌烦情绪。二是过度的情感外露。大学生进入大学后，由于与家庭的空间距离被拉大，隔阂减损了亲子之间的情感交互，父母的关心反而会消磨他们的倾诉意愿，尤其是当父母表现出过度的情感外露和对孩子的“高期待”时，往往会对学生产生极大的压力进而对学生心理造成困扰。

二、友情危机

友情是人与人之间一种美好的亲密关系，是个体在交往过程中人际关系发展到一定程度的产物[2]。对于大学生来说，友情是大学期间人际关系的重要组成部分，也是大学生个体之间较为持久的、可以相互作用的双向亲密关系。

1. 建立友情受阻

大学生从祖国四面八方汇聚到一个完全陌生的学习生活环境中，都希望通过各种方式交到新的朋友，渴望获得新的友情，但在现实生活中往往由于性格、习惯、价值观等方面存在差异，导致交友过程中受到困扰与挫折，从而产生负面情绪与心理障碍。交往的挫败反映出学生对他人认同的求而不得，这对处于自我意识快速发展阶段的大学生来说，会严重损害他们的自我认同度。交往中的友情焦虑如果不能得到及时化解，被泛化至其他方面，可能会导致交往主体形成条件性的交往无能，出现“没有人愿意与我做朋友”“我无法拥有朋友”等想法，久而久之将成为不被接受的孤僻的“另类”。

2. 矛盾处理不当

当前，大学生交友的总体状况和动态是良好的，但也有部分大学生在与人交往过程中因利益冲突、生活差异引发相处困境或摩擦争吵，而自身在这些矛盾面前却表现出很强的无力感，使自己产生迷失、困惑、无助、害怕、不知所措、恐慌的情绪。诸如此类因无法有效处理好友情关系而产生的焦虑情绪，如果不能及时有效地化解，友情关系将进一步走向破裂，对双方的情绪、情感都会产生负面的影响。严重时学生心理状态会愈发恶化与扭曲，变得孤僻、冷漠，甚至引发令人遗憾的校园暴力伤害事件。

三、爱情危机

进入大学后，大部分学生是第一次远离家乡和亲人。这种变化既给他们带来了新鲜感，又使他们感到孤独和不安。因而一些同学会将注意力转向自己喜欢的异性同学身上，希望寻求心理上的支持和情感的慰藉。但部分学生却无法妥善处理恋爱过程中的问题或矛盾，导致近年来常有大学生因爱情出现情绪波动，或失恋后出现心理危机，甚至一时冲动酿成不可逆转的悲剧。

1. 爱慕感情被拒

对爱情的憧憬和渴望使部分学生变得心思敏感、过度焦虑。当对心仪对象表露心迹遭到拒绝后，不少学生失落感、挫败感和难以接受的负面情绪会达到顶点。其中一些学生容易陷入“情绪深渊”，反思、剖析自己不被接受的原因，甚至怀疑自己是不是令人讨厌。更有甚者会将情感中遇到的问题泛化到生活的其他方面，从多角度否定自我，从而产生极强的自卑情绪。带着这样的情绪和感受去体验生活，会导致生活被“负能量”包围，对大学的学习生活产生极大负面影响。

2. 压抑情感表达

大学生的主责主业是学习。部分学生对大学期间的学习和科研进行了较为详细的规划，明确了每个阶段的目标和任务，有条不紊地按照“时间表”完成进度。当这些学生在遇到爱情时，会反复地提醒和要求自己，应该专注于学业，力图以理智对抗情感。往往这时学生容易出现自责自怨的情绪，但又苦于找不到解决办法，容易陷入焦虑、郁闷的情绪。在这种情况下，学生认为学业感情“两耽误”，从而进一步放大了自己的苦恼情绪。

3. 失恋无法接受

恋爱中的矛盾争吵是正常现象，交往中双方或一方出于某些原因，不愿再保持恋爱关系，也属正常行为。但现实中，当出现“分手”状况时，一些同学理智上能够理解，但情感上却又无法接受。恋爱双方往往容易因感情用事、一时冲动而做出无法挽回的举动，或者怀恨在心伺机报复。尤其是近几年，对爱情中出现的 PUA（是指恋爱关系中的一方通过精神打压等方式，对另一方进行情感控制）行为逐渐成为社会热点问题。PUA 现象的滋生反映了人们对于个人权利和尊严、亲密关系、暴力、性吸引、性别规范的错误认知。调查显示，受到 PUA 伤害的女性的心理创伤几乎是不可逆的，这和普通的失恋不一样，很多受害女性会长期怀疑男性，有仇视、厌恶男性的心理，甚至抗拒亲密关系[3]。

四、导学关系危机

“导学关系”主要是指导师和研究生之间的关系，因不同于单一的师生关系，被学界普遍称为“导学关系”。进入新世纪，随着我国研究生教育规模的迅速增长，社会各界对研究生教育发展的关注度越来越高，而导师和研究生作为研究生教育的两大主体，是影响研究生培养质量最关键的两大要素。他们之间既存在着教育者与受教育者的关系，也存在着互为依存、平等互动的双向主体关系。因此，构建良好的导学关系是实现两者互利共赢的前提，更是提升研究生教育质量的重要内容。然而，现实教育工作中，由于单方或双方的原因，以及大环境和小环境因素等影响，时常会发生导学关系危机。

1. 发展目标差异

根据中国教育在线发布的《2022 年全国研究生招生调查报告》显示，当前大学生考研的最主要动机是为了就业，因为就业压力大，希望通过考研来增强个人就业竞争力的占比近 60%，而想在学术上深造的考生占比刚刚超过 30%[4]。由此可知，大部分学生只是把读研当作获取学位、未来谋取理想职

位的手段，并非是内心想在学术研究上有所造诣。这种功利化的读研动机很难激发研究生学习的积极性和主动性，其敬畏学术、尊重学术和求知欲望的情感也必然有所缺失，某种程度上为导学关系危机已经埋下了隐患。

2. 相互关怀不足

导学关系不同于爱情和友情关系。良好的导学关系本质上应该是双向主体的互利共赢，既要实现师生双方在学术领域的共同探索和创造，也要实现学生未来发展的方向性目标。这就需要导师多方位给予学生有力支持，包括但不限于知识技能的传授，日常科研、学习中的鼓励与认可和未来发展的指导与帮助。然而，现实中部分导师往往只在意自己给学生所布置任务的完成情况，忽视了帮助学生成长及树立攻克难关信心等精神层面的支持，也忽视了学生未来实现自我价值、服务国家经济社会发展的需求[5]。久而久之，导学关系必将陷入“紧张陷阱”或“雇佣误区”。

第 2 节　大学生情感危机产生的原因

青年是国家的未来、民族的希望，新时代大学生更是实现中华民族伟大复兴的中坚力量。高校教育工作者若能及早识别并化解大学生情感危机，就能帮助其更加健康地成长发展，这就需要家长和老师了解掌握诱发危机的根源所在，对症下药才能够事半功倍。下面从个人维度、家庭维度和社会维度三个层面来分析大学生情感危机产生的原因。

一、个人维度

1. 梦想的迷失

教育的使命应该是培养学生思考力、判断力、洞察力和鉴别力，让学生拥有可以持续发展的智慧和独立的性格。但是长期以来部分学校和家庭受到传统教育理念和思维方式的影响，时常以考试成绩论英雄，以考入一流大学为目标。不可否认，这样的思想对学生阶段性发展是必要的或许也是有利的。然而如果一味地为了提高成绩而要求学生死记硬背、机械式学习，或者养成长期由他人督促式的被动学习，而缺乏自我主动学习的习惯，必然会埋没学生的思考力和创造力，并且在阶段性目标实现之后，就可能失去自己存在和发展的目标与价值。这种现象在初入大学阶段的学生中表现得尤为明显，毕竟如今的大学已经不是传统意义上的“象牙塔”，办学更加开放，思想相对自由，价值日益多元，资源也更加丰富，给学生们提供了非常广阔的发展空间。如果学生缺乏思考力、判断力以及交际沟通能力等，很难规划好自己大学的学习生活以及毕业后未来的发展，更何况部分学生现实中的大学与自己内心中的理想大学还有可能存在一定差距，也容易产生心理落差，这些因素单独或综合作用都会令学生丢掉目标、迷失梦想，造成的结果就是在莘莘学子的激烈竞争中失去优势、失去自信，进而产生情感危机。

2. 友情的缺失

大学生的友情是纯洁的，更是充满着友爱和关心的。友情不仅是大学生活的重要组成部分，也是帮助大学生抵抗挫折、排忧解难的重要力量，更是促进大学生完成学业、成就事业的重要因素。如果能够积极与同学交往，建立起良好的友情关系，必定会促进自身和群体的和谐发展，避免因情感的缺失而导致危机。毕竟大学生开启大学的旅程之后，开始了独立的学习生活，不可避免会遇到困境或遭遇阻碍，自然会产生情感上的波动，或失望痛苦，或沮丧不安，或不知所措，等等。如果能够有朋友或者关系密切的同学陪伴在身边，给予其开导纾解，共同面对困难和挑战，必定会在心理和精神上受到极大的鼓舞和支持，在情感上得到慰藉，避免出现焦虑、失落、自卑、抑郁等不良情绪或失常行为。尤其是刚刚步入大学时期，远离了父母和亲人以及中学的同学和朋友，进入一个崭新的校园，对新老师、新环境、新的教学模式都需要经历一个适应期，更需要同学和朋友在友情方面的支持和帮助。

二、家庭维度

1. 教育的错位

当代大学生中多数为独生子女，一些在生活富裕的家庭长大的学生，父母等长辈对其尤为照顾和关爱，可以说从小就生长在爱的包围圈中，很少受到挫折和委屈。这种过多的家庭照顾使他们产生极强的优越感和以自我为中心的思想，导致他们自身生存能力、生活自理能力较弱，往往缺乏独自战胜困难的能力和勇气。另外，也有一部分大学生成长于比较简单的家庭结构之中，人际关系网络相对简单，与人交际沟通能力没有得到较好的锻炼和培养，进入大学后与同学、老师或其他人员沟通时常常会出现障碍。这些家庭教育的种种错位现象都会使得大学生情感发展不健全。

2. 亲情的缺位

原生家庭对学生感情观的影响十分重要。当前生活节奏越来越快，家庭生活条件日益改善，但由于父母工作忙碌，部分学生由爷爷奶奶、姥姥姥爷

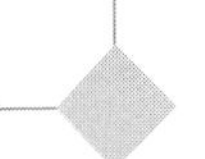

等长辈陪伴成长，从小就缺少与父母的交流沟通，对父母亲情、爱情等缺少基本的认识和体验[6]。也有一部分学生因家庭结构问题，如单亲家庭、离异家庭、重大变故家庭等，造成对其爱的缺失或者不完整，有的孩子会认为自己被亲人抛弃，进而产生冷漠、孤僻、早熟、仇视等情感。这些原生家庭对学生感情方面教育的缺失都会导致其人格的不完善。

三、社会维度

1. 多元价值观的冲击

正确的感情观是建立在正确的世界观、人生观、价值观的基础上。随着我国改革开放的推进和科技迅猛的发展，多元化价值取向日益凸显，生活方面的拜金主义、享乐主义，感情方面的功利主义、实用主义等思想倾向有所抬头，对一些大学生的情感产生了较大的消极影响。而大学生正处于特有的年龄阶段，心理发育正从不成熟走向成熟，但是却不得不经受着各种价值观的冲击以及新旧观念和东西文化的考验，既影响其积极健康人生观的形成，也很容易诱发情感危机。

2. 网络社交平台的影响

网络社交平台信息庞杂、良莠不齐，不仅存在不当社交和泛娱乐化，而且部分内容还夹杂着一些低俗的信息和文化，很容易对大学生的情感产生侵扰，使其产生消极颓靡、悲观厌世与愤怒仇恨等负面情感反应，危害自身情绪、情感和心理的健康发展。此外，网络具有虚拟性、互动性、平等性、超时空性，不需要真实社会中的种种要求和规范，大学生可以在网络空间自由地交流或表达情感，但如果长期沉浸在这个虚拟世界里，当他们回到现实生活中时会难以适应，一旦遇到情感挫折必然会茫然失措、自甘堕落[7]。

第3节　大学生情感危机的影响

如今，大学生的情感问题越来越普遍和突出，如果深陷其中，不及时处理或者处理不当，都会对学生的生活和未来发展产生消极影响，甚至造成严重后果。

一、对学习科研的影响

现在大学生的课业任务十分繁重，研究生更是面临着科研学术的压力。

学生一旦出现情感问题，极易形成消极的自我认知，过度反思甚至否定自己，出现丧失信心、自我贬低等不良情绪。在这种心理状态下，学生往往会出现回避问题、逃避现实等不良反应，甚至无心学习，对学习、科研等一拖再拖，将注意力转移到网络游戏、网络视频等媒体平台上，形成网络依赖。在荒废了大量时间的同时，逐渐产生焦虑、迷茫、空虚等不良情绪状态，不仅无法完成学习科研任务，还会对生活丧失热情。长此以往，轻则出现大量逃课、不完成作业等情况，严重的会导致学生无法完成学业而延迟毕业，甚至退学。

二、对身心健康的影响

情感问题是当代大学生心理困惑或心理障碍的重要诱发因素。这一时期若不能处理好情感的困扰问题，便会诱发其他的心理问题，如焦虑、紧张、强迫等不良的心理反应。而这些心理情绪若长期累积，得不到及时排解，便会进一步诱发人格上的障碍或缺陷，甚至发展为精神分裂疾病。同时，由于心理问题长期得不到解决，也会引发躯体化病变。例如，由于长期的焦虑、抑郁便会导致神经衰弱、失眠、神经官能症等病症，严重的甚至会出现生理病变而不得不中途退学。部分大学生在处理感情问题时找不到合适的办法，便会在网络上寻找“志同道合”的朋友。长此以往，大学生与现实世界的联系将会变得越来越少，语言表达能力、沟通交流能力越来越差；学生内心的孤独感将会更加强烈，出现严重的网络依赖和排他情绪，精神逐渐萎靡不振，甚至产生与现实世界脱节的现象。

三、对个人发展的影响

当出现情感问题时，如不能及时调整个人情绪、理性客观看待情感问题，会产生错误的自我评价，忽略和否定自我价值感的存在，严重者将酿成自杀的悲剧，或者出现危害他人和社会的侵犯性行为，甚至走上违法犯罪的道路，造成不可挽回的后果。在互联网、新媒体高度发展的今天，大学生情感生活方式、情感选择、态度意识越来越多元化，但他们的世界观、人生观、价值观都还没有完全建立，极易受到鼓动和影响，形成错误的情感观。例如，在爱情中的“脚踏多只船”“找备胎”“拜金”等现象，均体现了部分大学生情感道德约束性低、自私自利性强、情感意义和价值逐渐消失等问题。这不仅会影响到学生未来的情感生活，更会对学生未来的发展产生深远影响。

第4节　大学生情感危机的干预与处置

高校教育工作者常言："每一个深受困扰的问题学生背后，往往都有一个不同寻常的问题家庭。"因此，大学生情感问题的解决，需要家校联动、协同育人，不断引导发挥学生的积极主动性，才能妥善解决学生的情感问题，促进学生的健康成长。

一、加强大学生的情感教育

在中国特色社会主义市场经济高速发展的今天，当代大学生正处于人生道路上的关键时期，需要同时处理学业、人际关系、自我定位以及未来发展等相关事项，情感生活较为复杂。在这个时期，对大学生及时有效地进行情感教育与引导，提高其情感素质，对促进大学生成长成才有着积极的作用。

大学阶段是大学生社会情感形成的关键时期，是大学生从"自然人"走向"社会人"，独立承担社会责任的预备期。基于这种情况，学校应该开设更加丰富多彩的情感课程，让学生在每一种情境中体验真实的情感，明白其中的道理，并逐渐培养起责任感、使命感和担当精神。同时要注重案例分析，让学生了解健康的情感是建立在人与人之间平和的沟通之上，包括学生与学生之间、学生和教师之间、教师与家长之间等。在相互交流的过程中教他们如何去发现生活中的真挚情感，并且教他们用一颗真诚的心去融入社会、理解他人、关爱生命、热爱生活。

二、关注学生的负性情绪

近几年来，大学生情感问题所引发的恶性事件屡见不鲜，学校及家长应该关注学生的负性情绪，力争在量变还未引起质变时，及时发现，将其解决在萌芽状态。导师、辅导员和家长都应学会识别负性情绪，正确对待负性情绪，理解大学生需要面对的学业科研压力、人际交往压力等。当然与老师之间的不愉快相处，与异性的不正当交往，也是产生负性情绪的直接诱因，学校及家长要引导学生加强对自我负性情绪的疏导，帮助学生积极调整心理状态，克服困难，使学生的身心获得成长。

三、重视发挥家庭的作用

家庭氛围会在潜移默化之中对孩子的身心健康造成影响。在大学生遇到

情感问题时，首先要和学生家长进行有效的沟通，以包容、温和的态度处理矛盾，与家长站在统一战线上，协同解决学生出现的问题。不论原生家庭对学生的影响如何，家长对问题的看法和解决问题的态度往往决定了整件事情的走向。在平时要加强家校合作，做到信息互通，将学生在校学习、品行、人际交往、心理状况等方面表现出的问题及时告知学生家长。与此同时，询问家长该生的更多信息，必要时候邀请家长来校共商解决方案。这样才会有效解决学生的心理问题，助力学生的健康成长。

四、建立学生信息档案

创建大学生困难情况信息档案，系统全面掌握信息，有理有据地开展心理健康教育工作。应着重收集汇总三方面的信息：一是影响该生心理发展的因素，涵盖原生家庭情况、既往病史、经历的重大事件、近期突发情况等。二是该生心理状态与心理特点等资料，涵盖该生性格品质及表现出的心理症状、不适应情况、情感问题的具体表现等。三是该生入校后学习生活融入情况、理想追求情况等。只有全面详尽地掌握学生的相关资料，才可深入分析大学生心理问题的成因及相应的解决方案。

五、引导大学生自我调适

辅导员要合理引导大学生发现自身存在的问题与其原生家庭之间的关系，使其重新理性辩证地审视与父母的关系，帮助其努力提高自我治愈能力，与家庭留下的伤痛和解。

一是引导大学生体会自身价值，悦纳自我。引导学生用积极的自我暗示给自己不断注入正能量，提升自信心与价值感，相信自己拥有足够的能量、拥有坚实的实力走出困境与低谷。当遇到自我价值感偏低甚至缺失的学生时，要善于采用共情以及合理的情绪疗法慢慢转变其对事物的看法，而后帮助学生提升自我价值感。

二是引导大学生正视自我原生家庭的不完美。引导、鼓励大学生勇于面对其原生家庭的影响，多角度辩证地看待家庭以及父母，采用自助与他助的方式，重新审视过去，整合对父母、对家庭的态度，理解父母。

三是引导大学生积极参与社会交往。大多数有心理问题的学生，受原生家庭影响，会固执地认为自己是无足轻重、可有可无的，自我认同感极低，当家庭中的交往受挫时，机体的外界交往意识往往会受此影响产生自我压抑。不愿甚至恐惧与他人接触交往，躲避在自我的世界中对外界敬而远之。勉强

的人际交往，往往也会因交际能力差而矛盾重重不了了之。故而要强化学生的交往意识，鼓励他们敞开心扉接纳别人，协助他们的社会型人格朝着良好方向发展，进而促进其心理健康发展。

第5节　典型案例分析

一、案例背景

小云（化名），女，家庭环境复杂，有一弟弟（已高中辍学），父亲长期酗酒，母亲无固定工作。家中父母重男轻女，小云自幼未得到父母关爱，小时候曾遭到父亲打骂。后小云的父亲因滋事入狱，对小云的影响较大。小云自幼受到的这些不公平待遇，使她认为活着没有意义，并在其高中时就有想自杀并“拉着家人一起死”的念头。

她在攻读研究生期间，出现以下困难情况：

①心理困难，表现为有自杀倾向、自残行为；家中发生突发事件；由精神专科医院诊断，患心理疾病且状态不稳定。

②学习困难，表现为研究生不能正常毕业。

③发展困难，表现为就业困难，面临找不到工作的困境。

④交往困难，表现为与其男朋友感情不和而分手。

二、案例发展过程

在小云研究生就读期间，同实验室一男生高坠身亡，导致小云的情绪爆发。她在网络上表达消极言论，并且在深夜与自己导师通话，情绪失控大哭，觉得死亡是一件很容易的事情，表现出明显自杀倾向。在导师和辅导员的坚持下，小云开始就医并服药，但是其父母不支持该生服药，认为小云是阶段性情绪不好，不认可抑郁症的诊断结果。寒假回家时，小云表示母亲只关注父亲和弟弟，对自己丝毫不关心。她得不到父亲母亲的关注和爱护，对自己的认同度极低。寒假结束回到学校后，在学校老师的联系劝说下，小云的母亲在学校附近租了房子，答应陪同小云一同读书。小云的情绪有了很大变化，但是仍然无法专注于学业科研。面临毕业就业问题，小云毕业论文进展迟缓，无法达到毕业基本要求。

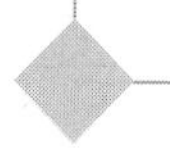

三、案例分析与启示

小云从小生活在一个没有爱意的原生家庭中，由于严重的“重男轻女”思想，她从小就不被家庭重视和关注。久而久之，小云对自己的认可度也随着父母的视角而发生变化，过分贬低自己、否定自己，以父母的标准和眼光要求自己，认为自己是一个无用的、不值得被爱的人。这是非常典型的由于原生家庭的影响导致的情感问题的集合。正是由于她的家庭环境，她在与朋友交往的过程中一直处于“小透明”的角色，觉得自己只能做朋友情绪倾泻的“垃圾桶”，不敢向朋友表达自己的需求，不敢“麻烦”朋友帮忙；在与男朋友相处的过程中，也一直处于“服从”甚至“顺从”的角色，对方说什么就听什么，完全没有自己的想法，也认为自己的想法不重要，男朋友“说什么就是什么”。

种种现象表明，在得不到父母爱意的同时，小云不知道也不懂得如何爱惜自己。长时间在被忽略的环境中，小云对自我无法产生认同感，甚至认为自己的一切都是没有价值的，没有任何值得肯定的地方。长此以往，小云对自己很难建立信心。在求职、招聘、论文撰写等方面，小云也很难迈出第一步，总是觉得自己做得不够好，无法发现自己身上的闪光点和值得肯定的地方，陷入自我怀疑、自我否定的情绪怪圈中，进一步加深筑牢对自己的错误认知，导致无法深入社会、融入社会。

参考文献

［1］郭玲玲．原生家庭对心理健康影响的研究综述［J］．品位·经典，2022（15）：67－69.

［2］谢剑媛，李英林．价值观变迁中的大学生友情观引导策略探析［J］．高教学刊，2021（7）：52－56.

［3］蔡爽．对网络交友软件引发的社会治安问题的探讨——以交友软件中的不良PUA为例［J］．法制博览，2021（5）：166－167.

［4］2022年全国研究生招生调查报告［R］．（2020－04－29）［2022－08－05］http：//www. hixuew. com/7128. html

［5］宋成．研究生教育中的导学关系：影响因素与对策构建［J］．学位与研究生教育，2021（3）：9－14.

［6］曹梦瑶，刘甜甜．大学生情感危机分析与干预防控——由两起情感危机案例引发的思考［J］．产业与科技论坛，2022，21（5）：257－260.

［7］黄伟伟．当代大学生情感问题及教育对策研究［D］．青岛：中国海洋大学，2015.

第六章　大学生自杀行为的成因与应对

2016年4月26日，习近平总书记在中国科学技术大学考察时语重心长地对学生们说："青年是国家的未来和民族的希望。要立志做有理想、有追求的大学生，做有担当、有作为的大学生，做有品质、有修养的大学生。"理想指引人生方向，信念决定事业成败，没有理想信念，就会导致精神上缺"钙"。尤其在奔向第二个百年奋斗目标的道路上，广大青年学子应该怀抱梦想，敢想敢为，立志做有理想、敢担当、能吃苦、肯奋斗的新时代好青年，让青春在全面建设社会主义现代化国家的火热实践中绽放出绚丽之花。然而，现实生活中极少数大学生却因为身体、心理、学业等不同原因选择了放弃和逃避，结束了自己的生命。这不仅严重影响了其他大学生的健康成长，而且也给家庭和社会带来了不可弥补的伤害。本章将在第四章"大学生心理危机诱发因素与风险感知"的基础上，立足"珍爱生命"的思想，进一步总结归纳大学生自杀行为的类型，分析其自杀行为的诱发因素及生物学机理，并探讨预防、干预的相关举措，为教育工作者发现、识别、感知此类危机提供理论依据和参考。

第1节　大学生自杀行为的类型

进入21世纪以来，自杀已成为我国大学生非正常死亡的首要因素[1]。为实现对具有自杀倾向的大学生进行及时有效的感知和干预，就需要全面分析了解自杀行为。根据自杀动机进行分类，不同学者提出了不同的分类方法。如王明旭[2]在《大学生自杀与干预》一书中将大学生自杀行为类型分为五类：寻求解脱型自杀、报复型自杀、自我防御型自杀、威胁型自杀、放任型自杀；王传旭等[3]则在《大学生心理健康教育概论》中将大学生自杀行为类型分为自喻性自杀、权益性自杀和胁迫性自杀。而法国著名社会学家埃米尔·涂尔干（Émile Durkheim）[4]在其著作《自杀论》中提到了社会对个人自杀行为具有重要影响，将自杀类型分为利己型自杀、利他型自杀、失范型自杀、宿命型自杀，其中宿命型自杀类型多出现在古代社会。下面按照涂尔干的分类结

合大学生实际情况对前三种自杀类型进行重点阐述。

一、利己型自杀

利己型自杀是指在个人遭受社会困境时没有得到及时的帮助与指导，选择个人屈服并脱离社会和环境，意志消沉，心理陷入抑郁乃至绝望的状态，认为唯有自杀才可以实现自我拯救和解脱。大学生正处于从学校走向社会的过渡阶段，思想尚未完全成熟，但却面临着学业、就业、爱情、友情、亲情等多重考验，也承受着来自各方面比较大的压力。在这种情况下，当个人对身边的人、事、物等大小环境出现严重不满时，个别同学会因缺少大局观、全局观、社会观，将自身作为唯一的思考对象，导致心态与精神更加紧张和压抑，若没有及时向学校、家庭或社会寻求帮助，就有可能陷入绝望境地。而往往越是陷入此困境的群体越难以主动寻求外界帮助，并陷入自我的恶性循环，导致个人与社会之间出现难以逾越的鸿沟，会认为自杀是最好的解脱自己的方式。如随着大学生就业压力的增大，部分自我期待较高的个体会因为无法得到一份满意的工作而产生自我怀疑，长期下去心理防线会被击破，以至于认为自己失去了价值而陷入抑郁。大学生若长期处于这种心理状态，极有可能选择自杀以实现自我解脱。因此，从其动机来看，利己型自杀属于极度个人主义的体现，目前也是我国大学生自杀案例中的主要类型。

二、失范型自杀

失范型自杀是指周围环境的稳定性遭到破坏，对个人心理造成了严重冲击，令其不知所措，从而选择采取极端方式结束一切。如今，我国经过40多年的改革、发展、建设，不仅全部脱离了绝对贫困，而且成功实现了第一个百年奋斗目标，全面建成了小康社会，人们都生活在一个和谐稳定、物资富足的社会。但与此同时，社会发展的节奏加快，突发事件发生的频率增加，给人们带来的冲击也随之增大。尤其是独立生活能力较弱的大学生，缺乏独自应对突发事件的能力，一旦生活和学习中遇到较大的变化或者变故，容易引发过激反应，内心会无比痛苦，如果找不到合适的解决措施，就可能选择自杀来逃避问题。正如涂尔干所说，“一旦社会秩序出现重大更迭，无论是骤降的好运还是意外的灾难，人们自我毁灭的倾向都会格外强烈”。例如，现实生活中大学生可能会面临家庭变故、失恋、学业预警等突发状况，会对个体心理产生强烈冲击，此时若没有得到及时的心理干预，部分个体会陷入崩溃抑郁的状态，巨大的心理落差将使他们产生自杀想法来逃避当下。

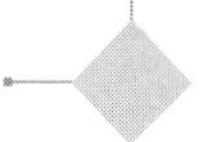

三、利他型自杀

利他型自杀是指在某种社会风俗或群体压力下，通过结束自己的生命来维护群体的利益，通过牺牲“小我”去实现所谓的“大我”。与利己型自杀相反，这类群体往往认可社会或他人的价值，而忽略了自身的价值，并认为自己的死亡可以成就他人。该自杀类型多出现于动荡社会或战争年代，而我国随着人们生活水平的提高，新时代大学生往往是备受家庭宠爱的一代，同时国家对青年人的教育极为重视，这让大学生自我价值感大大提高，因此利他型自杀在大学生群体中较少。但不可否认仍是影响大学生自杀行为的一项因素，尤其是一些自认为“懂事”“听话”的个体身上表现较为突出。例如，在个别普通高校中，有可能出现学生因学费和生活费较高，而学校关心关注不到位，或者学校的救助额度仍无法满足其生活所需，让其感到自己给家庭带来沉重负担，并将责任完全归咎于自己身上，认为自己的存在除了让家庭陷入困境以外没有其他任何价值，进而在生活重担和自我谴责的双重压力下，极有可能选择自杀方式来结束现状。

以上三种自杀类型往往与个人价值和社会价值的失衡相关，关系见图6－1。

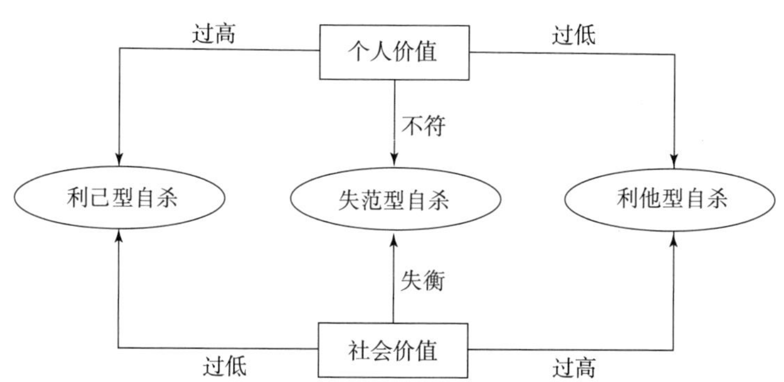

图6－1　三种自杀类型与个人价值和社会价值的关系

对于大学生群体来说，社会因素及周围环境因素已成为自杀的重要影响因素，自杀事件的发生不是单一因素的结果，以上三种类型也并非完全独立存在。因此，在实际工作中可以充分发挥学校在学生心理辅导方面的作用，对学生面临的问题进行有针对性的帮助和指导，以减少悲剧的发生。

第 2 节　大学生自杀行为的影响因素

自杀行为本身是一种复杂的社会现象，产生自杀行为往往不是由于单一方面的因素诱发，更多的是心理、生理及社会多重因素相互作用导致的危险行为[5]。对于大学生来说，这些因素主要包括身体患有精神类疾病、学业发出严重预警、就业失去美好前景、交友失败或失恋、家庭关系严重恶化或者网贷无力还清等。本节结合工作实际和相关学者研究成果，从主观层面和客观层面两个维度探讨大学生自杀的影响因素。

一、主观层面

行为哲学认为，人的行为是人在意识指导下的主动自觉的行为；而人的意识是由意向和认知两大因素构成的，并且是这两大因素相互作用的结果。这就表明，人的任何行为都是受心理活动所驱使的。因此，大学生自杀行为的主观因素主要表现为心理或精神疾病，也就是当心理危机发展为抑郁状态后所导致的危险行为。本书第五章已经阐述过抑郁是一种精神疾病，主要表现为情绪低落、思维缓慢、言语动作迟缓、睡眠失常等，需要指出的是该种疾病是导致自杀发生的重要原因。从临床上分析，引发抑郁的原因有很多方面，包括遗传方面、社会环境方面、性格方面、躯体疾病方面、成长经历方面、内分泌失调方面以及精神性药物滥用方面等。从实际工作和生活中总结分析，大学生因抑郁引发自杀的原因重点表现在遗传因素、性格因素和认知因素等。

1. 遗传因素

与其他许多疾病一样，抑郁症往往在家族中集中出现。也就是说，如果家庭中有抑郁症的患者，则孩子患该病的概率便会增大。从这个角度来说，实际工作中我们应该准确全面了解学生家庭的基本构成和相关情况，并重点做好风险的识别和感知。当然，并非所有抑郁症家族的人都会得抑郁症，也并非所有得了抑郁症的人都会有家族史，遗传仅仅是导致抑郁症其中的一个原因。

2. 性格因素

人的性格在很大程度上受到原生家庭的影响。从出生后发展而来的性格孤僻会使此类大学生将自己与周围同学隔离开来，拒绝交流，拒绝别人的帮

助和关心，表现为对社会产生一种离心力，不良情绪不能及时宣泄而郁结于自己内心，容易走向极端。而从小发展成具有“易碎式”人格特质的人[6]，往往表现得更加敏感，容易情绪化甚至倾向于过度反应，也容易倔强、冲动、以自我为中心，面对事情不能理性思考，造成一些非理性的冲动行为，放大并聚焦到对这件事情的消极体验中，当消极情绪失控后导致自杀行为。

3. 认知因素

在现实生活中，轻生者的心理极其脆弱，他们会对自己的心理产生错误的认识，总是否定自己的行为，最终使自己不自信，甚至自卑。他们对自己所处环境中的人和事物之间的关系不能正确认识，促使其对自己境遇的内部感知向越来越消极的状态发展。因此，这部分同学就会觉得自己的前途渺茫。尤其是随着社会的不断发展，社会竞争越来越激烈，消极的状态更会令其失去战胜挫折的勇气，而当自己败下阵来之后，个体就会认为社会不公平，继而产生厌烦情绪、厌世心理，最终可能酿成悲剧[7]。

二、客观层面

大学生自杀的原因是非常复杂的，不可否认主观层面的因素发挥着主导作用，但客观层面的因素往往会成为直接导火索，会起到推波助澜的作用，这方面也应该是广大教育工作者日常关注的焦点和具体工作的发力点。梳理归纳当前客观层面的因素，主要包括社会环境影响、情感纠葛、学业压力以及就业压力等。

1. 社会环境影响

社会环境影响主要体现在学生个体遇到重大突发性事件，该事件对其产生不良影响，甚至恶性刺激从而引发严重的心理危机，如身边同学发生自杀事件或自己受到严重的欺诈伤害等；另外也体现在学生个体遭遇重大负性生活事件，并持续时间较长，对其影响较大，使其始终无法释怀，整日郁郁寡欢，如亲人亡故或发生严重车祸等；还有一种情况体现为媒体的宣传报道，如果媒体经常报道自杀相关事件，在一定程度上会对大学生起到感染作用，对于抑郁症患者或者有潜在自杀想法的学生必然产生较大的刺激。

2. 情感纠葛

大学生所处的年龄段正是感情丰富细腻的阶段，恋爱现象也会比较普遍。但是，由于部分大学生在恋爱的态度与方式上存在差异，尤其是有太多理想化的成分，青涩的恋情往往最终陷入困境或纠葛，导致投入感情和精力较多的一方不同程度地出现消极情绪，轻则内心沮丧痛苦，重则陷入感情困惑旋涡无法自拔。如果这种状态持续无法改变，就有可能恶化并导致个体崩溃，进入自杀意识的范畴。另外，部分大学生在恋爱观上也存在一定的问题，如对感情草率，把爱情当作游戏，有些同学自我保护意识薄弱，失恋后身心受到极大的伤害，都可能会引发轻生的念头，导致走上不归路。实际工作中我们也发现，情感纠葛是导致大学生自杀或产生重大危机事件的主要原因之一。

3. 学业压力

经历高考的洗礼后，进入高校的大学生多为同辈人中的佼佼者，他们不仅向往大学的自由，更对自己未来充满了美好的期许。但由于科技进步越来越快，知识更新迭代的速度也是越来越快，对大学生学习新知识的要求越来越高，无形之中让大学生感觉被推上了一台高速运行的跑步机，导致压力也越来越大。同时，由于大学的学习模式与高中存在着明显差异，一部分难以适应的同学便会感受到更多的困难和更大的阻力，导致多门课程考试不及格、人际关系不和谐等，这种现实与理想的落差以及来自家长和同学的压力都会严重压抑其心情，这时很容易激发出偏激的行为，严重情况下即会演变为极端的自杀行为。

4. 就业压力

伴随着我国高等教育改革的推进和中国特色社会主义市场经济的完善，大学生在“双向选择”就业模式下，就业的竞争越来越激烈。对于重点高校的毕业生来说，就业选择的机会和未来发展的机遇基本可以满足其内心需求，而对于普通高校或者大专院校的毕业生来说，就业的压力会明显增大。尤其是在国际国内经济形势不乐观的时期，就会更加令人担忧，有可能面临毕业即失业的风险，这方面应该引起教育工作者的关注。否则，毕业年级学生在学业和就业的双重压力下，必然存在潜在的自杀风险。

第 3 节　大学生自杀的潜在生物学机理

自杀行为是一种综合心理、社会、生理等多种因素的复杂的社会现象。据统计，约九成自杀者存在精神障碍[8]，其中最常见的抑郁症的发生受多种因素的共同调控，其可能的影响因素之间的作用关系如图 6 - 2 所示。

近年来，研究人员对自杀的潜在生物学机制进行了一系列探索，发现五羟色胺（5 - HT）系统、下丘脑—垂体—肾上腺（HPA）轴系统、脑源性神经营养因子（BDNF）、细胞因子、遗传因素等与自杀行为存在一定的关联，

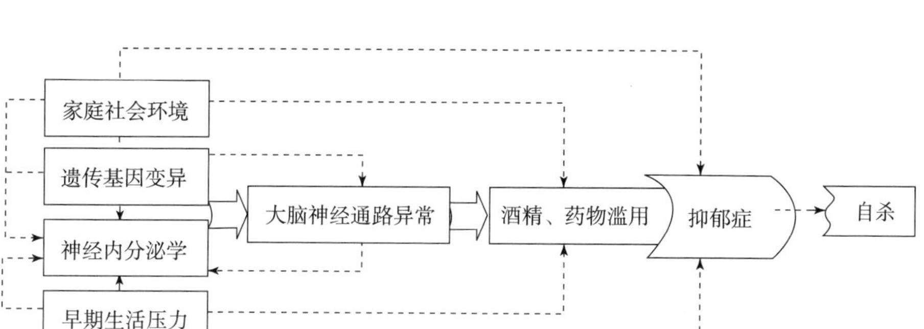

图 6－2　抑郁症自杀行为可能影响因素的互相调节[9]

或可为自杀倾向人群提供科学有效的预防与干预。

一、5－HT 系统

5－HT（五羟色胺）又名血清素，属于抑制性神经递质，在调节情绪方面起到关键作用，5－HT 系统异常也被认为与抑郁症有密切关系。国内外研究人员发现相比于无自杀倾向的患者，有自杀倾向的患者体内血小板 5－HT 和胆固醇含量更低[10－11]。5－HT 的主要代谢物也在一定程度上反映了 5－HT 的水平，对自杀组抑郁患者与健康组人群体内 5－HT 主要代谢物的浓度进行对比，5 年后随访发现自杀组体内 5－HT 的主要代谢产物 5－羟吲哚乙酸、3－甲基－4－羟苯乙二醇、高草酸的含量均低于健康组[12]。综合以上研究内容，具有自杀倾向的人体内含有更低水平的 5－HT 及其主要代谢物。以上研究表明 5－HT 及其主要代谢产物有望成为抑郁症患者自杀行为预测的重要指标，但 5－HT 的合成速率及水平受性别、年龄等因素影响较大，因此很难制定统一标准，且应用该指标的临床数据较少，仍需要进行更加深入的研究。

二、下丘脑—垂体—肾上腺（HPA）轴系统

下丘脑—垂体—肾上腺（HPA）轴系统包括下丘脑、脑垂体、肾上腺，HPA 轴是神经内分泌系统的重要组成部分，对情绪等具有调节作用，抑郁症的发生往往伴随神经内分泌失调等症状，5－HT、多巴胺、去甲肾上腺素等单胺类神经递质对 HPA 轴具有重要的调控作用[13]。研究认为，抑郁症患者体内会出现 HPA 轴功能异常的生物学变化，肾上腺分泌过多的皮质醇会促进 HPA 轴的负反馈调节而使系统遭受损害，高浓度的皮质醇血症也被认为是抑郁症患者的重要特征。在面对应激事件时，HPA 轴会出现功能亢进，促进肾上腺

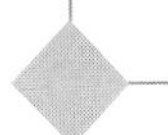

分泌过量的皮质醇，而皮质醇含量的升高会反过来作用于 HPA 轴，使其发生功能紊乱[14]，同时也会导致 5 - HT 受体结合能力减弱，从而引发抑郁症。但现有研究中并未明确指出 HPA 轴和皮质醇对抑郁症的调控作用，也有部分研究认为皮质醇浓度无法作为自杀意念判断的生物学指标。因此，研究往往易受实验样本的影响，具体 HPA 轴及皮质醇对自杀行为影响的生物学机制仍需进一步探讨。

三、脑源性神经营养因子（BDNF）

神经营养因子是神经支配的组织和星形胶质细胞产生的蛋白质分子，且对神经元的生长和发育具有重要作用。BDNF 既可以从大脑进入血液，也可以通过血脑屏障。BDNF 通过与酪氨酸激酶 B 结合来实现增加突触可塑性、促进海马的神经发生、促进和维持细胞生存等作用。有学者认为“海马神经元再生障碍”是造成抑郁症的重要因素[15]，因此可将 BDNF 水平的变化视为抑郁症判定的生物学指标。研究人员分别对自杀未遂抑郁症患者、无自杀行为抑郁症患者及健康人群测定其体内的血浆 BDNF 水平，结果表明，自杀未遂抑郁症患者体内的血浆 BDNF 含量低于其他两组，抑郁症患者体内的血浆 BDNF 含量低于健康人群，由于 BDNF 对海马神经的再生具有促进作用，因此认为血浆 BDNF 的含量降低与自杀行为有关[16]。

人体是复杂精妙的，健康的维持需要各个系统协同合作，以上提到的 5 - HT 及其代谢物、HPA 轴、皮质醇、BDNF 之间也存在相互作用。一方面，5 - HT 与 BDNF 相互调节，5 - HT 浓度降低或功能损伤会造成 BDNF 表达水平的下降；另一方面，面对应激事件时，人体内的 HPA 轴亢进产生过高的糖皮质激素，因而限制了大脑和血浆中 BDNF 的产生和表达。然而无论是 5 - HT 及其主要代谢物，还是 HPA 轴、皮质醇、BDNF，目前的研究都没有给出明确的作用机制和调节途径，但是可以为抑郁症患者自杀意念评估提供可参考的生物学指标。

四、细胞因子

细胞因子是由免疫细胞和部分非免疫细胞分泌的具有生物活性的小分子蛋白质，对人体内的免疫应答具有调节作用，人体的免疫系统、神经系统及内分泌系统相互影响，共同维持健康的生命状态，因此免疫系统失衡也与自杀行为存在一定联系。已有研究表明多种促炎细胞因子可能参与了抑郁等不良情绪的产生[17]。以上研究说明抑郁症或自杀行为的发生往往伴随着体内高

水平的促炎细胞因子，在日常生活中可通过加强体育锻炼来降低此类细胞因子的水平，保证免疫系统的正常工作，细胞因子水平的变化也为抑郁症的预防和治疗提供了理论基础。

五、遗传因素

遗传因素是引发精神疾病的主要因素，对自杀行为具有较大影响。目前，研究发现部分基因对自杀行为存在关联，主要包括5－HT系统基因、单胺氧化酶（MAO）基因、儿茶酚胺氧位甲基转移酶（COMT）基因等。在5－HT系统相关基因中，5－HT2A受体基因的C等位基因会增加抑郁症患者的自杀风险；5－HT合成的限速酶基因中内含子的多态性与自杀相关联；5－HT代谢酶基因可能是男性抑郁症患者自杀的易感基因，女性则无此效应；COMT L等位基因在男性自杀未遂者体内的检出率高于女性，存在一定的性别差异[18]。相比于通过测定生物学指标来实现对自杀意向人群的心理干预，遗传学可以有效排除个体主观因素对心理干预造成的影响，而且具有高效、准确的特点，因此通过基因标记等方法可以识别遗传因素影响而产生自杀倾向的个体，是很有前景的心理干预与自杀预防新方向。

第4节 大学生自杀事件的预防、干预与处置

在前文中对高校大学生产生自杀行为进行原因分析，以及对自杀行为进行生物学解析后，我们发现在高校大学生这个特殊群体中，要预防此类行为的产生，应从以下两个方面着手：一方面是做好自杀行为倾向的前期预防，即防止产生自杀心理；另一方面是要制定产生自杀心理之后的干预措施体系，及时有效地打消学生的自杀念头、阻止自杀行为。

事实证明，如果可以解决当前危机或者逆境，自杀行为在一定程度上是可以避免的。在国外很多学者集中对大学生群体自杀意念的研究中，充分证实了前述两个方面的考虑在应对自杀行为方面的必要性。如Adryon Burton Denmark等人研究发现大多数考虑自杀的学生即使已经产生了自杀行为倾向，却都没有寻求更加专业的帮助，据上述学者研究表明，接近80%的自杀死亡的学生没有在校园心理咨询中心接受过服务，未接受过心理评估和治疗。这说明目前国外应对大学生自杀行为的校园预防机制并不成熟甚至作用甚微，类比我国情况也是如此。

一、自杀行为预防

1. 社会层面

社会层面的预防重在净化社会环境，积极引导宣传，做好自杀行为倾向的前期预防工作。在互联网技术高速发展的今天，大学生群体作为网络时代的主体力量，时时刻刻暴露在各种良莠不齐的信息中，正确的价值导向和良性的社会舆论起到了指路明灯的引导作用，社会有责任和义务为大学生营造一个健康的大环境。在长期开展有关自杀问题的宣传教育的同时，应注意对网络、电视等媒体的指导，谨慎报道自杀事件，避免过于详细的自杀细节描述，并强调自杀行为对社会、家庭和个人的多重危害，积极引导健康的途径解决问题、面对生活，尽量减少媒体对于自杀事件的报道所产生的负面影响[19]。重点宣传预防自杀行为意识的方法及途径，公布心理咨询的电话、网址、地址等引导可能存在自杀心理的高危人群主动就医咨询并寻求专业人士的帮助。

2. 学校层面

学校层面的预防重在加强思想政治教育，完善评估体系，关注问题群体，及时采取有效的自杀预防措施。学校作为大学生社会生活最集中的场所，在大学生自杀行为预防工作中承担着举足轻重的艰巨任务。首要任务是开展大学生的心理健康教育工作，提高学生整体的心理健康水平。改革心理教育课程，以学生喜闻乐见的方式开设心理健康必修科目及心理学选修科目，以校园广播站、新媒体宣传栏等推行心理健康教育，培养大学生的社会责任感，在全校范围内形成良好的氛围。其次应着力完善自杀预防及干预的三级网络体系：做好学生心理自助与助人的一级网络防御，巩固学生辅导员和危机干预兼职人员组成的二级网络防御体系，提升校心理咨询中心专业人员组成的三级网络防御水平[20]。引进更加专业的心理咨询人才，设置专门的心理咨询点，定期开展学生心理普查，建立个人心理档案，重点关注存在潜在自杀风险的高危人群，使得咨询工作常态化、专业化、正规化。

3. 家庭层面

家庭层面的预防重在营造良好氛围，促进心理交流，为子女提供强有力的社会支持。父母是孩子的启蒙老师，在高校大学生自杀行为的研究中，很多原因可归结为家庭教育不当或缺失。一般和睦的家庭氛围有助于孩子健全人格的形成，在父母的支持与理解下，产生自杀行为倾向的可能性较小，或萌生危险想法后也会得到及时的修正从而避免悲剧的产生；相反家庭成员之间钩心斗角、纷争不断的氛围会对孩子造成潜移默化的影响，使其有意识或

者无意识地效仿父母的过激行为。当孩子慢慢长大步入校园时，面临各种压力或遇到刺激时找不到解决问题的办法，家庭成员也不能提供支持和帮助，久而久之就会促成自杀行为。家庭教育作为培养大学生健康人格的关键一环，就要求家庭成员之间起到和谐模范的榜样作用，从小培养孩子形成良好的思维模式，并时刻关注孩子心理变化，关注其心理健康[21]。

4. 个体层面

个体层面的预防重在培养健全人格，学会调节情绪，增加健康行为。预防以及干预措施的理论依据是促进个人自我同情和增加健康行为，国外学者Jessica Kelliher Rabo 等人研究发现自我同情可以防止悲观情绪发展成自杀行为，在遇到困难或者失败的情况下，低头向自己妥协、对自己友好可以调节情绪、防止抑郁的产生，也大大增加了出现健康行为的概率。具体可以用健康的饮食、良性的作息、有规律的健身锻炼等途径来促进自我同情，避免自杀行为产生。

二、自杀行为干预

当前期预防的成效并没有达到百分之百，个体已经产生了自杀倾向意识时，我们该如何应对？大学心理危机干预工作应做到主动接触，倾听问题，及时评估；日常监控，保障安全；及时报备，日常汇报；家校合力，情况严重及时联系家长；校企合作，必要情况协助就医。本着以上六点原则开展心理疏导工作，在自杀行为前、中、后期分别采取应对措施：

1. 自杀行为发生前

主动接触问题学生及周围相关同学，寻求危机解决方案，与问题学生做必要沟通，本着协同化的原则，你配合我，我配合你，平复问题学生的过激情绪；同时向主管学生工作的领导、学生工作部等如实反映情况，必要时通知保卫部提前做相关危机预案；与校心理咨询中心取得联系，获取专业经验；及时通知学生家长，保持三方良好沟通，协同家长一起商议解决方案[22]。若以上应对均不能缓解学生情绪，即问题学生症状比较严重，需要精神科医生参与诊断时，则立刻由相关责任人协助将问题学生护送至专科医院，根据专业治疗意见做出相应安排。

2. 自杀行为发生中

有效使用稳定学生情绪的六步法：积极倾听，明确问题；心理安慰，保证安全；争取信任，提供支持；提供建议，变通应对；制订计划，缓解情绪；得到承诺，确保执行。具体应对措施，例如拿走学生周围的危险工具，使其远离危险源；换位思考，积极有效地沟通，仔细倾听学生诉求并投送温暖与安慰，激发问题学生内在“向上向善”的驱动力，以控制目前的激动情绪；仔细询问过往是否有自杀计划，根据其自伤历史、自杀计划的程度评估此次危险行为的可控程度；安排多位工作人员轮流看护，及时通知问题学生家长对接；启动校园危机干预程序，多个部门及时做好相关准备，采取确保学生安全的多种应对措施。

3. 自杀行为发生后

若情况不严重，应立刻联系专科医院，建议学生家长带领其及时就医。因自杀行为具有反复性，学校更要加强对此类学生的监控，并保持对学生的持续关注，定期与学生联系，了解情况，积极引导学生乐观生活。另外，学校可建立支持系统，帮助有困难的学生获得学业及生活支持，减轻其潜在压力，保证其光明未来。若已经产生不可控后果，要及时向学院或主管学生工作的部门进行报告，并通知警察等到达现场，维持现场秩序；然后根据学校安排做好后期相关工作，将此次事故的消极影响降到最低；完善“三导机制”，即做好对周围同学的学业辅导、心理疏导、学业引导，提高学生自控能力，防止此类情况再发生[2,3]。

三、自杀事件的应急处置

发生学生自杀事件后，应首先确认自杀者是否存在生命体征，如存在则要本着生命至上的原则，第一时间送医抢救。如无生命体征则应及时报案，学校保卫部门的人员到达事故现场并对现场进行保护，防止人员聚集或遭到破坏。同时组织相关人员对死者身份进行辨认，并快速寻找报案人或现场目击证人，安排专人调取附近监控录像予以保存，为后续事故调查提供第一手资料，待公安机关相关人员到达后，配合其对现场进行勘查和取证。

事件发生后，学校的心理咨询机构应安排专业心理咨询人员对目击人、同宿舍或同实验室的学生等人员进行心理干预，避免其他人员出现心理障碍或产生次生危机。当然也应及时通知家属或监护人到校，安排专人做好家属的沟通、安抚、慰问和接待工作。

第 5 节　典型案例分析

一、案例背景介绍

杨某某，2018 级本科生，学业压力大，在学院学习时挂科 50 余学分，已

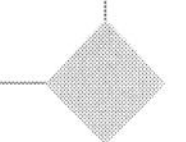

经达到退学标准；有社交恐惧症，大二时不敢上课和到食堂就餐，沉迷游戏，失眠，昼夜颠倒，产生轻生的念头；单亲家庭，父母之间关系冷漠，与父母交流不够；大四面临毕业拿不到“双证”的问题，选择退学，后来在家长、辅导员、班主任、院领导、朋友等多方的交流沟通下，选择回到当地高中重新参加高考，并以643分的好成绩考上南京一所高校。

二、案例分析

在本案例中，杨某某因学业、社交、家庭等多个方面的因素而产生了自杀的念头，这也是当下大学生面临的主要问题，如不及时处理或方法不当，极有可能酿成悲剧。下面以杨某某为例，对其产生自杀意念的类型、原因、干预措施进行分析。

1. 自杀类型

前文提到，因社会或环境因素而导致的自杀可以分为利己型自杀、利他型自杀、失范型自杀三种类型，杨某某因长期处于学业、家庭、社交压力之下，表现出对周围环境漠不关心的态度，不断将自己封闭，没有主动向外界寻求帮助，从而产生了自杀的念头，因此该案例中的杨某某主要属于利己型自杀。利己型自杀作为当下大学生自杀的主要类型，应该引起广泛重视，家庭和学校的帮助尤为重要，和谐的家庭氛围可以塑造孩子良好的心理素质，学校提供的心理干预能及时帮助学生挣脱自我封闭的枷锁。

2. 自杀原因

本案例中的杨某某主要面临学业、家庭、社交等方面的问题，这也是大学生普遍面临的问题。第一个原因是家庭影响，杨某某属于单亲家庭，父母由于关系破裂来往较少，自己与父母的沟通也较少，不和谐的家庭氛围无法为孩子的成长提供安全感，因此在遇到无法独立解决的困难时，孩子往往不会主动向父母寻求帮助，反而将压力全部积压在自己身上。第二个原因是无法正常社交，性格的养成在很大程度上受家庭因素影响，杨某某因社交恐惧而无法正常上课和外出吃饭，已经对生活产生了严重影响，因此沉迷于不需要与人打交道的电子游戏，昼夜颠倒，形成恶性循环，严重损害了其心理健康和生理健康。第三个原因是学业压力，也是引发自杀心理较为直接的原因，高中时期的优秀表现与大学面临退学的落差，对杨某某心理造成了强烈的冲击，而性格孤僻的他难以主动向身边的同学、老师请教来弥补自己的知识缺陷，因此沉重的压力让他难以接受现实而选择逃避。由此可见，自杀意念的产生并非单一因素的结果，而且不同原因之间往往存在密切联系，因此，预

防大学生自杀事件的发生就要切断这些因素之间的联系，打破恶性循环。

三、干预与应对

案例中的杨某某虽然因为无法完成学业而选择退学，但外界的帮助让他的生活走上了正轨，并以优异的成绩开启了一段新的旅程。

家庭层面——杨某某长期缺少父母的关心和陪伴，母亲强势，父亲漠不关心，他无法将内心情绪疏解，得不到有效的帮助，而这些都是导致其产生自杀念头的关键。所以第一时间向家长告知学生情况，希望父母对孩子进行合理的家庭教育和关心，主动鼓励和引导。

学校层面——上报主管学生工作的领导，从学校心理咨询中心获取专业经验，第一时间建立辅导员班主任、危机干预兼职人员、校心理咨询中心专业人员组成的三级防御体系，与学生建立信任，提出可以变通的应对方式，让学生可以看到多种可能性，缓解其情绪失衡状态。

个人层面——由生物学分析可知，心理疾病的产生往往伴随着生理疾病的出现，因此要充分发挥其年龄优势，促使其养成良好的生活习惯。学生长期昼夜颠倒，缺乏运动，建议学生加强体育锻炼，保证身体的正常运作，给予自己积极的心理暗示，如果遇到无法独立解决的问题，主动向父母、老师、朋友请求帮助，切忌逃避问题。

综上所述，通过多方努力，杨某某顺利度过了心理危机。良好的家庭氛围、学校指导、自我暗示等都是解决不良心理产生的有效方法。关注大学生心理健康，减少自杀事件的发生，是家庭、学校和社会义不容辞的责任。

参考文献

[1] 杨振斌，李焰．大学生非正常死亡现象的分析．心理与行为研究［J］．2015，13（5）：698－701.

[2] 王明旭．大学生自杀与干预［M］．北京：人民卫生出版社，2012：56－57.

[3] 王传旭，姚本先．大学生心理健康教育概论［M］．合肥：安徽大学出版社，2005：272.

[4] 埃米尔·涂尔干．自杀论［M］．北京：商务印书馆，2007：301－314.

[5] 荆春霞，杨光，廖莲恩，等．广州市某高校大学生自杀意念影响因素分析［J］．中国学校卫生，2006（12）：1061－1062.

[6] 宁会苗，尧新瑜．大学生自杀行为的影响因素及预防［J］．现代教育科学，2017（9）：14－18.

[7] 王晓丹．当代大学生自杀的原因分析［J］．亚太教育，2015（10）：246，201.

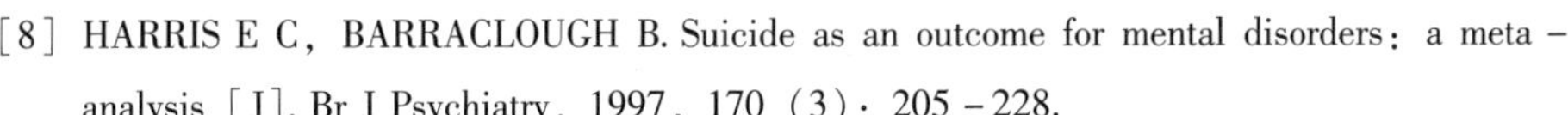

[8] HARRIS E C, BARRACLOUGH B. Suicide as an outcome for mental disorders: a meta - analysis [J]. Br J Psychiatry, 1997, 170 (3): 205 - 228.

[9] 卢钟娇，贾志云，黄晓琦，等. 抑郁症自杀行为的神经生物学研究进展 [J]. 生物医学工程学杂志，2011，28 (4): 834 - 838.

[10] MARČINKO D, et al. Platelet serotonin and serum cholesterol concentrations in suicidal and non - suicidal male patients with a first episode of psychosis [J]. Psychiatry research, 2006, 150 (1) : 105 - 108.

[11] 孙双涛，牛威，沈佳懿，等. 5 - 羟色胺和胆固醇水平对抑郁症患者再次自杀风险评估的研究 [J]. 精神医学杂志，2014，27 (5): 337 - 339.

[12] 王颖，侯钢，张石宁，等. 抑郁症患者脑脊液单胺代谢产物水平预测自杀的随访研究 [J]. 南京医科大学学报（自然科学版），2008 (10): 1293 - 1295，1308.

[13] MATTHEW C. MORRIS, RAO U, et al. Cortisol responses to psychosocial stress predict depression trajectories: social - evaluative threat and prior depressive episodes as moderators [J]. Journal of affective disorders. 2012, 143 (1 - 3) : 223 - 230.

[14] 尹红蕾. 抑郁症患者的皮质醇、甲状腺功能及心率变异性特征对照研究 [J]. 中国神经精神疾病杂志，2012，38 (12): 738 - 741.

[15] 王睿，黄树明. 抑郁症发病机制研究进展 [J]. 医学研究生学报，2014，27 (12): 1332 - 1336.

[16] 操军，王俊，况利，等. 抑郁症自杀未遂患者血浆脑源性神经营养因子水平及相关分析 [J]. 中国神经精神疾病杂志，2013，39 (10): 597 - 601.

[17] 汪崇泽，盛国红. 免疫炎症途径与抑郁症的研究进展 [J]. 精神医学杂志，2015，28 (5): 397 - 400.

[18] 梁小锋，雷续虎，周龙虎. 自杀行为的生物遗传因素研究 [J]. 现代生物医学进展，2012，12 (4): 739 - 741.

[19] 刘雁书，肖水源. 自杀事件的媒体报道对人群自杀行为的影响（综述）[J]. 中国心理卫生杂志，2007 (5): 310 - 313，325.

[20] 王珍. 互联网时代大学生自杀的新类型及其预防与干预研究 [D]. 武汉：华中师范大学，2020.

[21] 喻超，李宜萍. 留守经历对大学生自杀的影响 [J]. 宜春学院学报，2018，40 (2): 119 - 124.

[22] 张丹香. 情绪干预理论在大学生自杀危机干预中的运用 [D]. 合肥：合肥工业大学，2005: 31 - 32.

[23] 刘晨. 高校学生突发自杀事件危机管理研究 [D]. 北京：北京邮电大学，2016: 54 - 57.

延伸阅读（二）

高等学校学生心理健康教育指导纲要

教党〔2018〕41号

心理健康教育是提高大学生心理素质、促进其身心健康和谐发展的教育，是高校人才培养体系的重要组成部分，也是高校思想政治工作的重要内容。为深入学习贯彻习近平新时代中国特色社会主义思想和党的十九大精神，推动全国高校思想政治工作会议精神落地生根，切实加强高校思想政治工作体系建设，进一步提升心理育人质量，根据原国家卫生计生委、教育部等22部门联合印发的《关于加强心理健康服务的指导意见》和中共教育部党组《高校思想政治工作质量提升工程实施纲要》的工作要求，特制定本指导纲要。

一、指导思想

深入学习贯彻习近平新时代中国特色社会主义思想，全面贯彻党的教育方针，把立德树人的成效作为检验学校一切工作的根本标准，着力培养德智体美全面发展的社会主义建设者和接班人。坚持育心与育德相统一，加强人文关怀和心理疏导，规范发展心理健康教育与咨询服务，更好地适应和满足学生心理健康教育服务需求，引导学生正确认识义和利、群和己、成和败、得和失，培育学生自尊自信、理性平和、积极向上的健康心态，促进学生心理健康素质与思想道德素质、科学文化素质协调发展。

二、总体目标

教育教学、实践活动、咨询服务、预防干预“四位一体”的心理健康教育工作格局基本形成。心理健康教育的覆盖面、受益面不断扩大，学生心理健康意识明显增强，心理健康素质普遍提升。常见精神障碍和心理行为问题预防、识别、干预能力和水平不断提高。学生心理健康问题关注及时、措施得当、效果明显，心理疾病发生率明显下降。

三、基本原则

——科学性与实效性相结合。根据学生身心发展规律和心理健康教育规律，科学开展心理健康教育工作，逐步完善心理健康教育和咨询服务体系，切实提高学生心理健康水平，有效解决学生思想、心理和行为问题。

——普遍性与特殊性相结合。坚持心理健康教育工作面向全体学生开展，对每个学生心理健康发展负责，关注学生个体差异，注重方式方法创新，分层分类开展心理健康教育，满足不同学生群体心理健康服务需求。

——主导性与主体性相结合。充分发挥心理健康教育教师、心理咨询师、辅导员、班主任等育人主体的主导作用，强化家校育人合力。尊重学生主体地位，充分调动学生主动性、积极性，培养自主自助维护心理健康的意识和能力。

——发展性与预防性相结合。加强心理健康知识的普及和传播，充分挖掘学生心理潜能，培养积极心理品质，促进学生身心和谐发展。重视心理问题的及时疏导，加强心理危机预防干预，最大限度预防和减少严重心理危机个案的发生。

四、主要任务

1. 推进知识教育。健全心理健康教育课程体系，结合实际，把心理健康教育课程纳入学校整体教学计划，规范课程设置，对新生开设心理健康教育公共必修课，大力倡导面向全体学生开设心理健康教育选修和辅修课程，实现大学生心理健康教育全覆盖。公共必修课程原则上应设置 2 个学分、32～36 个学时。完善心理健康教育教材体系，组织编写大学生心理健康教育示范教材，科学规范教学内容。开发建设《大学生心理健康》等在线课程，丰富教育教学形式。创新心理健康教育教学手段，有效改进教学方法，通过线下线上、案例教学、体验活动、行为训练、心理情景剧等多种形式，激发大学生学习兴趣，提高课堂教学效果，不断提升教学质量。

2. 开展宣传活动。加强宣传普及，通过举办心理健康教育月、“5·25”大学生心理健康节等形式多样的主题教育活动，组织开展各种有益于大学生身心健康的文体娱乐活动和心理素质拓展活动，不断增强心理健康教育吸引力和感染力。拓展传播渠道，充分利用广播、电视、书刊、影视、动漫等传播形式，组织创作、展示心理健康宣传教育精品和公益广告，传播自尊自信、乐观向上的现代文明理念和心理健康意识。创新宣传方式，主动占领网络心理健康教育新阵地，建设好融思想性、知识性、趣味性、服务性于一体的心理健康教育网站、网页和新媒体平台，广泛运用门户网站、微信、微博、手机客户端等媒介，宣传心理健康知识，倡导健康生活方式，提高心理保健能力。发挥学生主体作用，支持学生成立心理健康教育社团，组织开展心理健康教育活动，增长心理健康知识，提升心理调适能力，积极进行心理健康自助互助。强化家校育人合力，引导家长树立正确教育观念，以健康和谐的家庭环境影响学生，有效提升心理健康教育实效。

3. 强化咨询服务。优化心理咨询服务平台，加强硬件设施建设，设立心理发展辅导室、心理测评室、积极心理体验中心、团体活动室、综合素质训练室等，积极构建教育与指导、咨询与自助、自助与他助紧密结合的心理健康教育与咨询服务体系。完善体制机制，健全心理健康教育与咨询的值班、预约、转介、重点反馈等制度，通过个体咨询、团体辅导、电话咨询、网络咨询等多种形式，向学生提供经常、及时、有效的心理健康指导与咨询服务。实施分类引导，针对不同学段、不同专业学生，精准施策，因材施教，把解决思想问题、心理问题与解决实际问题结合起来，在关心呵护和暖心帮扶中开展教育引导。遵循保密原则，建立心理健康数据安全保护机制，保护学生隐私，杜绝信息泄露。

4. 加强预防干预。完善心理测评方式，优化量表选用，禁止使用可能损害学生心理健康的方法和仪器。科学分析经济社会快速发展、互联网新媒体应用快速推进、个人成长历程、家庭环境等因素对学生心理健康的深刻影响，准确把握学生心理健康状况及变化规律，不断提高心理健康素质测评覆盖面和科学性。健全心理危机预防和快速反应机制，建立学校、院系、班级、宿舍“四级”预警防控体系，完善心理危机干预工作预案，做好对心理危机学生的跟踪服务，注重做好特殊时期、不同季节的心理危机预防与干预工作，定期开展案例督导和个案研讨，不断提高心理危机预防干预专业水平。建立心理危机转介诊疗机制，畅通从学校心理健康教育与咨询机构到校医院、精神卫生专业机构的心理危机转介绿色通道，及时转介疑似患有严重心理或精神疾病的学生到专业机构接受诊断和治疗。

五、工作保障

1. 队伍建设。各高校要建设一支以专职教师为骨干、以兼职教师为补充，专兼结合、专业互补、相对稳定、素质良好的心理健康教育师资队伍。心理健康教育专职教师要具有从事大学生心理健康教育的相关学历和专业资质，要按照师生比不低于1：4 000配备，每校至少配备2名。心理健康教育师资队伍原则上应纳入高校思想政治工作队伍管理，要落实好职务（职称）评聘工作。设有教育学、心理学教学机构的高校，可同时纳入相应专业队伍管理。积极组织开展师资队伍培训，保证心理健康教育专职教师每年接受不低于40学时的专业培训，或参加至少2次省级以上主管部门及二级以上心理学专业学术团体召开的学术会议。充分调动全体教职员工参与心理健康教育的主动性和积极性，重视对班主任、辅导员以及其他从事高校思想政治工作的干部、教师开展心理健康教育知识培训。

2. 条件保障。各高校应落实心理健康教育专项工作经费，配备必要的办公场地和设备。有条件的高校，要建立相对独立的心理健康教育与咨询机构和院（系）二级心理辅导站。要建设校内外心理健康教育素质拓展基地，培育高校心理健康教育优秀工作案例，辐射推动区域和全国高校心理健康教育工作。

六、组织实施

1. 组织管理。各级教育工作部门要切实加强对学生心理健康教育工作的统一领导和统筹规划，积极支持开展大学生心理健康教育工作，要将心理健康教育工作作为高校思想政治工作测评和文明校园创建的重要内容。各高校要将心理健康教育纳入学校改革发展整体规划，纳入人才培养体系、思想政治工作体系和督导评估指标体系。要明确心理健康教育工作牵头负责职能部门，构建校内各部门统筹协调机制，研究制定心理健康教育的工作规划和相关制度。

2. 评估督导。各级教育工作部门要研究制定大学生心理健康教育工作的评价与督导指标体系，组织或委托心理学专家以及实践工作者，定期对学生心理健康教育工作开展评估、督导。评估、督导内容包括学校重视和支持程度、机构设置情况、专项经费保障、师资队伍建设、教学科研、开展辅导或咨询情况以及工作实效等。

3. 科学研究。各级教育工作部门和各高校要推动开展心理健康教育基础理论研究，逐步形成具有中国特色的心理学、教育学学科体系、学术体系、话语体系，促进研究成果转化及应用。开展心理健康教育相关理论和技术的实证研究，促进临床服务规范。开展心理健康问题的早期识别与干预研究，推广应用效果明确的心理干预技术和方法。

全国民办高校和中外合作办学类高校学生心理健康教育工作，参照本指导纲要执行。

第三篇

个体性危机事件

第七章　突发疾病与伤害的急救与处置

习近平新时代中国特色社会主义思想的世界观和方法论要求必须坚持人民至上，强调要站稳人民立场，把握人民愿望。而人的生命安全和身体健康是人类社会生存和发展进步的根基，是每一个人幸福生活的基本前提和最大愿望。聚焦人民群众的这一需求，党的十八大之后我国全面实施和深入推进健康中国战略，不断完善保障人民健康安全的制度体系，构建疾病预防的源头治理体系，最大限度地降低潜在风险因素的威胁和影响。然而，从中医角度分析，人是开放复杂的巨系统，其身体状况与自身组织功能的“先天之气”和外部环境、文化、信息等开放性输入的“后天之气”密切相关，故而在个人层面上，也应该注重养成健康科学的生活方式，最大限度地提高自身免疫力，抵御各种疾病的侵袭。尤其是对于新时代的大学生，将是国家和社会未来发展建设的主力军，是持续推进健康中国战略的重要力量，了解常见疾病的症状和紧急处置的方法，掌握相关的知识和技能，不仅有助于提高个人健康生活的质量，也有利于在面对突发疾病时能够对患者进行紧急科学的救治。本章将结合校园实际，重点分析突发疾病与伤害的类型与原因，阐述部分常见疾病的症状及其诱发因素，并详细介绍相关疾病的应急处置方法和注意事项。

第 1 节　突发疾病与伤害的类型与原因

一、突发疾病与伤害的类型

1. 呼吸系统疾病

呼吸系统疾病是病变发生于呼吸道包括鼻、咽、喉、气管、支气管的疾病，是大学生群体中最为常见和多发的疾病类型。常见症状为咳嗽、呼吸不畅等，严重者会表现为缺氧、呼吸困难等。

2. 胃肠道疾病

胃肠道疾病多由不良的饮食习惯、季节环境变化和心理应激等因素引起，是影响高校大学生身心健康的常见疾病。常见症状为腹泻、腹痛、急性阑尾炎、胃炎、胃溃疡等。

3. 皮肤性疾病

皮肤性疾病也是较为常见的一种疾病，据《2020中国大学生健康调查报告》显示，被调查者中确诊过皮肤性疾病的比例仅次于口腔疾病和急性胃肠炎。主要表现为各种皮炎、湿疹、荨麻疹、足癣等。

4. 过敏性疾病

过敏性疾病又称变态反应性疾病，是由于人在日常生活中因自然接触某些致敏物质而诱发的病症。主要表现为药物过敏、食物过敏、花粉过敏等。

5. 心脑血管疾病

心脑血管疾病是心脏血管和脑血管疾病的统称，虽然在大学生群体中发病率不高，但其危害性特别大。主要表现为心律失常、心肌梗死、心绞痛、脑出血等。

6. 运动性损伤

运动性损伤也是大学生常见突发性身体伤害之一。主要表现为骨折、软组织损伤、关节脱位及扭拉伤、擦伤等。

7. 伤害性外伤

伤害性外伤主要是因主观或客观因素导致学生身体受到侵害，一般具有突然性和非预见性，如烫伤、烧伤、被刀割伤等。

8. 其他急症

其他急症包含晕厥、癫痫、抽搐、中暑等。

另据有关单位统计分析[1-2]，在上述类型疾病中，大学生发病率比较高的主要是呼吸系统疾病、运动性损伤和过敏性疾病。从年级维度对比分析，大一新生突发疾病就诊率要明显高于大二、大三、大四年级的学生，某种程度说明大一新生对环境变化存在一定程度的不适应；从性别维度对比分析，女生的呼吸系统、过敏性皮炎、急性肠胃炎等疾病发病率均要高于男生。

二、突发疾病与伤害的主要原因

长期以来，我国始终坚持贯彻德智体美劳全面发展的教育方针，确保了高等院校中大学生的身体素质相对良好。然而，由于大学生个体的身体素质、生活习惯、学习压力、精神状态等存在差异，其身体的免疫力在不同时期也是有高有低，加之校园内人员密集度偏高，身体状况受各种因素影响较大，增加了大学生突发疾病与伤害的概率。这里把突发疾病与伤害的原因概括为

以下几个方面：

1. 健康教育缺乏

学校虽然是学生受教育和获取知识的重要场所，但是大多数非医学类院校开设相关健康教育的课程并不多，导致学生健康知识比较匮乏，部分学生健康意识薄弱，尤其对一些常见疾病和传染病防治、营养饮食、心理健康等方面知识的了解和掌握相对偏少，距离预防疾病的要求存在差距。

2. 生活作息和饮食不规律

大量研究结果证实，不良的生活习惯、不规律的生活作息、不健康的饮食等都会导致身体免疫力下降，引发各种疾病，特别是抽烟喝酒、熬夜学习、沉迷网络、暴饮暴食等不健康行为，或会影响身体各项正常生理机能，容易出现诸如肥胖、糖尿病、高血压、肠胃炎，甚至猝死等状况。

3. 气候环境适应能力偏弱

高校大学生很多都是来自全国各地，进入大学身处新的环境后，气候、饮食、文化、人际交往等都有很大的变化，使之容易产生焦虑、烦躁、悲伤、恐惧的情绪，进而影响身体健康引发疾病。特别是在季节更替或者气候急剧变化时，人体的毛细血管容易发生痉挛性收缩，脆性增加，存在血管类疾病的潜在风险；也可能诱发变态性反应，导致机体出现过敏症状。

4. 体育锻炼缺乏或运动不当

通常情况下，大学生由中学步入大学后，开始了独立的生活，但是多数学生对疾病预防的意识不强，缺乏自主定期运动的习惯，较少参加体育活动，导致新陈代谢减缓、体质下降，抵御疾病的能力降低。而一些经常参加体育活动的同学也或因活动前准备不充分、活动中动作不标准等造成运动相关损伤。

第2节　急救知识普及与急救技能提升

一、应急救护的含义

应急救护是指发生意外或急症时，在医护人员到达前，第一“目击者”以一般公认的医学原则为基础，利用现场人力、物力对伤者施行的初步救助或救护[3]。良好的应急救护能防止伤势或病情恶化、降低伤害程度、致残率或病死率。掌握急救知识和技能，在发生意外时进行及时、有效的现场施救，可为医护人员抵达现场实施救治赢得宝贵的时间。

二、急救知识普及工作的现状与问题

1. 急救知识普及现状

随着社会进步和经济发展以及思想认识的提高，我国已经意识到相关急救知识普及与急救技能提升的重要性和必要性。如北京市以2008年举办奥运会为契机，大力开展相关急救培训工作，北京理工大学等部分高校也已开设了急救相关课程，并在校园内安放体外自动除颤仪（AED）等急救设备。但是据相关调查显示，我国大多数地区在急救知识普及和急救技能提升方面仍极其欠缺，与西方发达国家和地区相比仍存在明显差距。许多发达国家急救知识普及率高于10%，而我国却低于1%，公众自救、互救意识依然较为薄弱。非医学专业大学生虽然是高知识、高素质群体，但非常缺乏急救知识和技能。由此可见，我国急救普及工作任重而道远。

2. 高校急救知识普及工作面临的主要问题

①高校对急救知识普及工作重视度不高、保障不够有力。尽管我国大学生素质教育工作已经开展多年，也取得了很好的成效，但是有关急救的教育教学体系仍需进一步完善，尤其是针对大学生急救知识普及和急救能力提升重视不够，导致应急救护成为可有可无的、可深可浅的教育培训内容。

②应急救护培训的队伍体系建设参差不齐。主要表现为部分师资队伍缺乏专业的背景知识、缺乏专业的应急培训技能训练、缺乏严格的急救培训师资考核认证等。另外，当前我国应急救护培训的队伍总人数较少，不能很好地满足社会急救培训的广大需求，也难以有效提高急救的普及率。

③应急救护的培训形式、培训范围缺乏科学性和全面性。主要表现为目前多数高校开展急救培训多以选修课为主，培训场地也是以在教室内课堂授课形式居多，动手操作实践较少，甚至没有实际操作训练，既无法覆盖全体在校学生，也不利于提升急救技能，更无法满足校园危急事件现场的紧急处置和妥善应对需要。

④应急救护的培训内容缺乏统一性。高校在开展急救知识和技能培训时，存在教学内容深浅不一、范围各异现象，培训过程中所使用的培训器材也面临短缺或不齐全等情况[4]。

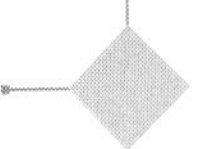

三、校园急救知识普及与急救技能提升的重要性

1. 有助于抓住急救的重要窗口期

大量医学研究指出，如果在心搏骤停 4 分钟内进行正确施救，成功率为 50%，如果突发事故及重危疾病能够在 10 分钟内实施正确急救，也能明显地降低伤残率和死亡率。而现实生活中，无论是身处交通繁忙的城市还是地处偏僻的远郊，当意外发生时，救护车赶抵现场的时间基本上都要超过 10 分钟[5]。因此，如果学生能够掌握急救技能，在突发意外时，作为现场的第一目击者，及时科学施救就不会贻误宝贵的抢救时机。

2. 有助于提高大学生的综合素质

大学生是高知识含量、高素质的群体。高校将急救知识普及与急救技能提升纳入教育教学或培训范畴，有利于进一步拓宽大学生的知识面，提升其综合素质和能力。尤其是非医学专业大学生，如果能够掌握基本的自救和互救技能，不仅有助于大学生自身在危急时刻开展有效自我救护，而且也能够在身边发生意外事故时对他人开展紧急救护。

3. 有助于培养大学生的生命安全理念

普及急救知识和技能不仅贴近非医学专业大学生的需求，也是对大学生开展生命教育与安全教育的现实需要。高校紧密结合《“健康中国 2030”规划纲要》和人才成长发展需求，积极构建新时代、现代化、高质量的健康教育体系，培养大学生健康意识、观念和生活方式，使其树立关爱生命的理念，掌握专业急救技能，有助于其毕业后在生活、工作中传播急救知识和技能，有利于急救意识的全民普及。

第 3 节　部分常见突发疾病与伤害的症状及诱发因素

学生在校园中出现突发疾病与伤害时，由于时间紧迫、情况紧急或危重，如处理不及时或不当，会导致不可挽回的后果。下面针对大学校园中部分常见突发疾病与伤害的症状及诱因分别进行介绍，主要包括心搏骤停、运动性损伤、创伤性出血、异物梗阻、中暑、烫伤、急性胃肠炎等。

一、心搏骤停

症状：心搏骤停是指心脏泵血功能机械活动突然停止，造成全身血液循环中断，机体重要器官（如脑）严重缺血、缺氧，导致呼吸停止和意识丧失[6]。当发生心搏骤停时，心脏丧失泵血功能，全身器官、组织、细胞处于缺血缺氧状态，会产生能量代谢异常、有害物质体内堆积、细胞结构被破坏等各种病理性变化，损害细胞、组织。在心搏骤停发生后，脑血流会突然中断，处于严重的缺血缺氧状态，最初表现为头晕、黑蒙，在 10 秒左右机体就会出现意识丧失等状态，随后则会出现双侧瞳孔散大，对光反射消失，继续发展为呼吸停止，伴有大小便失禁等。抢救时间每延后 1 分钟，患者的生存率下降 7% ~10%。如果在 4 分钟以内未能及时进行救治，就有可能会导致脑细胞不可逆的损伤，随后发生脑死亡，最终威胁生命[7]。

诱因：心搏骤停的诱发因素有多种，总体上可分为心源性病因和非心源性病因[4]。在校园生活中，剧烈的体育运动以及情绪的波动会增加心脏的负担，进而导致心肌缺血，严重时或会发生心搏骤停。某些大学生使用的抗癫痫药物、抗生素药物、治疗精神疾病的药物等会损害心肌，在这种影响积累到一定程度时可能会诱发心搏骤停。一些大学生或由于遗传等因素患有冠心病等，或长期有不健康的生活方式等原因，造成心肌血液灌注量不足、心肌供氧不足或耗氧增加等，可能会导致心搏骤停[8]。

二、运动性损伤

症状：运动性损伤是指在运动的过程中由于过度使用肢体或采用了不恰当运动方式所造成的肌肉或关节损伤。大学生在日常的体育锻炼中或上下楼梯时，常常会发生运动性损伤[9]。校园中最常见的运动性损伤包括疲劳骨折、肌肉拉伤等。骨折是指骨组织或软骨组织遭受暴力作用时，发生的骨组织或软骨组织的完整性或连续性部分或全部中断或丧失、畸形、功能障碍[10]。骨折一般的表现为疼痛、压痛、局部肿胀、瘀斑，完全性骨折可使受伤肢体活动功能完全丧失，在严重损伤时则伴有发热、休克等症状。根据骨折部位皮肤、黏膜的完整性可分为闭合性骨折和开放性骨折。肌肉拉伤是肌肉在运动中急剧收缩或过度牵拉引起的损伤，这在引体向上和仰卧起坐练习时容易发生。

诱因：运动性损伤的诱发因素主要是在运动中过度使用肢体、错误的训练方法以及运动前准备不充分导致肌肉或关节损伤。如运动前的准备活动不充分，剧烈且不经意地过度使用肢体会造成肌肉损伤。运动前热身不充分，会导致肌肉痉挛，常表现为局部肌肉坚硬或隆起并伴剧烈疼痛，肌肉的生理机能尚未达到剧烈活动所需要的状态就参加剧烈活动。有些学生自身体质较

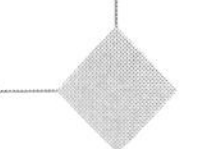

弱，训练水平不高、运动姿势不正确、肌肉伸展性和力量较差等，超过了肌肉活动的范围则会导致肌肉拉伤。此外，一些大学生喜欢进行摔跤、足球、篮球等对抗性运动，身体在猛烈的冲击下或会导致骨折。在跑步、跳绳等运动中如果出现严重的扭伤，会使韧带或肌腱从骨面上直接撕脱，出现撕脱性骨折。在日常生活中长期、反复、轻微的直接或间接损伤也可能致使肢体某一特定部位骨折。

三、创伤性出血

症状：大学生在校园中经常会遇到创伤性出血的情况，是由于创伤以及外界因素导致的局部肢体或全身表面的意外出血[11]。按照出血部位可分为外出血、内出血和皮下出血；按照出血的性质可分为动脉出血、静脉出血和毛细血管出血。在确定出血类型后同时需要根据出血量的多少判断紧急与否。在出血量 $<5\%$ 时，无明显症状，可自动代偿；在出血量 $>20\%$ 时，会出现休克的早期症状：面白、肢凉、出冷汗；在出血量 $>40\%$ 时，表现出躁动与淡漠，呼吸加快，出现心慌的症状，此时无法摸到脉搏也无法测量出血压，严重时会导致死亡[12]。

诱因：大学生创伤性出血的诱发因素因其所处的环境不同而有所区别，大致可以从室外环境下、室内环境下、气候变化或季节交替环境下来归纳。如果学生身处室外，在日常活动或体育锻炼时，则会因发生摔倒、擦伤、挤压、磕碰等行为导致意外出血。如果学生身处室内，在实验室开展常规的实验活动时，则可能因操作玻璃仪器，如锥形瓶、容量瓶等，不慎被破损的仪器碎片划伤皮肤后意外出血；在进行动物实验时，也可能被实验动物如大鼠、小鼠咬伤导致意外出血。

四、异物梗阻

症状：异物梗阻是指某些外源性异物或分泌物堵塞在呼吸道内，导致空气无法进入肺部进行换气通气，因而影响到正常呼吸[13]，严重者短时间内即可导致窒息甚至死亡。发生异物梗阻时表现通常为突然的剧烈呛咳、反射性呕吐、声音嘶哑、呼吸困难、发绀[13]。依据轻重程度可分为不完全性气道异物梗阻与完全性气道异物梗阻。其中，不完全性气道异物梗阻（轻度）表现为患者气道未完全堵塞，仍有一些空气可以进出，也可能有咳嗽、喘气或咳嗽微弱无力、呼吸困难，张口吸气时，可以听到异物冲击性的高啼声，同时伴随面色青紫，皮肤、口腔黏膜发绀；完全性气道异物梗阻（重度）表现为患者气道被完全堵塞，伴随面色灰暗、发绀，不能说话、不能咳嗽、不能呼吸，严重者昏迷倒地、窒息，直至呼吸停止。

诱因：异物梗阻的诱发因素可能是大学生在与同学聚餐时嬉笑交谈，特别是口中含物时说笑、打闹，进而发生气道异物梗阻；也可能因时间仓促快速进食、大块食物未完全咀嚼，意外使食物落入气道发生异物梗阻。如果异物堵塞一侧支气管可导致咳嗽、呼吸困难、气喘等症状，出现单侧肺气肿或者支气管阻塞的症状；而如果异物停留时间过长，易出现感染症状，同时长期压迫会损害支气管弹性结构，使得支气管扩张，严重时会发生窒息，最后导致死亡。

五、中暑

症状：中暑是指在高温高热和空气不流通的环境中长时间工作和生活，造成人体体温调节功能紊乱，进而出现以神经系统和循环系统功能障碍为主的一系列病理症状，当中暑症状严重时会发展为热射病。轻症中暑的常见表现为头痛、头晕、疲劳等，重症可造成神志异常并发生低血容量休克、多器官功能衰竭。如得不到及时妥善的救治，死亡率甚至高达40%～50%[14]。

诱因：中暑的诱发因素主要是长时间暴露在持续闷热的环境中，导致人的皮肤散热功能下降，而且红外线和紫外线可穿透皮肤直达肌肉深层，体内热量不能发散，此时热量集聚在脏器及肌肉组织，引起皮肤干燥、肌肉温度升高，进而对中枢神经造成伤害。需要注意的是，在高温条件下进行体力活动或非体力活动都可能引发中暑。如学生于盛夏时在室外进行过多的体育锻炼或进行搬运等体力活动均会导致中暑；在高温闷热天气时，如果紧闭门窗及未开空调在宿舍午睡，会造成一个相对密闭的环境，也可能发生中暑。

六、烫伤

症状：烫伤是指由高温液体、高温固体或高温蒸汽等所致的损伤，烫伤的主要临床表现为皮肤红肿、水疱，以及疼痛，及时治疗一般愈后良好。若治疗不及时，容易造成瘢痕增生、感染，严重者可导致休克。按照其烫伤的程度分为轻度、中度、重度以及特重度四个级别。轻度烫伤通常是指Ⅱ度烫伤，小于全身面积的10%；中度烫伤是指Ⅱ度烫伤在全身面积的10%～30%；重度烫伤是指Ⅱ度烫伤在全身面积的30%～50%或者Ⅲ度烫伤面积在10%；特重度烫伤是指Ⅲ度烫伤在10%以上或者Ⅱ度在50%以上的烫伤[15]。

诱因：烫伤的诱发因素存在多种情况，在日常生活与实验室活动中，导

致大学生被烫伤的主要因素包含了热液烫伤、化学性灼伤、接触性烫伤等。在日常生活中，大学生在食堂就餐时容易发生沸水、热汤等的溅洒，在接触了这些温度相对较高的液体后，会引起人体皮肤不耐受，从而引发一系列烫伤症状；沸腾的液体还会产生大量的水蒸气，当水蒸气碰到皮肤会发生液化，由于水蒸气液化的时候会放出大量的热，皮肤首先会被水蒸气本身的温度烫伤，随后还会因为水蒸气液化放出大量的热，再次造成更严重的烫伤。在学生宿舍中，如果不当使用电熨斗、暖手宝以及热水袋等也会造成烫伤。在实验室开展实验活动时，如不慎接触到某些腐蚀性化学药品如氢氧化钠、浓硫酸等，也会对皮肤造成灼伤；或者使用某些高温仪器，也会发生接触性烫伤。

七、急性肠胃炎

症状：急性肠胃炎是指各种原因引起的胃肠黏膜的急性炎症，临床表现主要为恶心、呕吐、腹痛、腹泻、发热等[16]。根据病因不同，急性肠胃炎可分为感染性和非感染性急性肠胃炎。临床上以感染性急性肠胃炎较为多见，根据病原菌的不同又可分为病毒性、细菌性、寄生虫性等。进食生冷刺激食物、服用对胃肠道刺激性的药物、酗酒、海鲜过敏等可引起非感染性急性肠胃炎[17]。

诱因：急性肠胃炎的诱发因素多是由于大学生平日生活中饮食不当、暴饮暴食，或食入生冷腐馊、受污染的不洁食品，其中导致急性肠胃炎的病原体包括细菌、病毒、寄生虫感染等[16]。常见的有沙门菌属和嗜盐菌（副溶血弧菌）、金黄色葡萄球菌等，也可见病毒感染。该疾病多发生于夏秋季节，常通过粪—口途径传播。常有集体发病或家庭多发的情况，如吃了被污染的家禽家畜的肉、鱼，或吃了嗜盐菌生长的蟹、螺等海产品，以及吃了被金黄色葡萄球菌污染了的剩菜、剩饭等而诱发急性肠胃炎[17]。进食生冷食物或某些药物如水杨酸盐类、磺胺、某些抗生素等，或误服强酸、强碱及农药等均可引起急性肠胃炎。

第 4 节　突发疾病与伤害干预的原则和应急处置方法

一、突发疾病与伤害干预的总原则

大学生应该掌握在发病现场（医院外）对自己或患者进行救助的技能及进行现场紧急处置的方法。施救人员（救护员）作为第一目击者，为现场突

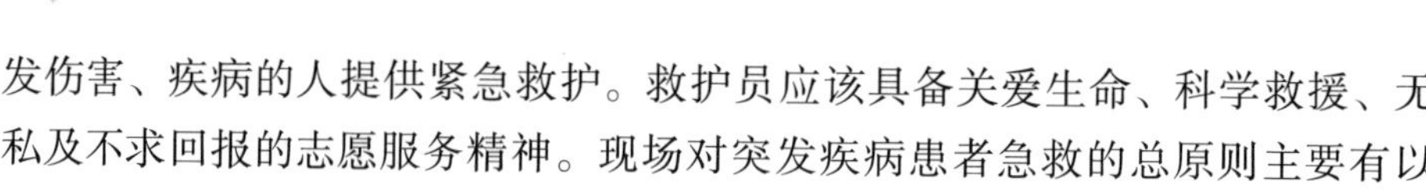

发伤害、疾病的人提供紧急救护。救护员应该具备关爱生命、科学救援、无私及不求回报的志愿服务精神。现场对突发疾病患者急救的总原则主要有以下几点：

①对现场环境进行综合评估，判断突发事件类型以及环境因素，判定现场周围环境是否安全，首先要确保自身安全。

②迅速拨打急救电话，请专业医护人员尽快达到现场，并请现场有急救技能的人一起协助。

③本着“先救命，后治伤”原则，即要现场观察患者的伤情，对伤情（疾病类型）的轻重缓急做出判断，先抢救生命，再处理局部伤情。

④做好自我防护，调整好自身心理情绪，要冷静、自信、科学地对患者实施有效的救治。

二、部分常见突发疾病与伤害应急干预处置方法

急救的目的是挽救生命，减轻伤残，同时要遵循“先救命，后救伤”的原则。在急救时首先通过看、听、感觉等对现场异常情况做出判断，在确保自身安全的基础上，对患者的意识、呼吸和伤情等进行检查，启动急救系统（如拨打急救电话寻求专业人员帮助等），随后立即在现场展开救护。掌握部分急救技能在突发某些身体疾病时或可减轻伤亡，如对突发心搏骤停的患者实施心肺复苏术，可避免患者脑死亡的发生，提高患者生存质量，同时为后续专业救援创造条件；在发生气道异物梗阻时可采取海姆立克法帮助患者将异物从呼吸道中排出；在发生骨折时（**不包括脊柱损伤，怀疑脊柱损伤者，制动、不得移动患者，等待专业救护人员处置**）可先就地取材承托与固定伤肢，减轻患者疼痛，避免二次伤害，利于后续搬运等。下面依次介绍心搏骤停、异物梗阻、骨折的急救方法。

1. 心搏骤停

主要的处理步骤包含：立即识别是否为心搏骤停，迅速启动救援系统，尽早实施心肺复苏术，着重于胸外按压，就近尽快取得自动体外除颤仪进行除颤等。

第一步：确保现场环境安全，做好自我防护。立即识别心搏骤停，观察患者是否无呼吸无意识，在患者两耳侧大声呼唤，轻拍患者双肩，迅速观察患者胸廓起伏等。如患者对轻拍、重唤未有反应，无呼吸（未见胸廓起伏）或濒死样呼吸等，可初步判定为心搏骤停。

第二步：迅速启动救援系统，即拨打急救电话 120 或 999，清楚告知患者基

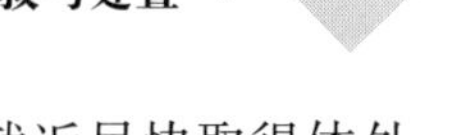

本情况、发病地点、环境因素等。大声呼救，请周围人帮助就近尽快取得体外自动除颤仪器（Automated External Defibrillator，AED），为患者尽快进行除颤。

第三步：实施高质量的心肺复苏。心肺复苏术（Cardiopulmonary Resuscitation，CPR）是指救护员在现场为心搏骤停患者实施心脏胸外按压及人工呼吸的技术。心肺复苏术可为患者建立临时的人工循环，保证脑、心脏等重要器官的血液及氧气供应，从而挽救患者的生命，减少严重残疾、植物人状态的发生，提高生存率。实施心肺复苏术必须经过专业的技能训练，并通过考核获得培训证书方可进行（**可通过校内外急救专业培训机构培训合格后，获得救护员证书。严禁在健康人身上操作心肺复苏**）。心肺复苏操作主要包括胸外按压、开放气道、人工呼吸三道程序，具体实施方法如图 7－1 所示。

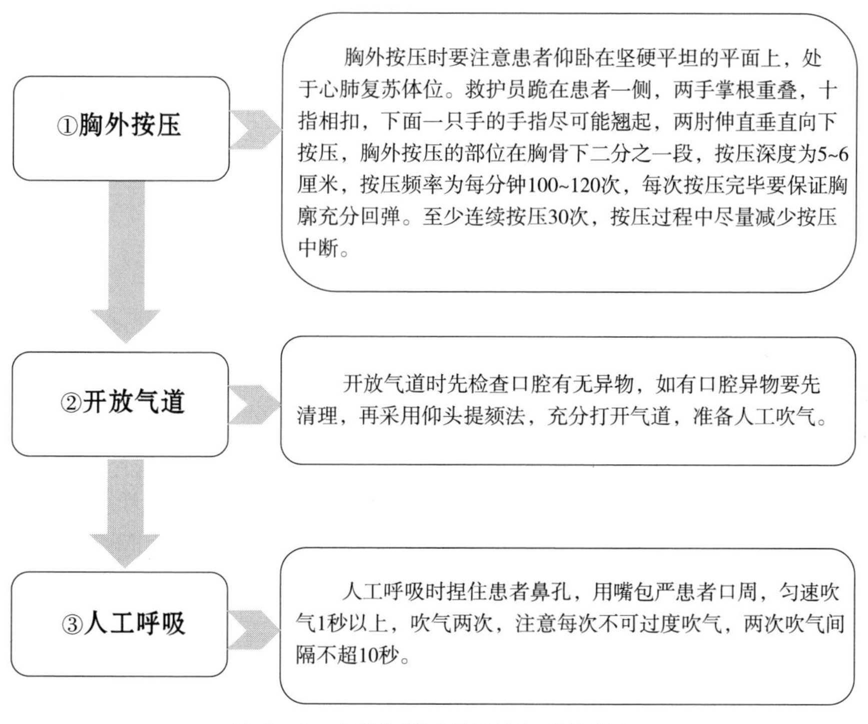

图 7－1　心肺复苏操作程序与实施要点

上述一个心肺复苏周期包含 30 次高质量胸外按压和 2 次人工呼吸（30∶2），连续进行 5 个心肺复苏周期后，检查一次患者的呼吸及心跳情况。只有当患者恢复心搏和自主呼吸，以及专业救护人员到达现场时，或者在施救环境变得不再安全的情况下，才可终止心肺复苏。

第四步：使用 AED 除颤。心搏骤停常见的原因是心室颤动和无脉性室速，早期尽快实施电除颤可提高心搏骤停患者的生存率。应就近尽快取得AED，并迅速进行除颤。取得AED后，打开电源，按照提示的语音进行操作。先放置电极片（电极片上带有电极片放置部位示意图），心尖部电极安放在左腋前线之后第五肋间处，另一电极片放置在右侧锁骨下。此后不要接触患者，AED分析患者心律，如需要除颤，AED会提示按下除颤按钮除颤。除颤完毕后，立即继续进行CPR操作，2分钟后，AED会继续自动分析心律，重复上述操作步骤。

第五步：早期高级生命支持。专业救护人员到达现场，对心搏骤停患者提供更有效的生命支持。

第六步：心搏骤停后的综合救治。即使患者已经恢复自主循环，仍然需要在医院内进行综合优化救治，直至患者出院。

重要注意事项：

1）严禁在健康人身上进行心肺复苏操作。

2）施救人员要受过专业培训，掌握该项操作技能，方可进行科学施救。

3）本章节介绍的是成人心肺复苏的一般流程，婴儿、儿童CPR操作方法与成人不同。婴儿、儿童的CPR可参考相关专业急救书籍。

2. 异物梗阻

发生异物梗阻时分为不完全性气道异物梗阻和完全性气道异物梗阻。对于意识不清醒且无呼吸的患者，使其处于仰卧位，参考心搏骤停操作步骤进行施救，如果人工吹气前检查口腔有异物，要及时取出。对于意识清醒的患者，主要采取以下步骤进行施救：

第一步：判断现场环境是否安全，施救人员一定要做好自我防护。

第二步：询问患者是否发生异物堵塞气道，在得到确认后，即刻拨打急救电话寻求帮助，并立即进行以下步骤施救。

第三步：背部叩击法。救护员站在患者身后，一只手支撑患者胸部，让患者身体略微前倾，有助于异物从口中排出。用另一只手的掌根置于患者两个肩胛骨中间位置，向内向上叩击5次，同时鼓励患者咳嗽，看异物是否排出。

第四步：互救腹部冲击法（海姆立克法）。意识清醒的患者处于立位，救

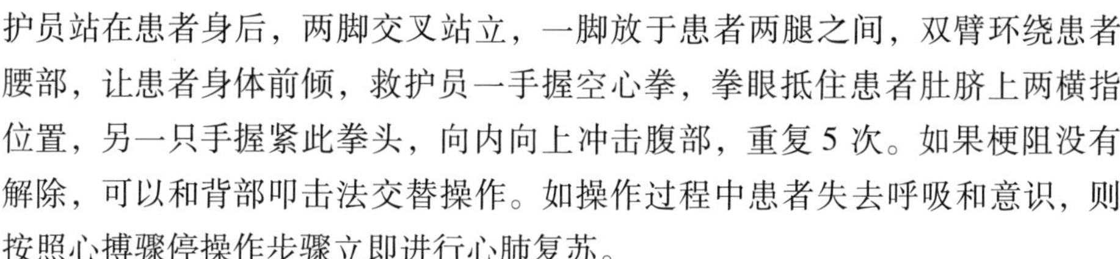

护员站在患者身后，两脚交叉站立，一脚放于患者两腿之间，双臂环绕患者腰部，让患者身体前倾，救护员一手握空心拳，拳眼抵住患者肚脐上两横指位置，另一只手握紧此拳头，向内向上冲击腹部，重复5次。如果梗阻没有解除，可以和背部叩击法交替操作。如操作过程中患者失去呼吸和意识，则按照心搏骤停操作步骤立即进行心肺复苏。

当现场没有他人实施救助时，异物梗阻患者可以实施自救腹部冲击法，适用于意识清醒且具备一定的急救知识和技能的不完全梗阻患者。自救时患者可将上腹抵在椅背、桌子边缘等坚硬平面上，向内向上冲击自己腹部5次，直到异物排出。也可尝试一手握空心拳，拳眼抵住肚脐上两横指位置，另一只手握紧此拳头，向内向上冲击腹部，重复5次，直到异物排出。

重要注意事项：

1）严禁在健康人身上进行异物梗阻操作。

2）必须是受过急救技术培训、具备急救技能的救护员，方可科学施救。

3）实施腹部冲击时，定位务必准确，不可把手放在胸骨剑突下或者肋缘下。

4）本节介绍的是成人气道异物梗阻的一般急救流程，不适于婴儿、儿童、孕妇等特殊人群。

3. 运动性损伤

发生骨折时（**注意：不包含脊柱损伤**），在现场要及时对骨折部位进行固定。固定的目的是减轻伤者疼痛、出血与肿胀，避免损伤骨折部位周围的组织、神经、血管等，也有利于伤者搬运。现场要对是否出现骨折进行判断，如伤者感到剧烈疼痛、骨折部位出现瘀血或肿胀、运动功能受损或者丧失等。在对骨折伤者进行处置时，需要固定材料，一般固定材料包括三角巾、脊柱板、颈托、夹板等，现场不能获得这些材料时，也可以就地取材，使用硬纸板、领带、树枝等。骨折固定操作主要包含以下几个步骤：

第一步：判断现场环境是否安全，施救人员一定要做好自我防护，确保自身安全。

第二步：检查伤者情况，判断是否存在骨折（**注意：不包含脊柱损伤**）。确定骨折后要进行固定，在骨折处加软垫，防止骨折部位摩擦产生疼痛。用三角巾、夹板等固定骨折部位，上肢骨折为屈肘位，下肢骨折为伸直位。用三角巾固定时，注意不同骨折部位固定方法有区别（详细方法请参考专业急救书籍），固定后要加制动带，防止伤者二次损伤，减轻疼痛，也有利于伤者的搬运。

第三步：在处理骨折时，只能制动，不可复位。开放性骨折不可冲洗、涂药。如伴随有出血现象，应该先止血包扎后再进行固定。

重要注意事项：

如怀疑是脊柱损伤，在环境安全的情况下，现场非专业救护人员切记不能移动伤员，制动，拨打急救电话寻求救援，同时密切观察伤者生命体征，安慰与陪伴伤者，直到专业救护人员到达现场。

第 5 节　典型案例分析

案例一：心搏骤停

事件回顾

2018 年 10 月 8 日，阜阳某学院一名大学生在体育课上与同学打羽毛球的过程中突发心搏骤停，该学生突然觉得呼吸困难，惊叫一声后便倒在地上抽搐不止，并且口吐白沫，频繁地张口呼吸。在等待专业急救人员的过程中，周围同学为其实施了心肺复苏术，做胸外心脏按压并且口对口人工呼吸，为后续救援赢得了宝贵的时间。医护人员到达现场后对该同学进行除颤以及注射了相关药物，后被转送医院进行综合治疗，该同学在康复后没有留下任何后遗症。

处置与应对

第一步：确保现场环境安全，个人做好自我防护，立即识别是否为心搏骤停。

第二步：立即拨打急救电话，告知患者发病的地点、患者状态、现场情况等详细信息。

第三步：寻求现场其他人员的帮助，就近尽快协助取得 AED，立即开始胸外按压和人工呼吸，并请现场其他有急救技能者进行协助。

第四步：如已取得 AED，则立即为患者除颤，观察患者是否恢复意识和呼吸，在 AED 除颤间隙（大约 2 分钟），持续进行胸外按压与人工呼吸。

第五步：在胸外心脏按压的过程中，如患者恢复自主呼吸和意识，或专业急救人员已经到达现场，施救人员可停止胸外按压，交由专业人员处理。

第六步：专业人员到达现场后对患者进行高级生命支持与维护。

本案例是在校园中发生的心搏骤停情况，值得借鉴的是，周围同学迅速拨打了急救电话；现场学生一直坚持对患者做胸外心脏按压，并且进行了人工呼吸，急救措施科学、准确。该案例说明如果大学生具备一定的急救知识、掌握正确的急救技能，心肺复苏技术在危急时刻可以为突发心搏骤停患者赢得宝贵的抢救时间。专业医生到达现场后及时对该同学使用自动体外除颤仪（AED），极大提高了心肺复苏成功率，在紧急时刻挽救了生命。

案例二：异物梗阻

事件回顾

某高校大学生在发生异物梗阻时处于清醒状态，紧急采取自救方式，将上腹部迅速倾压于椅背，然后做迅猛向前倾斜的动作，以造成人工咳嗽，驱出呼吸道异物，最终自救成功。

该突发疾病原因主要是由于进食太快使得食物进到气管中，导致气道异物梗阻的发生。

处置与应对

第一步：上述成功自救的患者在发生异物梗阻时，处于清醒状态，迅速采取了自救措施，即采用坚硬平面的物体冲击自己的腹部。

第二步：冲击腹部时注意椅背边缘处在患者肚脐上约两横指的位置，向上向内冲击，冲击的位置要定位准确。

第三步：冲击时注意身体前倾，以及造成人工咳嗽，有利于异物从呼吸道排出。

本案例说明学生自身了解必备的急救知识并且掌握了一定技能，在危急时刻可以进行自救，在关键时刻可以保障自身的生命安全。如在校园中遇到他人突发气道异物梗阻，周围同学应及时利用所学急救技能给予帮助，可利用海姆立克法进行施救，即快速冲击患者腹部，将异物从呼吸道排出。观察患者情况以及异物排出的情况，如发现患者无呼吸、无意识应立即实施心肺复苏术，及时送医治疗。

参 考 文 献

[1] 王红红．某高校在校大学生一学年门诊疾病病谱分析［J］．预防医学情报杂志，2017，33（5）：425－428.

[2] 韦雅琴，宿雅威，马西宁．高校学生常见疾病的发病情况与预防对策［J］．商业文化，2020，28：16－18.

[3] 李玉娟，高天欣，李勤，等．基于 SPOC 的非医学专业大学生急救培训混合教学模式探索［J］．现代医药卫生，2020，36（8）：1247－1249.

[4] 蔡乐农．高等院校开展大学生应急救护教学培训的实践与思考［J］．中国急救复苏与灾害医学杂志，2019（5）：3.

[5] 肖雪，田广，郭朝廷，等．校园急救知识普及与急救技能提高的可行性探讨［J］．体育科技，2020，41（4）：90－91.

[6] ANDERSEN L W，HOLMBERG M J，BERG K M，et al. In－hospital cardiac arrest：a review［J］. JAMA，2019，321（12）：1200－1210.

[7] SAWYER K N，CAMP－ROGERS T R，KOTINI－SHAH P，et al. Sudden cardiac arrest survivorship：scientific statement from the American heart association［J］. Circulation，2020，141（12）：e654－e685.

[8] WALLMULLER C，MERON G，KURKCIYAN I，et al. Causes of in－hospital cardiac arrest and influence on outcome［J］. Resuscitation，2012，83（10）：1206－1211.

[9] 刘洁，张辉明．普通高校大学生运动损伤与预防［J］．井冈山医专学报，2006，13（3）：9－10.

[10] EKEGREN C L，EDWARDS E R，DE STEIGER R，et al. Incidence，costs and predictors of non－union，delayed Union and mal－union following long bone fracture［J］. Int J Environ Res public health，2018；15（12）：2845.

[11] SPAHN D R，BOUILLON B，CERNY V，et al. The European guideline on management of major bleeding and coagulopathy following trauma：fifth edition［J］. Crit care，2019，23（1）：98.

[12] KALKWARF K J，COTTON B A. Resuscitation for hypovolemic shock［J］. Surgical clinics of North America，2017，97（6）：1307－1321.

[13] 蓝琼，陈蔚华，黄晓华，等．成人气管支气管异物 43 例临床分析［J］．中国耳鼻咽喉颅底外科杂志，2017，23（2）：159－161.

[14] 宋青，毛汉丁，刘树元．中暑的定义与分级诊断［J］．解放军医学杂志，2019，44（7）：541－545.

[15] 毛俊涛．遇上烧烫伤意外，正确处理是关键［J］．中医健康养生，2021，7（9）：60－63.

[16] 方卫永. 急性肠胃炎的诊疗防治 [J]. 中国卫生产业，2013，3 (7)：187.

[17] FLINT J A，VAN DUYNHOVEN Y T，ANGULO F J，et al. Estimating the burden of acute gastroenteritis，foodborne disease，and pathogens commonly transmitted by food：an international review [J]. Clin Infect Dis，2005，41 (5)：698 – 704.

第八章 高校性骚扰与性侵害的干预与应对

近年来，教育部针对师德师风提出了很多明确规定，对极个别教师侵害学生身心健康的行为坚持零容忍，着力引导风清气正的教育生态。同时，大学校园也是社会的一部分，在社会大环境中常有因对性别的认知和对他人的尊重不足，或本就居心不良而发生性骚扰与性侵害事件。因此，预防校园性骚扰和性侵害需要全体人员提高道德水准和文明素养，用实际行动践行党的二十大提出的明大德、守公德、严私德的要求。本章从预防和应对的角度，重点阐述校园性骚扰和性侵害的类型与特征，分析此类行为给大学生造成的相关伤害，归纳了相关法律支持条文，并提出干预与处置的建议。

第 1 节 高校性骚扰与性侵害的类型与特征

据中国计划生育协会等机构发起的“全国大学生性与生殖健康调查”显示，1 764 所高校 54 580 名参与调查的大学生中，34.43% 的大学生经历过不同形式的性骚扰，其中有 31.71% 的男生遭受过性骚扰，有 36.89% 的女生遭受过性骚扰；在经历性骚扰或性侵害后，56% 的大学生没有向他人诉说或求助，男生从不诉说或求助的比率比女生更高[1]。在校园中的性骚扰与性侵害行为，两者既具有共性，又具有各自的特殊性，特殊性主要体现在行为主体及受害主体的特殊关系上，因此校园中发生的性骚扰与性侵害案件产生的伤害性和震撼性也远大于社会上发生的此类事件，亟须得到我们的关注和重视。

一、性骚扰

性骚扰是指行为人出于发泄性欲求的动机或恶作剧的动机或骚扰人、侮辱人的动机，以某种带有性暗示的方式，包括猥亵的言语、对同性或异性身体某部分的碰触等，对他人进行不受欢迎的性挑逗或性刺激，使被骚扰者感到尊严受到伤害的任何行为，它能给被骚扰者带来烦恼和精神压抑，甚至造

成精神损害，但尚不构成强制猥亵和强奸，往往不具有暴力特征。其外在行为方式多种多样，共同特征在于行为都带有“性”的内容。性骚扰的类型和特征详见表8－1。

表8－1　性骚扰的类型与特征

类型	特征
言语型性骚扰	主要是指言语中包含对被骚扰对象的性意图和性要求，可能是面对面，也可能是通过电话或是其他方式实现，这种言语可能带有挑逗和引诱性，也可能粗俗下流、不堪入耳
暴力型性骚扰	主要是指是犯罪分子使用暴力或野蛮手段，如携带凶器威胁，或以言语恐吓，从而对受害人实施调戏、猥亵或强奸等行为。特点如下： ①手段残暴，行为无耻； ②大多为群体性，人多势众可以较为容易地制服被害人，还会使原本不敢作案的犯罪分子变得胆大妄为； ③容易诱发其他犯罪，如因争风吃醋引发聚众斗殴等
胁迫型性骚扰	主要是利用自己的权势或地位，对有求于自己的受害人加以利诱或威胁，从而强迫受害人与其发生非暴力型的性行为。特点如下： ①乘人之危，迫使受害人就范； ②设置圈套，引诱受害人上钩； ③利用过错或隐私，要挟受害人
社交型性骚扰	主要是指在自己的生活圈子里发生的性骚扰，大多是熟人、同学、同乡，甚至是朋友。受害人身心受到伤害以后，往往出于各种考虑不敢予以告发
诱惑型性骚扰	主要是利用受害人追求享乐、贪图钱财的心理，诱惑受害人
滋扰型性骚扰	主要是指无端向受害人寻衅滋事、纠缠，用污言秽语进行挑逗

通常校园中性骚扰的主要受害对象以女大学生居多。了解掌握日常生活中容易发生性骚扰的时间和地点，让自己保持警惕，并提前做好预防或规避，将会大大减少不法分子的作案机会，表8－2为校园性骚扰容易发生的时间、地点和原因。

表 8－2　校园性骚扰容易发生的时间、地点和原因

项目	类别	原因
时间	夏天	①夏天天气炎热，人们衣着单薄，身体裸露部分较多； ②学生夜晚在外活动时间长，出行频率较高，而夜间光线昏暗，作案后不易被人发现； ③校园内绿树成荫，容易诱发不法分子对受害人进行性骚扰后方便逃脱的心理
地点	公共场所	教室、游泳池、街道等公共场所人多拥挤时，不法分子可能乘机骚扰受害人
	偏僻处	公园、夹道小巷、楼边等僻静之处，通常人员较少，是不法分子实施性骚扰的地点之一

二、性侵害

性侵害是指一切非自愿的性接触。指受到某种利诱、威胁或未经同意而发生的性关系。如触碰他人隐私部位、看他人隐私部位、带他人看有很多成人暴露隐私部位镜头的电影或视频等都是性侵害。

1. 性侵害目标特征

①长相美丽、打扮前卫者。

犯罪心理学表明，一个犯罪分子在实施犯罪之前都具有一个犯罪意念，即一个人产生非法需求欲望的动力。根据弗洛伊德的性心理学说，在性犯罪当中，感官刺激是性犯罪的主要犯罪意念。美丽的面容、优美的身材、前卫暴露的衣着等往往都是给人很大的感官刺激，加速了犯罪欲望动力的产生。因此，在性侵害中，长相美丽、打扮前卫的受害人要比相貌平平、穿着朴素的受害人比例高。

②单纯幼稚、缺乏经验者。

大学生往往在社会交往经验方面相当缺乏，只看到了社会美好的一面，忽视了社会阴暗的一面，信守人本为善的信条而对人性丑恶的一面知之甚少。于是在与有着丰富社会阅历的人打交道时就显露出许多单纯幼稚的言行，这恰好成为被心怀叵测的人攻击的弱点，也容易成为不法分子性侵害的目标。

③作风轻浮、关系复杂者。

女大学生如果行为轻浮、衣着暴露、浓妆艳抹，很容易诱使不法分子对其实施性侵害。特别是对于自身行为失当者，突出表现为做出对性欲的刺激

行为，则被侵害的可能性就会增大。此外，一些思想比较开放的大学生如果经常出入歌厅、舞厅等娱乐场所，结识一些所谓的“成功人士”，最后很大可能成为被侵害的对象。

④其他特征者：文静懦弱、胆小怕事者，身处险境、孤立无援者，贪图钱财、追求享受者，精神空虚、无视法纪者，也容易成为性侵害的对象。

2. 校园性侵害形式

性侵害的形式是多种多样的，有暴力犯罪型、物质诱惑型、精神诱导型、性变态型等[2]。无论哪一种，都会给受害者的人身和精神造成很大程度的伤害。校园性侵害除了以上形式之外，以下的几种作案形式也是性侵害中经常出现的：

①谈恋爱。这种形式具有一定的隐蔽性，一般不容易为被害人所防备。受害人在选择恋爱对象时，不考察对方的人品、修养等内在因素，而过多注重相貌、身材等外在因素，在遇到那些以玩弄感情为目的的“恋爱高手”时，往往是“哑巴吃黄连，有苦说不出”。

②饮酒。这种形式常发生在熟识的同学、朋友、老乡聚会以及受害人有求于人的场合。犯罪分子通过与受害人交往一段时间，取得信任后，在吃饭的场合提出让受害人喝酒，由于酒精能刺激麻痹人的神经系统，使人的思维过程受到干扰而变得神志不清，自制力下降，从而使犯罪分子轻易得手。

③忍让犹豫。由于性侵害案件客体的特殊性，涉及被侵害对象人格、名誉的损害，加上中国传统的世俗偏见，许多受害人在遭到性侵害后经常忍耐不报案或采取延迟报案的态度，致使犯罪分子更加肆无忌惮地对其他受害人实施侵害行为。

三、校园性骚扰与校园性侵害的区别

从行为特征来看，校园性骚扰一般包括“一些不礼貌而带有性意识的言语、动作、声音，甚至是无形的气场、氛围、表现”。校园性侵害则是实施主体直接以强制性的行为进行法律规定范围内的性伤害行为。

从行为后果来看，校园性骚扰是以心灵和精神伤害为主，一般不会对受害人的身体造成伤害，行为后果具有长期性和隐秘性。而校园性侵害通常会使受害者遭受严重的身体伤害，行为后果具有显著性和即时性，并可以通过司法技术进行鉴定[3]。

从法律层面来看，校园性侵害与一般意义上的强奸、强制猥亵等性犯罪类同，相关法律也有较为系统的规定。性骚扰在我国法律上并未明确列为正式的罪名，仅在《中华人民共和国民法典》中规定，性骚扰的受害人有权依法请求行为人承担民事责任。而在日常校园生活工作中，通常以师德师风、学生纪律处分条例或者《中华人民共和国治安管理处罚法》等来进行处罚。

第2节　大学生遭遇性骚扰与性侵害带来的伤害

国内外学者研究指出，校园性骚扰及性侵害不管其样态如何，均会对受害人产生心理、情绪及人际关系方面的负面影响。同时，性骚扰及性侵害事件除了引起被害者本身的负面情绪，也会造成人际关系的破坏，导致团体气氛低落。而且随着性骚扰及性侵害的威胁越严重，伤害持续的时间会越长，受害者的症状就越严重。因此，性骚扰及性侵害不只是法律议题或校园事件，更是严重影响心理健康的创伤事件。

一、性骚扰与性侵害带来的直接伤害

1. 身体伤害

性骚扰一般对身体伤害性较轻，但遭受性侵害后，会对身体造成不同程度的瘀青、骨折、出血、隐私部位受损、大小便失禁、怀孕或终身不孕等损伤。

2. 心理伤害

与身体伤害相比，心理伤害更隐蔽、持续时间更长，危害也可能更大。例如背叛创伤（Betrayal Trauma），即不会再相信世界是安全的，不再信任家人和朋友，不再相信自己对事情的判断，也不知道是否应该倾听自己内心的真实感受，也会抗拒别人的帮助，回避同伴，厌恶肢体接触，产生同性倾向。会觉得发生性侵害是自己的错，并感到内疚、自责和羞耻，产生深深的耻辱感。可能会产生创伤后应激障碍（PTSD），内心充满恐惧和焦虑，会出现回避一切唤起创伤事件记忆的人、事、物；情绪麻木，甚至是有抑郁或自残的倾向；过高警觉、睡眠困难、集中注意力困难等症状。

3. 家庭伤害

除遭受性侵害的被害者本人外，其家庭也会因此承受不同程度的打击，严重时甚至会导致家庭破碎。可能会改变、冲击甚至颠覆父母、兄弟姐妹对

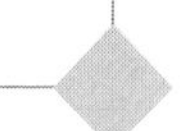

于性的态度和观念。如果侵害者是家庭成员，其他成员可能会出于“家庭完整”或“家丑不可外扬”的想法而选择不作为，甚至认为自己“脸上无光”“没有面子”“家门不幸”，进而责备被害者，推波助澜。因而会选择“私了”，甚至“不追究”，让侵害者逍遥法外，让被害者痛苦加倍。性侵害时间也可能会唤起其他家庭成员的性侵害记忆，造成二次伤害。

二、性骚扰与性侵害带来的衍生伤害

1. 命名犹豫

面对性骚扰事件时，部分受害者经常出现对性骚扰行为命名的犹豫，即不知道是不是该把这件事定义成“性骚扰”，顾虑的主要原因包括无法确认对方是否有性骚扰意图、担心自己误会或曲解对方、怕伤感情破坏人际和谐及合理化对方的性骚扰行为，导致受害人对身体自主的自我矮化、自我遁形及自我“消音”。

2. 揭露焦虑

即使对已被确认的性骚扰事件，受害人仍会感受到揭露焦虑。焦虑来源多与“性骚扰迷思”有关，常见的性骚扰迷思多有否认性骚扰、否认性骚扰的严重性、否认性骚扰构成伤害、否认性骚扰隐含性别权利问题等倾向。

3. 应对自责

受害人大多以回避的方式应对性骚扰事件，但有些受害人内心其实不认同自己的应对方式，并归因于自己的个性、心态或人格特质，如自己不够小心、不够敏锐等，或是责备自己的行为不妥，如假装没事、傻笑、讨好骚扰者、没有尽早反抗、缺乏反应的能力等，产生自卑的行为。

4. 正面抗拒疑虑

受害人在对性骚扰事件进行当面抗议或事后面质时，常常遭到骚扰者的漠视、奚落甚至侮辱，受害人在主张自我权利时被施压，常常产生对正面抗拒效果的疑虑，被迫放弃自我保护及要求性别正义的权利。

5. 机构性虐待

有受害者提出性骚扰的申诉，却因权责机构没有正视性骚扰问题严重性、缺乏性骚扰处理专业知识与能力、处理程序缺失，处理人员的官僚心态（息事宁人与敷衍了事等），遭到处理人员的威胁，调查程序的繁复及后续司法问题而受到困扰，这一系列常见的机构性虐待经常导致申诉人的身心健康、人际关系、工作求学及日常生活受到衍生伤害。

6. 人际疏离

性骚扰事件经常通过人际关系的伤害持续对受害人产生冲击。例如，当受害人揭露出性骚扰事件，却不能获得其看重的人的支持时，如家人、同事、朋友、同学们不相信，认为只是误会、轻视或忽视性骚扰事件，拒绝听取指控，淡化事件，责备受害者穿着，强调骚扰者其他能力与人格优点，等等，都会导致关系破裂，或是关系疏离的情况发生。大学生遭受性骚扰与性侵害表现出的症状见表 8－3。

表 8－3　大学生遭受性骚扰与性侵害表现出的症状

内在症状	外在症状
■情绪：感到无助、焦虑，内心困窘不安，无法专心等； ■生理：身体虚弱、常做噩梦、药物滥用等； ■认知：摧毁自我感，形成负面自我认知，产生羞耻感、罪恶感，导致低自尊和低自信	■人际关系：对他人感到不信任，外观及衣着服饰改变，对“性”产生负面的态度，难以再建立亲密关系等； ■工作/学业：出现改变工作/学业习惯、无故旷职/翘课、表现不佳等行为

三、校园性骚扰与性侵害事件伤害的特殊性

一是学生对于校园性骚扰与性侵害缺乏正确认知。对校园性骚扰与性侵害认识不够清晰，缺乏一个明确的界定，往往不能很好地设定自我保护的界限，自身权利意识也较为淡漠，一旦性骚扰与性侵害行为发生在自己身上，或许会因为自身的羞涩、惧怕等心理不敢维护自身权利。

二是校园性骚扰与性侵害的发生更为隐蔽，受害人维权也更为困难。由于校内的活动和学习环境较为封闭，维权将导致侵害事件公之于众。同时部分学生因担忧期末考试、实习、毕业等因素，且性骚扰举证困难，担心占用大量时间、精力却无法得到理想效果，反而造成更大的影响，因而在发生性骚扰后选择息事宁人。

三是校园性骚扰与性侵害所带来的伤害更具深远性。大学校园生活对一个人的人生观和价值观的塑造有重大影响。校园性骚扰和侵害行为，使大学生对校园美好生活的期待落空，这种校园“亲密关系”中产生的背叛会让被骚扰侵害的学生对其原本的价值体系产生怀疑。有学者以女研究生为对象，对校园性骚扰的危害性进行了调查，结果显示：“68.2% 的受害人会对教师等亲密角色产生偏见，降低人际信任；55.38% 的受害人则认为自身的爱情观、人生观和价值观都因此受到影响。”

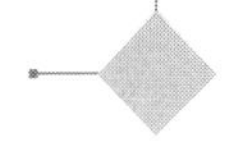

第3节　性骚扰与性侵害的法律支持

一、民事责任

对于性骚扰行为，受害人有权依法要求侵害者承担损害赔偿责任。性侵犯的民事责任中，若造成受害人损伤，也需要进行民事赔偿，赔礼道歉。

性骚扰与性侵害行为涉嫌侵害被害人的隐私权，《中华人民共和国民法典》第一千零三十二条和第一千零三十三条均有相关规定。

因此，如果性骚扰或性侵犯行为侵犯到受害人隐私权的，受害人还可以以隐私权受到侵犯为由，要求侵害人承担侵权责任。

性骚扰与性侵害行为的女性受害者还可以依法寻求《女职工劳动保护特别规定》《中华人民共和国妇女权益保障法》等的保护。

《女职工劳动保护特别规定》第十一条：在劳动场所，用人单位应当预防和制止对女职工的性骚扰。

《中华人民共和国民法典》

第一千零一十条：违背他人意愿，以言语、文字、图像、肢体行为等方式对他人实施性骚扰的，受害人有权依法请求行为人承担民事责任。

第一千零三十二条：自然人享有隐私权。任何组织或者个人不得以刺探、侵扰、泄露、公开等方式侵害他人的隐私权。隐私是自然人的私人生活安宁和不愿为他人知晓的私密空间、私密活动、私密信息。

第一千零三十三条：明确了侵害隐私权的行为类型：除法律另有规定或者权利人明确同意外，任何组织或者个人不得实施下列行为：

①以电话、短信、即时通讯工具、电子邮件、传单等方式侵扰他人的私人生活安宁；

②进入、拍摄、窥视他人的住宅、宾馆房间等私密空间；

③拍摄、窥视、窃听、公开他人的私密活动；

④拍摄、窥视他人身体的私密部位；

⑤处理他人的私密信息；

⑥以其他方式侵害他人的隐私权。

《中华人民共和国妇女权益保障法》第四十条：禁止对妇女实施性骚扰。受害妇女有权向单位和有关机关投诉。第五十七条：违反本法规定，对侵害妇女权益的申诉、控告、检举，推诿、拖延、压制不予查处，或者对提出申诉、控告、检举的人进行打击报复的，由其所在单位、主管部门或者上级机关责令改正，并依法对直接负责的主管人员和其他直接责任人员给予行政处分。第五十八条：违反本法规定，对妇女实施性骚扰或者家庭暴力，构成违反治安管理行为的，受害人可以提请公安机关对违法行为人依法给予行政处罚，也可以依法向人民法院提起民事诉讼。

《中华人民共和国治安管理处罚法》

第四十二条：有下列行为之一的，处五日以下拘留或者五百元以下罚款；情节较重的，处五日以上十日以下拘留，可以并处五百元以下罚款：

①写恐吓信或者以其他方法威胁他人人身安全的；

②公然侮辱他人或者捏造事实诽谤他人的；

③捏造事实诬告陷害他人，企图使他人受到刑事追究或者受到治安管理处罚的；

④对证人及其近亲属进行威胁、侮辱、殴打或者打击报复的；

⑤多次发送淫秽、侮辱、恐吓或者其他信息，干扰他人正常生活的；

⑥偷窥、偷拍、窃听、散布他人隐私的。

第四十四条：猥亵他人的，或者在公共场所故意裸露身体，情节恶劣的，处五日以上十日以下拘留；猥亵智力残疾人、精神病人、不满十四周岁的人或者有其他严重情节的，处十日以上十五日以下拘留。

二、行政责任

性骚扰或性侵害行为如果严重违反《中华人民共和国治安管理处罚法》，则应当根据该法的规定，对其进行罚款、拘留等行政处罚。

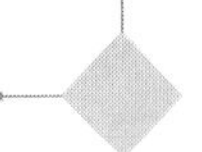

三、刑事责任

刑法中与性侵害有关的罪名有强奸罪、强制猥亵、侮辱罪、猥亵儿童罪等。如果情节恶劣触犯《中华人民共和国刑法》时，则应当依法承担刑事责任。

《中华人民共和国刑法》

第二百三十六条【强奸罪】：以暴力、胁迫或者其他手段强奸妇女的，处三年以上十年以下有期徒刑。

奸淫不满十四周岁的幼女的，以强奸论，从重处罚。

强奸妇女、奸淫幼女，有下列情形之一的，处十年以上有期徒刑、无期徒刑或者死刑：

①强奸妇女、奸淫幼女情节恶劣的。

②强奸妇女、奸淫幼女多人的。

③在公共场所当众强奸妇女的。

④二人以上轮奸的。

⑤致使被害人重伤、死亡或者造成其他严重后果的。

第二百三十六条之一条【负有照护职责人员性侵罪】：

对已满十四周岁不满十六周岁的未成年女性负有监护、收养、看护、教育、医疗等特殊职责的人员，与该未成年女性发生性关系的，处三年以下有期徒刑；情节恶劣的，处三年以上十年以下有期徒刑。

有前款行为，同时又构成本法第二百三十六条规定之罪的，依照处罚较重的规定定罪处罚。

第二百三十七条【强制猥亵、侮辱罪】：

以暴力、胁迫或者其他方法强制猥亵他人或者侮辱妇女的，处五年以下有期徒刑或者拘役。

聚众或者在公共场所当众犯前款罪的，或者有其他恶劣情节的，处五年以上有期徒刑。

校园性骚扰与性侵害的责任承担主体，涉及施加伤害者和学校。对于前者而言，被认定为实施性骚扰与性侵害行为的主体，应当受到相关处分并承担相应的民事责任，触犯刑法的要依法追究刑事责任。对于后者而言，校园性骚扰及性侵犯相较于社会上发生的类似案件，学校中的“校园关系”更为紧密，因此，如果学校在“校园性骚扰或性侵害”的问题上没能尽到妥善管理的义务，也应该承担连带责任。

第 4 节　高校性骚扰与性侵害的干预与处置

一、预防建议

1. 积极防范

①筑起思想防线，提高识别能力。

对一般异性的馈赠和邀请应婉言拒绝，以免因小失大。对于不相识的异性，不要随便说出自己的真实情况，对于对自己特别热情的异性，不管是否相识都要倍加注意。一旦发现某异性对自己不怀好意，甚至动手动脚或有越轨行为，一定要严厉拒绝、大胆反抗，并及时向学校有关领导和保卫部门报告，以便及时加以制止。

②行为端正，态度明朗。

如果自己行为端正，坏人便无机可乘。如果自己态度明朗，对方则会打消念头，不再有任何企图。若自己态度暧昧、模棱两可，对方就会增加幻想、继续幻想、继续纠缠。在拒绝对方的要求时，要讲明道理、耐心说服，一般不宜嘲笑挖苦。

③提高警惕，谨慎交友。

根据调查表明，有 63% 的性侵害是发生在相互认识的熟人之中。因此，女大学生在与同学、老乡及朋友（网友）的交往过程中要注意对方交往的目的，留意对方日常言行中表现出来的人品、道德修养。如发现对方时常有过分亲昵、挑逗等预兆性言行时，要及时果断地断绝来往。在与朋友交往中时刻应注意观察和提醒自己，不要轻信好话，不要单独跟新朋友去陌生的地方；控制感情，不要在交往中表现轻浮；控制约会环境，不要到偏僻人少的地方；不要过量饮酒，不接受超过一般的馈赠；对过分的言行持反对态度等。

④用法律保护自己。

对于失去理智、纠缠不清的无赖，不要惧怕他们的要挟和讹诈，也不要怕他们打击报复。要大胆揭发其阴谋或罪行，及时向校方报告，学会依靠

组织和运用法律武器保护自己。如果侵扰经常发生，要将发生的时间、地点、场合以及对方的行为和谈话的内容记录下来，便于为以后的投诉提供证据。

2. 注意夜间行路安全

①保持警惕。如果在校园内行走，要选择灯光明亮、来往行人较多的大道。对于路边黑暗处要有戒备，最好结伴而行，不要单独行走。如果走校外陌生道路，要选择有路灯和行人较多的路线。

②陌生人问路，不要带路。如遇到陌生人有困难或寻求帮助时，可请保安或警察协助。

③避免穿着过分暴露的衣服，防止引起不法之徒的邪念。

④不要搭乘陌生人的机动车或自行车等，防止落入坏人的圈套。

⑤遇到不怀好意的人挑逗，要及时斥责，表现出自己的强硬态度。如果碰上坏人，首先要高声呼救；若四周无人，切莫紧张，要保持冷静，可采取周旋、拖延时间等办法等待救援。

⑥一旦不幸受侵害，不要丧失信心，要振作精神，鼓起勇气保护自己的权益。要尽量记住犯罪分子的外貌特征，如身高、相貌、体型、口音、服饰以及特殊标记等，受到侵害应及时向公安机关报告，并提供证据和线索，协助公安部门侦查破案。

3. 注意宿舍安全

①经常进行安全检查。如发现门窗损坏，应及时报告学校有关部门修理。

②睡觉前要关好门窗，天热时也不能例外，以防止犯罪分子趁机作案。

③夜间上厕所要格外注意。如果厕所照明设备损坏，应带上手电筒，上厕所前仔细查看。

④夜间如有人敲门问讯，要问清是谁再开门。

⑤周末或节假日，最好不要独自一人住宿。回宿舍时，要留心门窗是否敞开，防止有犯罪分子潜伏伺机作案。如遇异常情况，可请两三位同学同时进去，以确保安全。

⑥无论一人或多人在宿舍，当遇到犯罪分子侵害时，都要保持冷静，做到临危不惧。一方面稳住犯罪分子、拖延时间，另一方面争取暗中报警、积极呼救。

二、防卫措施

1. 保持头脑清醒，控制情绪

大学生在遭受性侵害之际，保持头脑清醒、情绪稳定是最重要的，只有设法使自己沉着冷静，才能明白性侵害者意图，与其周旋，从而找出摆脱困境的方法。如果处于危险时惊慌失措、大喊大叫，进行本能的反抗或逃避，反而会助长犯罪分子的攻击性，导致性侵害的发生。

2. 明确意愿，态度坚决

有时性侵害行为是性侵害者错误地理解了被害人的意思后发生的。因此，遇到别人要对自己进行性侵害时，应当恰当而且坚定地表明自己的态度，阻止性侵害行为的发生。态度坚决，能够有效防止熟人之间的性侵害行为发生，也能够使一些陌生的性侵害者丧失信心，放弃性侵害的企图。

3. 沉着理智，机智反抗

在遭到性侵害时，被害人要注意了解性侵害者的弱点和周围环境，以及一切可以利用的积极因素，采取恰当的措施进行反抗，尽可能地结合自己平时生活中积累的经验和知识，予以防范。如尽量用赞扬的话语将其优点挖掘出来，唤起侵害人人性中善良的一面，使其行为向好的方面转化，避免性侵害行为发生。

4. 采用武力，正当防卫

大学生在遭受性侵害时，可采取一些武力防卫措施，特别是对犯罪分子身体薄弱部位进行有效的攻击（如脸部、腹部、下身等处），使性侵害人的身体产生疼痛，从而终止侵害行为，同时为自己逃脱或获救创造条件。

5. 抓紧时机，迅速脱身

犯罪心理学表明，性犯罪的主体在实施犯罪过程中，心理变化有一个从冲动到后悔再到恐惧的过程，一旦侵害行为得逞，激情消退，侵害人会产生后悔、自责心理。所以在这时要抓住一切有利时机，为自己脱身创造条件。

三、干预与处置措施

1. 提升校园安全保障能力

一是高校应当不断加强安保技术能力建设。随着现代信息化技术的快速发展，高校安保有了更多手段和措施，如可以在必要场所安装校园监控设备，增强学生安全感，震慑违法犯罪分子，有条件的高校还可以考虑在安全状况不好的场所安装警报设施。完善校园照明设备，让校园亮起来，尽量减少夜

晚的黑暗场所，也是增强学生夜晚安全感的有效途径。

二是高校应当充分发挥保卫部门的作用。高校校园占地面积普遍比较大，在一般情况下固定岗位的安保人员难以顾及整个校园，因此有条件的学校应设立“校园110”，加强日常流动巡逻工作，将工作模式由“被动”转变为“主动”。另外，可以通过信箱、留言等方式向学生征集校内安全状况信息和校园性骚扰的相关信息，提升应对校园性骚扰的保障能力。

2. 强化日常干预与处置机制

学校要建立健全性骚扰与性侵害事件的预防和处置机制，注重日常观察了解，做到及时发现、快速反应，深入细致开展事件调查并做好隐私保护，及时反馈事件处理决议，并持续做好心理辅导，最大化降低性骚扰与性侵害事件导致的伤害。

（1）观察

①注意学生的生理状况。例如：蹲下去很困难，或有尿急、腹痛等情形，宜再深入了解。

②注意学生的日常状态。例如：不愿到特定的地方；不愿和特定的人在一起；提到某人就露出愤怒或害怕的样子，心神不宁，没办法安心上课。

③注意学生的言行，发现异常及时深入了解。

④设置投诉专用信箱。

（2）了解

接到学生的投诉时：

①态度冷静，不用夸张的言语和情绪。

②善于倾听，以慎重和信任的神态让学生诉说。

③温柔安慰，营造温馨的沟通环境，给学生安全感。

④整理记录，将学生的情况详细记录。

⑤根据案情具体情况，及时向学校保卫部门或警方备案并请求协助。

⑥做好保密工作，保护学生的身心和隐私。

（3）调查与保护

①学校接案后应立即建立调查小组。

②加害者若为校外人士，应协助受害学生向有关单位投诉。

③加害者若为校内人员，则调查小组应尽快完成调查工作，并视案情轻重及是否涉及刑法问题，交由警方处理。

④整个调查宜快速、秘密，并有效维护受害学生之隐私，避免其受到二度伤害。

⑤视受害学生的心理状况，协请辅导员、心理教师实施辅导。

（4）决议与处理

①调查小组应就调查结果尽快确定惩处决议。

②快速执行处理结果。

③及时让受害学生及其亲属了解调查过程与处理结果。

（5）追踪辅导

①受害学生的心理创伤持续时间较长，应在一段时间内给予关心关爱和心理辅导。

②若加害人也为学校学生，也需要持续给予关注和心理辅导。

第 5 节　典型案例分析

一、案例背景介绍

2020 年 11 月 27 日 19 时许，被告人赵某组织学校音乐社团成员在操场主席台上的排练房隔壁喝酒聚餐。当晚 10 时 30 分许，被告人赵某、被害人严某某，以及另外两人顾某和张某，四人饮酒后躺在排练房地上睡觉休息，被告人赵某醒后趁被害人严某某醉酒无力反抗之际，将其抱至隔壁房间沙发上强行与其发生性关系。

二、处理过程与结果

2020 年 12 月 1 日 0 时许，被告人赵某被警察抓获归案。案发后，已赔偿并获得被害人谅解。某区人民法院认为，被告人赵某违背妇女意志，利用妇女处于醉酒状态，强行与妇女发生性关系，其行为已构成强奸罪。被告人赵某到案后如实供述犯罪事实，依法从轻处罚；自愿认罪认罚，依法从宽处理；已赔偿被害人并获得谅解，酌情从轻处罚。根据被告人的犯罪情节和认罪悔罪表现，依法适用缓刑。依照《中华人民共和国刑法》第二百三十六条第一款、第六十七条第三款、第七十二条第一款和《中华人民共和国刑事诉讼法》第十五条、第二百零一条之规定，判决：被告人赵某犯强奸罪，判处有期徒刑三年，缓刑四年。

三、原因分析

1. 熟人作案导致警惕性降低

校园性骚扰案件常常发生在熟人之间，侵害者利用与受害者存在某种联

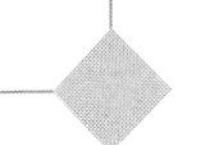

系以及信任来实施性侵行为，因为是朋友、同学的关系受害者也降低了警惕性。更重要的是，熟人作案一般都是有预谋的，受害者很难有所防范。同时，受害者会基于自己的羞耻心和恐惧不敢报警，也会碍于与熟人的关系不敢报警，这就给了熟人一次又一次的放纵和再度犯罪的机会。

2. 学校防治性骚扰机制的缺失

学校负有为学生提供健康、安全、平等的校园环境的义务，学校对学生有管理职责，保证学生免受校园性骚扰的侵害。但是，目前我国大部分学校都尚未制定完善的校园性骚扰防治制度，很少设立专门的校园性骚扰投诉处理机构，也很少定期开展校园性骚扰防治的教育与培训[4]。正是由于这些防治机制以及相关教育和培训的欠缺，导致校园性骚扰时有发生，尤其是学生在遭受校园性骚扰后，多数人往往碍于情面采取了沉默的态度，主动寻求学校帮助的比例较低。同时，惩治性骚扰还面临着取证难、举证难的困境。

3. 相关法律法规体系存在不足

在我国现有的法律法规体系中，如《中华人民共和国民法典》《中华人民共和国妇女权益保障法》等，对性侵害都有明确的规定，但对性骚扰行为虽然有相关规定，但对于如何惩处性骚扰者却没有明确条文，仅局限于要承担民事责任或宣示性条款，整体表达过于抽象、笼统、空泛。比如，什么样的行为属于性骚扰、包括哪些种类和情形、每一种情形能够受到什么样的惩罚，等等。因此，在现有的法律法规下，即使发生性骚扰行为，也很难对违法者进行法律的惩处，进而保护受害者的合法权益，这或许也是许多受害学生选择委曲求全的原因之一。

参 考 文 献

［1］中国计划生育协会，中国青年网络，清华大学公共健康研究中心 . 2019—2020 年全国大学生性与生殖健康调查报告［R］. 2020.

［2］苏碧 . 浅谈女大学生性侵害的原因和对策［J］. 广西师范大学学报，1998（1）：150 – 152.

［3］任海涛，孙冠豪 . “校园性骚扰”的概念界定及其立法意义［J］. 华东师范大学学报（教育科学版），2018，36（4）：150 – 157，168.

［4］刘小楠，陈颖楠 . 我国校园性骚扰防治的推进与展望［J］. 中华女子学院学报，2020，32（5）：18 – 28.

第九章　校园骗局的识别、干预与预警

十八大以来，党中央高度重视校园安全和反电信网络诈骗工作，多次强调高校是教育培养青年人才的重要园地，要以更加扎实有力的措施维护高校和谐稳定，坚决遏制电信网络诈骗多发高发态势。2022 年 9 月第十三届全国人民代表大会常务委员会通过的《中华人民共和国反电信网络诈骗法》，以及 2011 年 2 月发布的《“两高”关于办理诈骗刑事案件具体应用法律问题的解释》等法律法规都是落实党中央决策部署，加强顶层制度设计，打击和惩治诈骗行为的重要举措，对推动和谐校园建设发挥着重要作用。大学阶段是青年学生成长的关键期，大学生在此时正处于心理发展的不稳定阶段，不仅面临着学习、生活、恋爱、就业等一系列重大的人生课题考验，更要面对从学生向社会人身份转变的挑战[1]。近年来，一些不法分子“不失时机”地关注到大学生在该时期的特点和弱点，开始将目光转移到这一群体身上，将诈骗的“黑手”逐渐伸向校园。据不完全统计，全国每年发生的诈骗案件中高校大学生约占 20%，这不仅侵害了大学生的经济利益、伤害了其身心健康，更严重影响了校园乃至社会的安全稳定。如何有效防范，业已成为维护校园稳定，确保学生生命及财产安全亟待解决的重点、难点问题[2]。本章将重点梳理校园骗局的类型和形式，从内外部两个层面分析大学生陷入骗局的相关因素，探讨对骗局的识别与预防举措以及干预、处置和预警的相关机制。

第 1 节　校园骗局的类型

一、主要类别和常见类型

高校校园骗局是不法分子通过隐秘手段，捏造事实、掩盖真相、蒙蔽涉世不深的大学生，进而获取自己想要的利益。近年来，这些骗局形式多样、种类繁多，而且不断地“推陈出新”，让人应接不暇，但总体上可以概括为短信诈骗、电话诈骗、网络诈骗、现场诈骗四种类型。上海交通大学欧阳世泉和王健曾于 2011 年通过对高校校园内发案数据的统计分析发现，公共场所贵重物品遗失、诈骗、非机动车盗取是当时校园发案率最高的三类案件形式[3]。而近些年来，随着信息化的快速发展，电信网络骗局始终占据各种骗局的榜首。

本文根据相关学者研究并结合现实状况，将高校骗局划分为自我伪装骗局、电信网络骗局和信仰骗局三大类别。自我伪装骗局是犯罪分子通过自我伪装身份对大学生进行诈骗，通常会有传统的现场骗局、婚恋骗局、发表论文骗局；电信网络骗局是指犯罪分子针对高校学生，利用通信工具、网络、软件、非接触的方式发布虚假信息、虚构事实等手段，骗取他人财产等行为[4]，可以分为电信网络诈骗、校园贷骗局、虚假招聘骗局、传销骗局。信仰骗局是犯罪分子在高校大学生中传播或渗透西方价值观及不良信仰，进而弱化大学生共产主义理想信念，颠覆其原有价值标准，可以分为邪教骗局和保密与间谍骗局（见表9-1）。

表9-1　高校校园骗局主要类别及常见类型

主要类型	常见类型	骗取形式
自我伪装骗局	现场骗局	乔装商人推销、佯装遇困求助、假冒身份诈骗等
	婚恋骗局	接触式婚恋诈骗与非接触式婚恋诈骗
	发表论文骗局	伪装成正规刊物，通过邮件或电话骗取审稿费或版面费等
电信网络骗局	电信网络诈骗	刷单诈骗、裸聊诈骗、冒充诈骗、网络购物类诈骗、活动类诈骗、网络游戏类诈骗、奖金借贷类诈骗、学校生活类诈骗、疫情新型类诈骗等
	校园贷骗局	向大学生骗取高额利息或手续费； 利用校园网贷诈骗大学生贷款所得款物的行为
	虚假招聘骗局	收取押金实为骗钱、借口解雇克扣工资、通过高额回扣诱惑学生以兼职销售形式低价购买产品囤货、声称找家教专骗女学生
	传销骗局	网络传销、异地传销、冒充正规企业
信仰骗局	邪教骗局	散发传单、张贴标语、建立网站、群发信息传播“法轮功”等邪教反动宣传
	保密与间谍骗局	利用为大学生提供资助、就业岗位、学习机会等为诱饵，对目标大学生进行策反； 利用网络工具，如聊天工具、微博、论坛、招聘网站等远程方式进行策反

二、常见类型的骗局形式

1. 现场骗局

现场骗局是犯罪分子伪装身份与大学生面对面交流，骗取信任，利用学生同情心等进行传统的现场诈骗。如佯装遇困求助骗财、假冒身份进行诈骗等。自我伪装骗局大部分采取传统的线下诈骗方式，并且气氛相对和谐平静，也不使用暴力，如果受害学生防范意识不强，很容易上当受骗。

2. 婚恋骗局

婚恋骗局是行为人通过不同的社交方式，为自身设定相应的身份、特点等，假借异性交友、恋爱、结婚、不正当两性关系等名义，为受害者提供较高的情绪价值，从而在双方之间构建起依赖关系乃至依恋关系，骗取他人的信任，以明示、暗示等多种手段向被害人骗取情感和诈取钱财等[5]。而这些手法正好顺应了大学生的情感需求，因而难以辨认，大学生一旦满足于短暂且虚幻的亲密关系，就很难看清真伪，不可自拔地陷入婚恋骗局。

3. 发表论文骗局

发表论文骗局是犯罪分子伪装成正规刊物工作人员，通过邮件或电话骗取审稿费或版面费等。在实施诈骗过程中，骗子往往依托开设的虚假网站，在作者投稿后的较短时间内通知作者通过初审，忽悠作者预付较低的审稿定金或预定版面费等，待作者将其要求的费用转到指定账户后便再也无法联系。也有不考虑后果的骗子会冒充杂志社发送稿件录用通知，私印期刊邮递给作者骗取作者文章版面费。这类骗子多是行业老手，非常了解杂志社运作方式，善于利用文章录用—出刊—数据库检索时间差的漏洞。此外，还有以代写论文名义实施诈骗的，骗子的目标主要是那些没有时间撰写或不会撰写文章的人，以及急于申报奖学金的学生，抑或急于申报职称的教师或其他人员等，他们的基本骗术是：付定金—发截图（他人文章）—付尾款—发文章（复制他人文章）—作者发现被骗—微信好友被删除和电话被拉黑。

4. 电信网络诈骗

电信网络诈骗是指不法分子利用通信、互联网等技术和工具，通过发送短信、拨打电话、植入木马等手段，诱骗（盗取）受害人将资金汇（存）入其控制的银行账户，实施违法犯罪的行为[6]。在我国，高校大学生群体由于存在社会阅历不足、生活经验欠缺等弱点，已经成为电信网络诈骗的“重灾区”，在最高人民法院、最高人民检察院、公安部联合发布的《关于办理电信

网络诈骗等刑事案件适用法律若干问题的意见（二）》中多次提到未成年人和在校学生[7]。电信网络诈骗是高校第一高发案件，已成为危害校园安全、影响校园生活秩序的最大“毒瘤”。

5. 校园贷骗局

“校园贷”又称“校园网贷”，是指一些网络贷款平台面向在校大学生开展的贷款业务。不可否认这种贷款模式为想贷款创业、求学消费的大学生提供了新颖便捷的资金来源。但是“校园贷”也催生了一系列风险问题和灰色地带，衍生出来的诈骗手段也是五花八门，让大学生防不胜防，一旦被骗，对于无经济收入来源的大学生而言可谓是雪上加霜。比如，近年来个别学生被财务自由、盲目消费、跟风攀比等风气所诱惑，陷入披着“校园贷款”外衣的高利贷陷阱无法脱身。同时，也存在欺诈行为的“被贷款”问题，借贷者本无借贷之意，却被他人利用身份信息行了借贷之实。

6. 虚假招聘骗局

虚假招聘骗局是以招聘之名行欺诈之实，以骗取求职者的钱财、劳动力或色相。当代大学生兼职的来源多分为两种，一种是学校提供的勤工助学的兼职，另一种则是通过招聘广告、中介公司、友人介绍等途径获得的兼职。相比较于学校提供的兼职，大学生自己去校外寻找的兼职存在更高的风险，权益受侵犯的可能性也更高[8]。

7. 传销骗局

传销骗局就是通过拉人头发展下线来牟取利益的违法行为，一般没有销售的实物，有很强的隐蔽性，具有严重的诈骗性质。目前，传销形式多样，比较常见的主要有网络传销、异地传销、冒用正规企业通过招聘销售人员或者进行虚假宣传来开展非法传销活动[8]。在如今信息网络发达的时代，获取信息极其便利但却真假难辨，大学生很容易落入传销组织提前设定的圈套而无法自拔。

8. 邪教骗局

邪教是指冒用宗教、气功或借用其他名义建立，神化、鼓吹首要分子，利用制造、散布迷信邪说等手段蛊惑、蒙骗他人，发展、控制成员，危害社会的非法组织。邪教通过精神洗脑控制大学生的言语和行为，以其所谓的“教义”和“理想”诱骗思想单纯的大学生，摧残其身心健康，促使大学生远离原来的生活，心甘情愿加入邪教组织的集体生活，以至于失去人身自由和精神自由，更有甚者，会失去人身健康和宝贵的生命[9]。

9. 保密与间谍骗局

在互联网时代下，作为人才重要输出地的高等院校、大学生群体成为境外间谍机构策反的重点对象。尤其是在国际政治经济形势复杂的背景下，境外情报机构通过招聘、交流等隐秘的方式策反大学生，给国家安全带来严重的隐患。因此，保密和防间谍教育也成为高校人才培养的重要任务。

第 2 节　大学生陷入骗局的因素分析

根据国内众多学者的研究，高校大学生陷入骗局原因是多个层面共同作用的结果，大致可以概括为自身心理因素和外部多元因素。自身心理因素主要是学生个体的心理原因，而外部多元因素分别体现在社会、法治、学校、家庭、诈骗分子方面。

一、自身心理因素

美国心理学家马斯洛在《人类激励理论》一书中曾提出，人类需求按层次分为五种，分别是：生理需求、安全需求、社交需求、尊重需求和自我实现需求（见图 9 - 1），需求满足层次阶梯呈金字塔序列。首先满足低层次需求，低层次需求满足后，后一层次需求方显示其激励作用，以此类推，直至达到金字塔的顶尖——自我价值实现层次，亦即马斯洛需求层次的最高境界。下面就结合需求层次理论从五个方面进行分析。

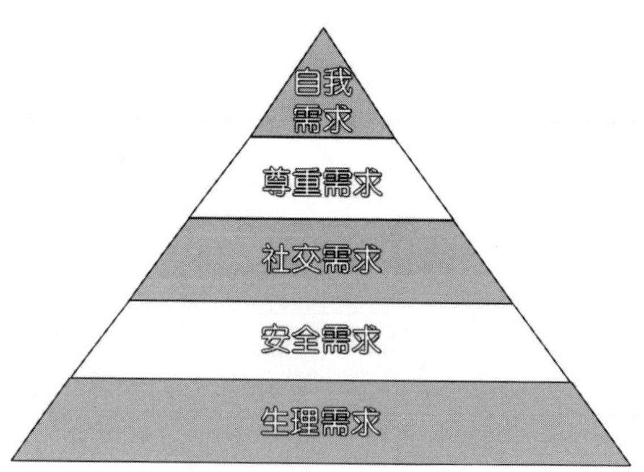

图 9 - 1　人的需求层次

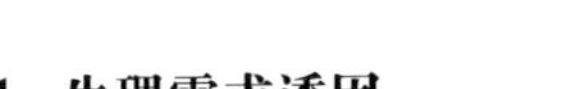

1. 生理需求诱因

生理需求为金字塔的最低层次。从年龄上看，大学生虽然已经达到成年人标准，但其思想认识和心理认知与成年人相比仍有较大差距。作为年轻一代，他们精力旺盛、思维活跃，既具有第一层次需求的生理特征（身体原本需要），又具有第一层次需求的心理特征（消费冲动愿望），尤其是现实生活中网上购物的狂欢、超前消费的风潮、互联网经济的便捷与冲击，更容易让他们陷入享乐思潮。但由于他们经济来源有限，部分热衷享受的同学在这一层次需求的驱动下，如果意志不坚定极易陷入网贷诈骗的陷阱。

2. 安全需求诱因

安全需求是保护自己免受身体和情感伤害的需要。就大学生而言，安全的需求主要集中在他们对求学环境、社会环境安全的需求及面临毕业如何就业的危机感。危机会催生行动，在就业安全需求的驱动下，大学生在校期间热衷于各种兼职，目的就是尽快与社会接轨，提前排除就业的压力。大学生这一特殊的安全需求，是近年来出现的针对在校大学生的网络兼职、刷单诈骗、合同诈骗的重要诱因。

3. 社交需求诱因

社交需求是在一个人的生理需求和安全需求得到满足后所体现出来的。这种需求的内容包括但不限于谈恋爱、交朋结友、同事相处、与社会人员交流等，方式地点也可以线上线下、校内校外。在网络高速发展的今天，大学生的社交活动也更多从线下迁移到了线上，不论是购物出行，还是交友聊天，一部手机即可实现自己的想法和愿望。但网络在给我们提供生活便捷的同时，也为不法分子提供了广阔的空间。尤其是在很多网络社交平台上，内容鱼龙混杂、真假难辨，如果学生们防范意识不强、警惕性不高的话，很容易陷入被提前设定好的骗局。

4. 尊重和自我实现的诱因

尊重的需求包含自尊及受到尊重，这一层次为较高的心理需求，大学生期望有出人头地的机会，在校园中有名誉及声望，希望得到学校的重视，从而实现人生价值，即达到马斯洛需求层次的最高境界，满足自我实现的需求。为达到这一高层次的心理需求，极少数大学生通过奖学金、社团、学生组织等获得较高层次的心理满足，而大部分在校生则会通过其他途径实现尊重和自我实现的心理需求，如通过自主创业实现自我价值，而大学生对市场理解的肤浅以及识别诈骗能力不足，在创业过程中极易陷入合同诈骗、佣金诈骗等陷阱[10]。

总之，校园骗局其实是一场心理博弈战。在校园诈骗中，诈骗分子其实是通过各种手段对受骗者的心理进行干预，使受骗者产生错误的决策，从而产生错误的行为倾向。具体而言，诈骗犯罪分子利用被害人的趋利性和避害性心理，实施具有针对性的诈骗手段，这样的手段诱惑性高、危害大，往往会给大学生造成一定的心灵创伤，如产生恐惧、怀疑、自责、自卑，严重者会导致情绪障碍等心理问题。如果从受骗过程分析，大学生受骗前内心中存在侥幸心理、逐利心理、同情心理、猎奇心理和猎艳心理，这几个心理常被诈骗分子利用；在受骗过程中，内心往往存在侥幸心理、戒备心理，并伴随着焦虑和兴奋等；在发现被骗后，表现为自尊心作祟、羞耻心理、吃亏心理等[5]。所以，可以把大学生陷入骗局的过程与心理变化结合起来，如图 9－2 所示。

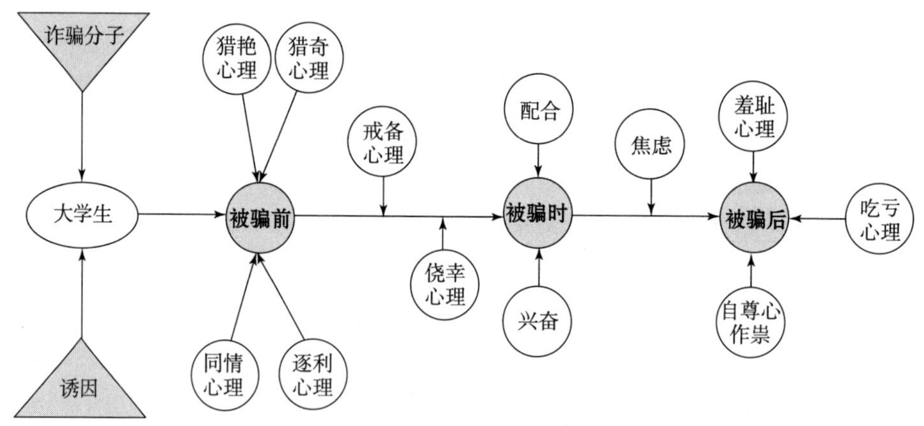

图 9－2　大学生陷入骗局的心理变化过程

二、外部多元因素

1. 法治层面

依法治国是中国共产党领导全国各族人民治理国家的基本方略，是坚持和发展中国特色社会主义的本质要求和重要保障。针对社会上的诈骗行为《中华人民共和国刑法》《中华人民共和国治安管理处罚法》《“两高”关于办理诈骗刑事案件具体应用法律问题的解释》均有明确规定，但至今未能专门立法。在当今电信诈骗和网络诈骗频发的情况下，急需一部专门的法律法规进行管理和约束，尤其是对目前一些法律还解释不清的关键问题要做出明确规定，对校园诈骗也要加重处罚并严格执法，以有效遏制校园诈骗犯罪，保

护学生财产安全，维系社会治安，推进社会主义和谐社会建设。

2. 社会层面

社会环境是高校校园诈骗治理的后盾，首先，社会大众作为分布最广泛的治理主体，对治理的法律法规起到了最广泛的监督作用，对诈骗信息的收集、宣传和反馈具有重要作用，是治理过程的有效和持续的重要支撑。其次，大学生来自社会，社会大众是大学生群体背后的支撑力量。社会大众本身就是社会诈骗的受害者，社会诈骗与高校校园诈骗除了受害群体的界定不同，并无本质区别，可谓一治共治、一乱共乱。特别是网络诈骗存在成本低、利润高、取证难等特点，很多不法分子利用网络实施诈骗，也使得大学生成为受害群体之一。

3. 诈骗分子层面

随着社会经济和科技的发展，校园诈骗犯罪呈现出智能化、专业化、组织化特征，且组织严密，分工细致。从不法分子的诈骗手段看，他们主要通过电信和网络平台实施，具有越来越强的隐蔽性和迷惑性，而且在地理空间上跨国跨境，犯罪主体与受骗客体分离，资金多通过第三方支付平台流转。根据2021年最高人民检察院对于检察机关惩治网络犯罪治理情况的通报，据不完全统计，目前电信网络诈骗手段有6大类300余种，而且还在不断拓展。从不法分子的诈骗方式方法看，也是与时俱进、日新月异，过去多以群发短信息、插入木马病毒、编造中奖信息等实施诈骗，如今多以微信交友、虚假兼职、淘宝购物等形式出现，甚至部分诈骗犯罪团伙抓住了新时代大学生的心理动向后，创建钓鱼网站骗取钱财。这些都为学生识别骗局、警察快速破案增加了难度。

4. 学校层面

当前，国内高校安全保卫工作总体比较完善，但由于高校人员密度高、人员结构复杂，加之网络和电信诈骗行为隐蔽，为高校防诈骗工作开展带来较大难度。尤其是学生本人、学生社团对个人信息保护意识不强，容易产生信息泄露，而学校管理部门也可能因为管理不善而被动泄露学生的信息，甚至个别人可能为了蝇头小利将学生信息“卖”给一些公司或组织，都给诈骗分子提供了可乘之机。此外，部分高校防诈骗的教育体系不够完备、教育内容不够全面、教育方式也不够新颖，导致诈骗防范教育达不到实质性安全教育的效果，也是校园诈骗频发的重要因素之一。

5. 家庭层面

家庭是人生的第一个课堂。习近平总书记特别强调，“我们都要重视家庭建设，注重家庭、注重家教、注重家风”。近年来，尽管人们的物质生活有了极大程度的改善，但部分家庭忽视了家风建设，使孩子在认知和行为上出现偏差，更为严重者最终走上了歧途。而正确处理人际关系、保持健康的生活方式和工作方式、做事先做人、诚实守信、艰苦奋斗、勤俭节约等都是家庭教育应重视的内容。

第3节　校园骗局的识别与预防

一、骗局的识别

1. 自我伪装骗局的识别

校园行骗的一些不法分子通常在诈骗前会乔装打扮，伪装自己的身份。在诈骗中会利用学生的同情心、信息差等获得信任，骗取学生情感及财产。由于这种行为完全不使用暴力，而是在一派平静甚至“愉快”的气氛下进行，加之学生防范意识较差，较易上当受骗。因此，对大学生而言，应时刻保持高度警惕性，特别是遇到动辄开口索要金钱，或者有明显一方获利的异常类行为，首先要弄清楚事情的来龙去脉，防止陷入骗子们预设好的骗局当中。

2. 电信网络骗局的识别

电信网络骗局是不法分子依托电话、短信、互联网等平台，精心设置的以非法占有为目的的骗局。这种骗局中不法分子通常会通过非法渠道获取学生信息，虚构事实，设置陷阱，实施远程、非接触式诈骗，其间以各种理由引诱目标上钩、骗取学生钱财。对于学生而言，应该始终谨记，没赚钱先付钱，必有诈；以小利套大利，必有假；对公业务，对私转账不可为；网络兼职，垫付资金不可做。

3. 信仰骗局的识别

信仰骗局主要是犯罪分子通过弱化大学生信仰，颠覆其价值观，诱骗策反大学生对其进行思想洗脑和精神控制。他们通常具有秘密结社、聚敛钱财、反抗社会、残害生命等特点。识别非法组织主要是“四看”：一看其在国家民政部门是否备案，有无合法合格资质；二看其所倡导的主张是否违反社会发展规律，是否违背社会伦理道德，是否存在对抗现实社会；三看其所宣扬的内容是否无所不能、神通广大，是否要求绝对追随服从，对生命的态度是否冷漠淡然；四看其活动方式是否为秘密结社、单线联系，是否使用“灵名”

或“暗语”，聚会活动是否鬼鬼祟祟，并有人望风，是否存在攻击和出卖国家行为，宣扬对社会、政府、国家不认同观点等。

二、骗局的多元预防体系

校园骗局的预防需要坚持以学生为中心，学校和家庭为主体，政府和社会为支撑的系统性协作预防理念，共同构建起家校协作、身心协调、社会与法治协同的安全防御网（见图9－3）。

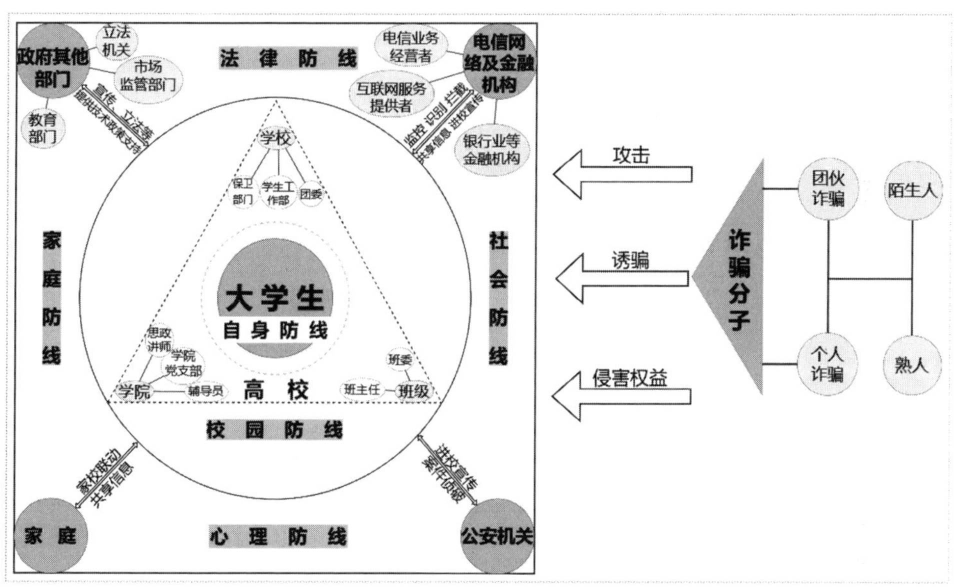

图9－3　多主体校园骗局防范体系

1. 完善法律法规，构筑法律防线

近年来，我国已经颁布了《中华人民共和国网络安全法》《中华人民共和国数据安全法》《中华人民共和国个人信息保护法》《关于加强打击治理电信网络诈骗违法犯罪工作的意见》等法律法规性文件，为反诈防骗工作提供了法律依据和准绳。但到目前为止依然缺少专门适用于校园安全的法律法规，而且在现有法律体系下，一些地方或部门还存在执法不严的问题，如电商、银行、移动支付、电信网络等平台被不法犯罪分子当成作案工具和平台，间接扮演了电信网络诈骗助攻者的角色。因此，应持续完善相关法律法规，约束相关企业、平台承担起社会责任，共同构筑防范校园骗局的安全网络，守护好学生的利益和财产。

2. 加强教育与管理，构筑校园防线

完善的校园防控体系是应对校园骗局的重要一环。长期以来，高校中各类群防群治力量在维护校园治安、参与平安校园建设中发挥了积极作用，相关职能部门和学院（系所）按照“属地管理，分级负责”的原则，相互配合、协同发力，取得了良好的预防效果。然而，面对隐蔽性强、形式多变的校园骗局，学校也应不断加强防骗教育工作。一是在教学活动方面，应将防骗教育纳入学校教育教学环节之中，完善素质教育的知识体系；二是在主题活动方面，要定期开展“防骗宣传月”“网络安全宣传月”等主题活动，增强学生防范骗局安全意识；三是在日常活动方面，要将安全教育融入大学生日常生活之中，组织发放防骗宣传册、张贴防骗小贴士等活动，做到对网络诈骗的时时防范；四是在信息保护方面，要注重对学生电子信息的保护和管理，网上公开的内容要仔细审核，避免因信息泄露造成安全隐患。

3. 加强社会环境治理，构筑社会防线

防范高校校园骗局，重点在于社会大环境的好坏，大环境的治安好了，小环境的治安才能有保障。如果防范校园骗局仅从高校校园入手，忽略对整个社会的治理，就如同沙漠中星星点点的绿洲，时刻会有被沙漠吞并的危险[3]。因此，一方面，要筑牢宣传“防火墙”，充分发挥新媒体的作用，广泛宣传报道诈骗手段，曝光校园典型诈骗案例，让学生了解各类骗局的形式和内容。新媒体也要主动配合有关部门做好防骗普法工作，让犯罪分子充分认识实施校园诈骗要承担的法律后果。另一方面，要筑牢技术“防火墙”，建立对涉嫌诈骗的网站和 App 及诈骗电话和短信等处置机制，提升预警信息监测发现能力，及时发现潜在受害学生，并进行说明劝阻。

4. 加强家庭教育，构筑家庭防线

家庭是学生的第一教育环境，构筑家庭防线是防范校园骗局的有力支撑。一方面，家长应与学生保持沟通，主动关注学生在学校的生活状态，避免因沟通不畅给诈骗分子以可乘之机；另一方面，家长要教育子女始终保持一颗平常心，做事情脚踏实地、行稳致远，消费方面切勿提前消费、“面子”消费，或者超出自己承受能力消费；第三，要做到家校协同，形成教育互补，努力培养学生良好的消费意识与防范意识，建立起正确的价值观。

5. 树立安全意识，构筑自身防线

内因是事物发展的决定因素，外因都是通过内因起作用的。校园骗局的防控工作关键在于大学生本人，只有加强自身对校园骗局的认知，真正提高

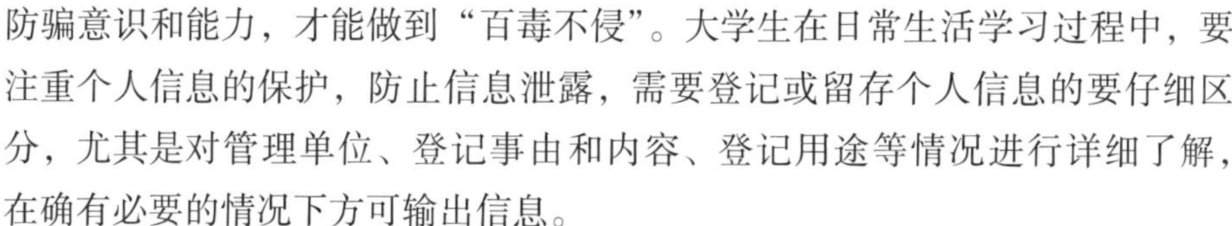

防骗意识和能力，才能做到“百毒不侵”。大学生在日常生活学习过程中，要注重个人信息的保护，防止信息泄露，需要登记或留存个人信息的要仔细区分，尤其是对管理单位、登记事由和内容、登记用途等情况进行详细了解，在确有必要的情况下方可输出信息。

6. 树立正确价值观，构筑心理防线

正确的价值观是构筑大学生心理防线的基石。在日常生活学习中，每一个大学生都应该学会辩证地看待得与失、利与害，时刻牢记没有“天上掉馅饼”的好事，更没有不劳而获的易事。只有自己对事物有了正确的思想认识和心理认知，才能避免陷入校园骗局。当然，每一个同学还应该提高真伪鉴别能力，理性识别与应用信息，警惕无处不在的诈骗，逐渐形成对校园骗局的免疫力和心理防御力。

第 4 节　校园骗局的干预、处置与预警

一、基于日常管理的干预与处置

当大学生陷入校园骗局后，高校应落实安全管理主体责任，学生辅导员和学生工作、安全保卫等部门应快速反应，启动工作预案，疏导学生负面情绪，让其从突发事件中冷静下来。同时要详细了解案情线索，协助学生主动报案，同时对诈骗分子遗留下来的文字资料、通信记录、身份证件、电话号码、体貌特征等线索或证据予以保留，以便积极配合政府相关部门调查处置。需要强调的是，如果大学生陷入的是信仰骗局，高校相关人员应第一时间与学生进行谈话教育，沟通了解情况，讲清原则和政策，尽快阻断学生与相关人员或组织的联系，并及时向属地教育主管部门、反邪教部门报告。同时也要建立定期回访教育机制和家校联动机制，确保学生能够认清事实，避免“二次伤害”的发生。

二、基于心理重塑的干预与处置

心理重塑是防范校园骗局管理体系的重要组成部分。通常情况下，学生在陷入校园骗局后会产生或多或少的心理创伤和负面影响，如果这些心理创伤没有得到及时的疏导，久而久之在学生的生涯发展中可能形成潜在的危险。因此，学校辅导员、导师、专业心理咨询师等要及时给予学生人文关怀和引

导，帮助学生排忧解难，直视挫折，重拾自信，尽量降低不良心理的影响程度，使其尽快恢复正常学习生活。与此同时要教育受害学生总结经验和教训，树立正确的价值观、消费观，构筑起自身防骗的心理防线，鼓励其拿起法律武器维护自己的权益。学校对被骗学生及时进行心理干预，将学生受到的创伤及时从心里抹去，是对学生、对学校、对社会负责的表现，也是校园骗局危机管理体系中不可缺少的环节。

三、基于信息流的干预与预警

中国信息通信研究院发布的《电信网络诈骗治理与人工智能应用白皮书(2019 年)》提出了应用人工智能治理电信网络诈骗的技术，包括运用机器学习、大数据分析、模式识别等多种技术从源头上发现虚假信息发布平台，进而进行提前干预和预警[11]。电信网络和金融机构可通过技术对海量账户的多维特征进行识别，从而发现新的涉诈账户。基于模式识别的技术可通过已知诈骗行为样本数据，通过分析特征，得到诈骗犯罪多维度的特征属性，形成涉诈资源库。然后结合自然语言处理、生物特征识别和大数据挖掘技术，对全网数据进行相似度比对，对特征相似的电话、网站进行判定识别，从而实现从源头上对虚假信息的识别、发现、干预和预警。一旦识别到诈骗信息，立即启动预警，便可及时发现潜在被害人，及时进行技术干预和阻断拦截。政府需要加强执法力度，立法精准打击诈骗分子，压实行业部门主体责任，提供政策支持。公安机关应加强动态巡查，协同电信网络及金融机构从信息源头发现虚假信息进行预警，实现基于信息流的大学生陷入骗局的预警。图 9 -4 所示为基于信息流的诈骗干预预警机制。

四、基于资金流的干预与预警

从诈骗犯罪发生的流程来看，通常信息流在前，资金流在后，基于信息流的大数据预警时效性更强，预警后反诈骗部门拥有更多时间反应，因而更具主动性。然而，由于虚假信息传播覆盖了各种合法与非法的渠道，且犯罪团伙发布的各种虚假信息往往隐藏在各种合法信息之中，无论是人工识别还是大数据技术识别，都无法百分之百准确识别。因此，关注信息流的同时，也需要关注资金流来实现大数据预警。对资金进行监测和保护有两个重要环节：洗钱环节的监管、资金转移环节的异动发现。基于资金流的大数据预警，既可关注涉嫌诈骗的洗钱账户，也可关注大学生账户。前者可以及时识别洗钱账户，后者可以及时阻断正在发生的高校电信网络诈骗。当前银行包括监

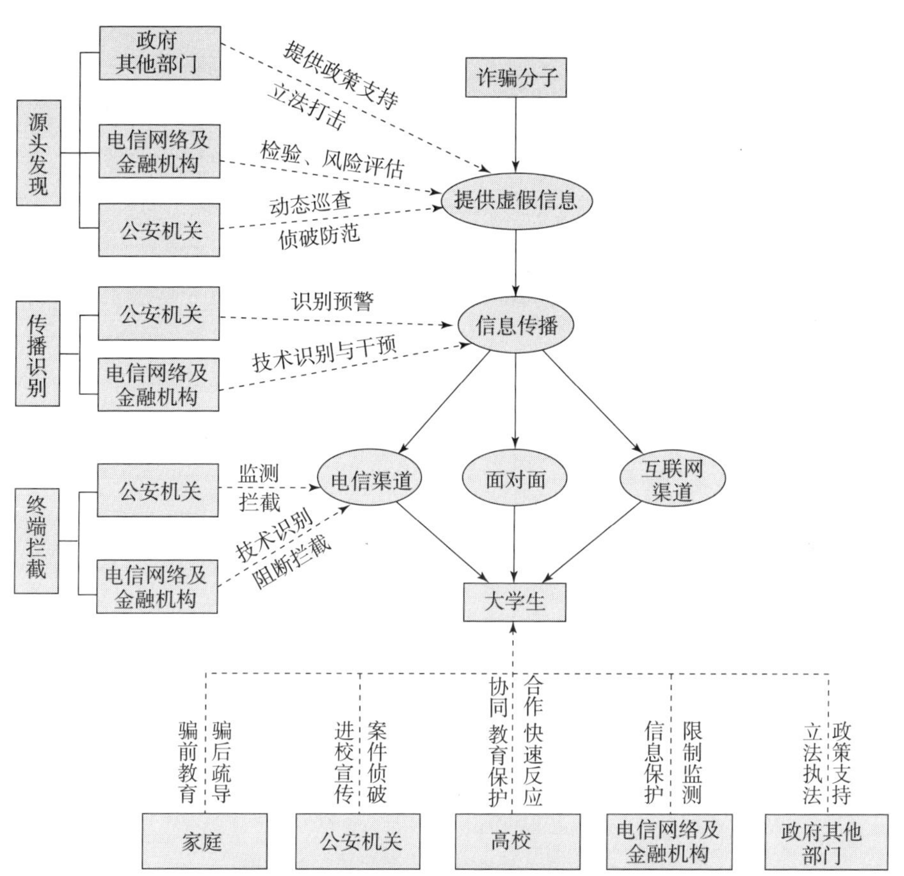

图 9－4　基于信息流的诈骗干预预警机制

管机构，对于反洗钱的监测识别主要是基于金融机构间账户交易流水进行数据挖掘建模，同时基于交易对手的某些具有可疑行为的身份特征实现洗钱行为识别。由于不同犯罪形式的高校诈骗犯罪在资金流上有不同特征，需要整合电信网络及金融机构的海量资金账户，对同一身份用户的账户资金流水进行跨平台监测[12]。通过建立若干动态变化的疑似被害人资金账户监测模型，辅之以疑似被害账户临时冻结或反诈骗电话提醒，公安机关对其进行协同监管，发现异动，立即立案调查，快速反应，侦破案件，就可能实现基于资金流的大学生陷入骗局的预警和干预。如图 9－5 所示。

总之，当大学生陷入骗局特别是电信网络骗局后，高校、家庭、电信网络及金融机构、公安机关和政府其他部门，应协同合作、信息共享，对其进行干预与处置。高校应落实高校安全管理主体责任，尽快反应，及时保护并帮助学生，进行责任追究。辅导员与家长一起进行骗前教育与骗后疏导。电

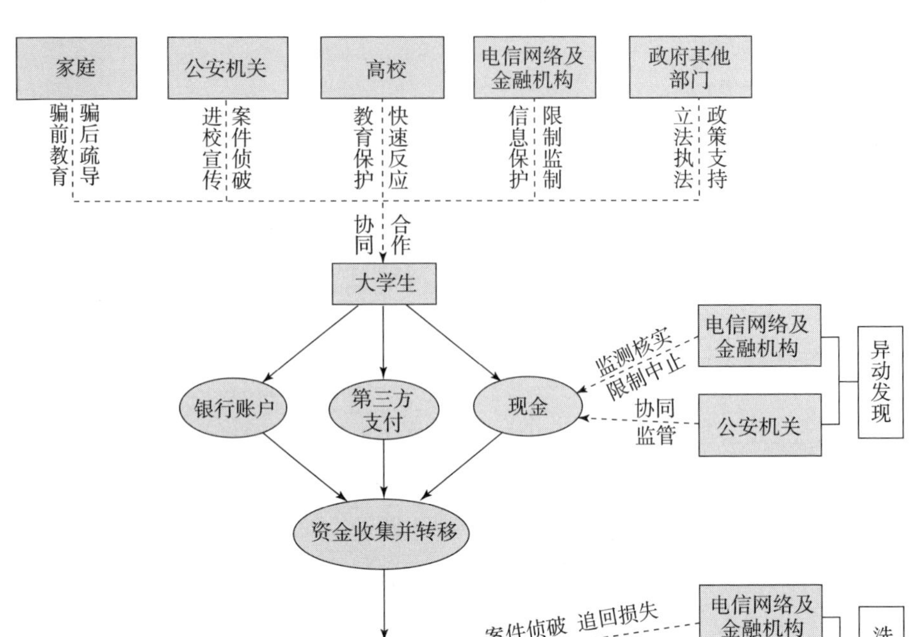

图 9－5 基于资金流的诈骗干预预警机制

信业务经营者对存在异常使用情形的用户，应当采取暂停服务、重新核验身份和使用场景或者其他合同约定的干预措施。互联网服务提供者根据国家有关规定采取限制功能、暂停服务等处置措施，并根据公安机关和电信主管部门的要求，对涉案电话卡、涉嫌诈骗异常电话卡所关联注册的有关互联网账号进行核验，根据具体情况，采取限期改正、限制功能、暂停使用、关闭账号、禁止重新注册等处置措施。公安机关同有关部门建立完善高校诈骗涉案资金即时查询、紧急止付、快速冻结、及时解冻和资金返还制度，明确有关条件、程序和救济措施。骗局发生后，公安机关依法决定采取上述措施的，银行业金融机构、非银行支付机构予以配合。公安机关对高校诈骗案件加强追赃挽损，根据涉案资金处置制度，及时返还被害人的合法财产。对遭受重大生活困难的被害人，符合国家有关救助条件的，有关方面依照规定给予救助。政府相关部门需要提高打击犯罪力度与执法力度，压实行业部门主体责任；并且需要提供政策和技术支持，以便侦破案件，为学生挽回损失。

第5节　典型案例分析

一、事件回顾

2022年7月4日，湖北十堰一名大学生小赵，想利用暑假赚点零花钱，在网上看到了刷单广告——“足不出户兼职赚钱”，于是小赵开始了第一次刷单，几分钟后对方转来了本金和佣金共125元，于是小赵便继续刷单，共计16 000余元。此时小赵再联系客服时，已经被拉黑，这才意识到自己被骗，便报了案。

二、事件原因分析

湖北警方统计，该省在当年度发生的网络诈骗案件中，针对大学生的诈骗手法主要是兼职刷单，占发案数的14%，虚假购物则占发案数的12%。在此类案件中，诈骗分子瞄准了大学生这一群体，他们利用学生社会经验少、防范意识淡薄的特点，在校园张贴宣传页，在网上发布信息，以高薪水为诱饵承诺提供各种兼职，引导大学生点击相关的链接或下载各类App进行刷单操作[13]。在最初的刷单任务中，诈骗分子会返还小额本金和佣金，让大学生放松警惕。随着学生投入钱款不断增多后，诈骗分子会以各类理由推脱返现，并要求学生继续投入更多的本金，直到受害人意识到被骗。但需要注意的是，网络刷单本身就是一种破坏市场秩序的违法行为，作为法治监管下的黑灰产业，网络刷单也因其易成为诈骗犯罪案件滋生的温床而被各个平台所禁止和打击。

三、经验与启示

针对学生寻找兼职实施的诈骗案件呈上升趋势，此类案件通常通过电信网络的方式，利用学生急于寻找兼职工作的心理伺机作案，欺骗性强，极易得手，引导大学生逐步陷入电信网络骗局、虚假招聘骗局中的网络刷单类诈骗。该案例可以给予我们以下几点启示：

1. 大学生要加强自我保护意识

广大学生应当做好预警防范，增强自身的防骗意识，学习一定的法律知识，不要轻信“动动手指，躺着就能赚钱”的骗局，远离网络刷单兼职，不点击不明链接，不扫描不明二维码，发现被骗后注意保留证据并及时报警。要时刻铭记：任何要求垫资的网络刷单都是诈骗，遇到“刷单”“刷信誉”“刷信用”的网络兼职广告时要提高警惕；不要有“贪图小便宜”“轻轻松松赚大钱”的心理，不要轻信所谓的高额回报，不要轻易点击陌生链接；找兼职务必认准正规的兼职平台。在进行兼职工作过程中，务必确保所有的操作都在官方指定的网站、客户端进行，切勿相信“退款”“系统出问题”等诈骗话术，到不明网站、非官方渠道进行交易。大学生在兼职过程中要做好证据留存，避免轻信虚假广告；如果不幸上当受骗，应及时向当地警方报案。受害人采取措施越快，警方越能够在最短时间内冻结被骗账户资金。

2. 校园要强化管理以及宣传教育

学校对学生的生命和财产安全负有保护责任，规避大学生的网络兼职风险需要学校的协助。首先校园管理单位应当及时调查统计大学生的校外兼职情况，将用人单位的信息、兼职类型等情况进行备案。学校要加强校园网络监管体系的建设，及时清除在校园网络当中存在的虚假兼职广告。除此之外，学校还可以组织建立一个安全可靠的校园网络兼职平台，帮助学生联系用人单位，寻找网络兼职工作。其次，学校要加强对大学生的法制教育，提高大学生的法律意识和维权意识。学校可以开设专门的劳动法、就业法的相关课程，加强关于大学生劳动权益保护知识的相关教育。高校也应支持学生通过各种渠道参与维权，为学生维权提供法律援助和资金支持。

3. 政府相关部门应协同发挥监管职能

大学生作为特殊的劳动主体，处于从学校向社会过渡阶段，其人身财产受到侵害的现象时有发生，所以仍需通过不断完善互联网法律法规，加强对平台的监督管理来保障大学生的合法权益，使大学生有一个绿色、稳定、便捷的网络兼职环境，从而促进我国法治建设和经济建设的发展[14]。当前，保护大学生的利益，需要构建政府、社会、学校以及个人之间的合作体系，只有各个主体之间相互合作，共同努力，才能够规避大学生网络兼职的种种风险。如市场监管部门要加强对不符合注册登记条件用人单位的监督执法力度，行政主管部门须及时建立企业黑名单制度，公安部门要加强预警宣传，提高学生辨识能力和防范意识，也要健全网络警察监督体系，完善信息网络防控网，加大对网络兼职诈骗的打击力度，努力净化网络环境。

参考文献

[1] 封珊. 高校诈骗案件特点及发展趋势和对策研究［J］. 科教导刊（上旬刊），2017

(4)：22－23.

［2］向运琼，康芮果．高校电信网络诈骗现状分析及防范策略研究［J］．法制博览，2022(8)：148－150.

［3］孙旭．高校校园诈骗调查及防范体系的构建研究［D］．广州：华南理工大学，2015.

［4］王宗强，韩锐．高校防范电信网络诈骗风险研究［J］．高校辅导员，2021（4）：62－65.

［5］王泽滢．论婚恋诈骗行为的刑法规制［D］．昆明：云南财经大学，2019.

［6］宋丽敏，何秀美，齐艳玉．安全教育视域下高校电信网络诈骗防范策略探究［J］．文化创新比较研究，2020，4（13）：135－136.

［7］程子良，翁添富．大学生防范电信网络诈骗现状调查与对策研究——基于746名高校大学生的实证分析［J］．高校后勤研究，2022（5）：58－62.

［8］张晓婷，傅巧琳，祁郑浩等．大学生兼职权益保障的研究——以网络兼职为视角［J］．法制博览，2017（14）：46－47.

［9］陈巧莲．浅谈加强高校反邪教教育的必要性与紧迫性［J］．河南医学高等专科学校学报，2019，31（5）：704－708.

［10］解宇宁．探究校园诈骗形成的内因及防范措施［J］．法制与社会，2021（20）：163－165.

［11］中国信息通信研究院．电信网络诈骗治理与人工智能应用白皮书（2019年）［R］．2019.

［12］庄华．电信网络诈骗犯罪的大数据预警［J］．中国刑警学院学报，2022（1）：5－13.

［13］如何防范学生兼职诈骗案件高发［J］．中国防伪报道，2017（5）：60.

［14］梁海楠，马一艺．论大学生网络兼职风险及其法律规制［J］．网络安全技术与应用，2022（1）：92－93.

延伸阅读（三）

中华人民共和国反电信网络诈骗法

（2022年9月2日第十三届全国人民代表大会常务委员会第三十六次会议通过）

第一章 总 则

第一条 为了预防、遏制和惩治电信网络诈骗活动，加强反电信网络诈骗工作，保护公民和组织的合法权益，维护社会稳定和国家安全，根据宪法，制定本法。

第二条 本法所称电信网络诈骗，是指以非法占有为目的，利用电信网络技术手段，通过远程、非接触等方式，诈骗公私财物的行为。

第三条 打击治理在中华人民共和国境内实施的电信网络诈骗活动或者中华人民共和国公民在境外实施的电信网络诈骗活动，适用本法。

境外的组织、个人针对中华人民共和国境内实施电信网络诈骗活动的，或者为他人针对境内实施电信网络诈骗活动提供产品、服务等帮助的，依照本法有关规定处理和追究责任。

第四条 反电信网络诈骗工作坚持以人民为中心，统筹发展和安全；坚持系统观念、法治思维，注重源头治理、综合治理；坚持齐抓共管、群防群治，全面落实打防管控各项措施，加强社会宣传教育防范；坚持精准防治，保障正常生产经营活动和群众生活便利。

第五条 反电信网络诈骗工作应当依法进行，维护公民和组织的合法权益。

有关部门和单位、个人应当对在反电信网络诈骗工作过程中知悉的国家秘密、商业秘密和个人隐私、个人信息予以保密。

第六条 国务院建立反电信网络诈骗工作机制，统筹协调打击治理工作。

地方各级人民政府组织领导本行政区域内反电信网络诈骗工作，确定反

电信网络诈骗目标任务和工作机制，开展综合治理。

公安机关牵头负责反电信网络诈骗工作，金融、电信、网信、市场监管等有关部门依照职责履行监管主体责任，负责本行业领域反电信网络诈骗工作。

人民法院、人民检察院发挥审判、检察职能作用，依法防范、惩治电信网络诈骗活动。

电信业务经营者、银行业金融机构、非银行支付机构、互联网服务提供者承担风险防控责任，建立反电信网络诈骗内部控制机制和安全责任制度，加强新业务涉诈风险安全评估。

第七条 有关部门、单位在反电信网络诈骗工作中应当密切协作，实现跨行业、跨地域协同配合、快速联动，加强专业队伍建设，有效打击治理电信网络诈骗活动。

第八条 各级人民政府和有关部门应当加强反电信网络诈骗宣传，普及相关法律和知识，提高公众对各类电信网络诈骗方式的防骗意识和识骗能力。

教育行政、市场监管、民政等有关部门和村民委员会、居民委员会，应当结合电信网络诈骗受害群体的分布等特征，加强对老年人、青少年等群体的宣传教育，增强反电信网络诈骗宣传教育的针对性、精准性，开展反电信网络诈骗宣传教育进学校、进企业、进社区、进农村、进家庭等活动。

各单位应当加强内部防范电信网络诈骗工作，对工作人员开展防范电信网络诈骗教育；个人应当加强电信网络诈骗防范意识。单位、个人应当协助、配合有关部门依照本法规定开展反电信网络诈骗工作。

第二章　电信治理

第九条 电信业务经营者应当依法全面落实电话用户真实身份信息登记制度。

基础电信企业和移动通信转售企业应当承担对代理商落实电话用户实名制管理责任，在协议中明确代理商实名制登记的责任和有关违约处置措施。

第十条 办理电话卡不得超出国家有关规定限制的数量。

对经识别存在异常办卡情形的，电信业务经营者有权加强核查或者拒绝办卡。具体识别办法由国务院电信主管部门制定。

国务院电信主管部门组织建立电话用户开卡数量核验机制和风险信息共享机制，并为用户查询名下电话卡信息提供便捷渠道。

第十一条 电信业务经营者对监测识别的涉诈异常电话卡用户应当重新进行实名核验，根据风险等级采取有区别的、相应的核验措施。对未按规定核验或者核验未通过的，电信业务经营者可以限制、暂停有关电话卡功能。

第十二条 电信业务经营者建立物联网卡用户风险评估制度，评估未通过的，不得向其销售物联网卡；严格登记物联网卡用户身份信息；采取有效技术措施限定物联网卡开通功能、使用场景和适用设备。

单位用户从电信业务经营者购买物联网卡再将载有物联网卡的设备销售给其他用户的，应当核验和登记用户身份信息，并将销量、存量及用户实名信息传送给号码归属的电信业务经营者。

电信业务经营者对物联网卡的使用建立监测预警机制。对存在异常使用情形的，应当采取暂停服务、重新核验身份和使用场景或者其他合同约定的处置措施。

第十三条 电信业务经营者应当规范真实主叫号码传送和电信线路出租，对改号电话进行封堵拦截和溯源核查。

电信业务经营者应当严格规范国际通信业务出入口局主叫号码传送，真实、准确向用户提示来电号码所属国家或者地区，对网内和网间虚假主叫、不规范主叫进行识别、拦截。

第十四条 任何单位和个人不得非法制造、买卖、提供或者使用下列设备、软件：

（一）电话卡批量插入设备；

（二）具有改变主叫号码、虚拟拨号、互联网电话违规接入公用电信网络等功能的设备、软件；

（三）批量账号、网络地址自动切换系统，批量接收提供短信验证、语音验证的平台；

（四）其他用于实施电信网络诈骗等违法犯罪的设备、软件。

电信业务经营者、互联网服务提供者应当采取技术措施，及时识别、阻断前款规定的非法设备、软件接入网络，并向公安机关和相关行业主管部门报告。

第三章　金融治理

第十五条 银行业金融机构、非银行支付机构为客户开立银行账户、支付账户及提供支付结算服务，和与客户业务关系存续期间，应当建立客户尽职调查制度，依法识别受益所有人，采取相应风险管理措施，防范银行账户、支付账户等被用于电信网络诈骗活动。

第十六条 开立银行账户、支付账户不得超出国家有关规定限制的数量。

对经识别存在异常开户情形的，银行业金融机构、非银行支付机构有权加强核查或者拒绝开户。

中国人民银行、国务院银行业监督管理机构组织有关清算机构建立跨机构开户数量核验机制和风险信息共享机制，并为客户提供查询名下银行账户、支付账户的便捷渠道。银行业金融机构、非银行支付机构应当按照国家有关规定提供开户情况和有关风险信息。相关信息不得用于反电信网络诈骗以外的其他用途。

第十七条 银行业金融机构、非银行支付机构应当建立开立企业账户异常情形的风险防控机制。金融、电信、市场监管、税务等有关部门建立开立企业账户相关信息共享查询系统，提供联网核查服务。

市场主体登记机关应当依法对企业实名登记履行身份信息核验职责；依照规定对登记事项进行监督检查，对可能存在虚假登记、涉诈异常的企业重点监督检查，依法撤销登记的，依照前款的规定及时共享信息；为银行业金融机构、非银行支付机构进行客户尽职调查和依法识别受益所有人提供便利。

第十八条 银行业金融机构、非银行支付机构应当对银行账户、支付账户及支付结算服务加强监测，建立完善符合电信网络诈骗活动特征的异常账户和可疑交易监测机制。

中国人民银行统筹建立跨银行业金融机构、非银行支付机构的反洗钱统一监测系统，会同国务院公安部门完善与电信网络诈骗犯罪资金流转特点相适应的反洗钱可疑交易报告制度。

对监测识别的异常账户和可疑交易，银行业金融机构、非银行支付机构应当根据风险情况，采取核实交易情况、重新核验身份、延迟支付结算、限制或者中止有关业务等必要的防范措施。

银行业金融机构、非银行支付机构依照第一款规定开展异常账户和可疑交易监测时，可以收集异常客户互联网协议地址、网卡地址、支付受理终端信息等必要的交易信息、设备位置信息。上述信息未经客户授权，不得用于反电信网络诈骗以外的其他用途。

第十九条 银行业金融机构、非银行支付机构应当按照国家有关规定，完整、准确传输直接提供商品或者服务的商户名称、收付款客户名称及账号等交易信息，保证交易信息的真实、完整和支付全流程中的一致性。

第二十条 国务院公安部门会同有关部门建立完善电信网络诈骗涉案资金即时查询、紧急止付、快速冻结、及时解冻和资金返还制度，明确有关条件、程序和救济措施。

公安机关依法决定采取上述措施的，银行业金融机构、非银行支付机构应当予以配合。

第四章 互联网治理

第二十一条 电信业务经营者、互联网服务提供者为用户提供下列服务，在与用户签订协议或者确认提供服务时，应当依法要求用户提供真实身份信息，用户不提供真实身份信息的，不得提供服务：

（一）提供互联网接入服务；

（二）提供网络代理等网络地址转换服务；

（三）提供互联网域名注册、服务器托管、空间租用、云服务、内容分发服务；

（四）提供信息、软件发布服务，或者提供即时通讯、网络交易、网络游戏、网络直播发布、广告推广服务。

第二十二条 互联网服务提供者对监测识别的涉诈异常账号应当重新核验，根据国家有关规定采取限制功能、暂停服务等处置措施。

互联网服务提供者应当根据公安机关、电信主管部门要求，对涉案电话卡、涉诈异常电话卡所关联注册的有关互联网账号进行核验，根据风险情况，采取限期改正、限制功能、暂停使用、关闭账号、禁止重新注册等处置措施。

第二十三条 设立移动互联网应用程序应当按照国家有关规定向电信主管部门办理许可或者备案手续。

为应用程序提供封装、分发服务的，应当登记并核验应用程序开发运营者的真实身份信息，核验应用程序的功能、用途。

公安、电信、网信等部门和电信业务经营者、互联网服务提供者应当加强对分发平台以外途径下载传播的涉诈应用程序重点监测、及时处置。

第二十四条 提供域名解析、域名跳转、网址链接转换服务的，应当按照国家有关规定，核验域名注册、解析信息和互联网协议地址的真实性、准确性，规范域名跳转，记录并留存所提供相应服务的日志信息，支持实现对解析、跳转、转换记录的溯源。

第二十五条 任何单位和个人不得为他人实施电信网络诈骗活动提供下

列支持或者帮助：

（一）出售、提供个人信息；

（二）帮助他人通过虚拟货币交易等方式洗钱；

（三）其他为电信网络诈骗活动提供支持或者帮助的行为。

电信业务经营者、互联网服务提供者应当依照国家有关规定，履行合理注意义务，对利用下列业务从事涉诈支持、帮助活动进行监测识别和处置：

（一）提供互联网接入、服务器托管、网络存储、通讯传输、线路出租、域名解析等网络资源服务；

（二）提供信息发布或者搜索、广告推广、引流推广等网络推广服务；

（三）提供应用程序、网站等网络技术、产品的制作、维护服务；

（四）提供支付结算服务。

第二十六条　公安机关办理电信网络诈骗案件依法调取证据的，互联网服务提供者应当及时提供技术支持和协助。

互联网服务提供者依照本法规定对有关涉诈信息、活动进行监测时，发现涉诈违法犯罪线索、风险信息的，应当依照国家有关规定，根据涉诈风险类型、程度情况移送公安、金融、电信、网信等部门。有关部门应当建立完善反馈机制，将相关情况及时告知移送单位。

第五章　综合措施

第二十七条　公安机关应当建立完善打击治理电信网络诈骗工作机制，加强专门队伍和专业技术建设，各警种、各地公安机关应当密切配合，依法有效惩处电信网络诈骗活动。

公安机关接到电信网络诈骗活动的报案或者发现电信网络诈骗活动，应当依照《中华人民共和国刑事诉讼法》的规定立案侦查。

第二十八条　金融、电信、网信部门依照职责对银行业金融机构、非银行支付机构、电信业务经营者、互联网服务提供者落实本法规定情况进行监督检查。有关监督检查活动应当依法规范开展。

第二十九条　个人信息处理者应当依照《中华人民共和国个人信息保护法》等法律规定，规范个人信息处理，加强个人信息保护，建立个人信息被用于电信网络诈骗的防范机制。

履行个人信息保护职责的部门、单位对可能被电信网络诈骗利用的物流信息、交易信息、贷款信息、医疗信息、婚介信息等实施重点保护。公安机关办理电信网络诈骗案件，应当同时查证犯罪所利用的个人信息来源，依法追究相关人员和单位责任。

第三十条 电信业务经营者、银行业金融机构、非银行支付机构、互联网服务提供者应当对从业人员和用户开展反电信网络诈骗宣传，在有关业务活动中对防范电信网络诈骗作出提示，对本领域新出现的电信网络诈骗手段及时向用户作出提醒，对非法买卖、出租、出借本人有关卡、账户、账号等被用于电信网络诈骗的法律责任作出警示。

新闻、广播、电视、文化、互联网信息服务等单位，应当面向社会有针对性地开展反电信网络诈骗宣传教育。

任何单位和个人有权举报电信网络诈骗活动，有关部门应当依法及时处理，对提供有效信息的举报人依照规定给予奖励和保护。

第三十一条 任何单位和个人不得非法买卖、出租、出借电话卡、物联网卡、电信线路、短信端口、银行账户、支付账户、互联网账号等，不得提供实名核验帮助；不得假冒他人身份或者虚构代理关系开立上述卡、账户、账号等。

对经设区的市级以上公安机关认定的实施前款行为的单位、个人和相关组织者，以及因从事电信网络诈骗活动或者关联犯罪受过刑事处罚的人员，可以按照国家有关规定记入信用记录，采取限制其有关卡、账户、账号等功能和停止非柜面业务、暂停新业务、限制入网等措施。对上述认定和措施有异议的，可以提出申诉，有关部门应当建立健全申诉渠道、信用修复和救济制度。具体办法由国务院公安部门会同有关主管部门规定。

第三十二条 国家支持电信业务经营者、银行业金融机构、非银行支付机构、互联网服务提供者研究开发有关电信网络诈骗反制技术，用于监测识别、动态封堵和处置涉诈异常信息、活动。

国务院公安部门、金融管理部门、电信主管部门和国家网信部门等应当统筹负责本行业领域反制技术措施建设，推进涉电信网络诈骗样本信息数据共享，加强涉诈用户信息交叉核验，建立有关涉诈异常信息、活动的监测识别、动态封堵和处置机制。

依据本法第十一条、第十二条、第十八条、第二十二条和前款规定，对涉诈异常情形采取限制、暂停服务等处置措施的，应当告知处置原因、救济渠道及需要提交的资料等事项，被处置对象可以向作出决定或者采取措施的部门、单位提出申诉。作出决定的部门、单位应当建立完善申诉渠道，及时受理申诉并核查，核查通过的，应当即时解除有关措施。

第三十三条 国家推进网络身份认证公共服务建设，支持个人、企业自愿使用，电信业务经营者、银行业金融机构、非银行支付机构、互联网服务提供者对存在涉诈异常的电话卡、银行账户、支付账户、互联网账号，可以通过国家网络身份认证公共服务对用户身份重新进行核验。

第三十四条 公安机关应当会同金融、电信、网信部门组织银行业金融机构、非银行支付机构、电信业务经营者、互联网服务提供者等建立预警劝阻系统，对预警发现的潜在被害人，根据情况及时采取相应劝阻措施。对电信网络诈骗案件应当加强追赃挽损，完善涉案资金处置制度，及时返还被害人的合法财产。对遭受重大生活困难的被害人，符合国家有关救助条件的，有关方面依照规定给予救助。

第三十五条 经国务院反电信网络诈骗工作机制决定或者批准，公安、金融、电信等部门对电信网络诈骗活动严重的特定地区，可以依照国家有关规定采取必要的临时风险防范措施。

第三十六条 对前往电信网络诈骗活动严重地区的人员，出境活动存在重大涉电信网络诈骗活动嫌疑的，移民管理机构可以决定不准其出境。

因从事电信网络诈骗活动受过刑事处罚的人员，设区的市级以上公安机关可以根据犯罪情况和预防再犯罪的需要，决定自处罚完毕之日起六个月至三年以内不准其出境，并通知移民管理机构执行。

第三十七条 国务院公安部门等会同外交部门加强国际执法司法合作，与有关国家、地区、国际组织建立有效合作机制，通过开展国际警务合作等方式，提升在信息交流、调查取证、侦查抓捕、追赃挽损等方面的合作水平，有效打击遏制跨境电信网络诈骗活动。

第六章　法律责任

第三十八条 组织、策划、实施、参与电信网络诈骗活动或者为电信网络诈骗活动提供帮助，构成犯罪的，依法追究刑事责任。

前款行为尚不构成犯罪的，由公安机关处十日以上十五日以下拘留；没收违法所得，处违法所得一倍以上十倍以下罚款，没有违法所得或者违法所得不足一万元的，处十万元以下罚款。

第三十九条 电信业务经营者违反本法规定，有下列情形之一的，由有关主管部门责令改正，情节较轻的，给予警告、通报批评，或者处五万元以上五十万元以下罚款；情节严重的，处五十万元以上五百万元以下罚款，并

可以由有关主管部门责令暂停相关业务、停业整顿、吊销相关业务许可证或者吊销营业执照，对其直接负责的主管人员和其他直接责任人员，处一万元以上二十万元以下罚款：

（一）未落实国家有关规定确定的反电信网络诈骗内部控制机制的；

（二）未履行电话卡、物联网卡实名制登记职责的；

（三）未履行对电话卡、物联网卡的监测识别、监测预警和相关处置职责的；

（四）未对物联网卡用户进行风险评估，或者未限定物联网卡的开通功能、使用场景和适用设备的；

（五）未采取措施对改号电话、虚假主叫或者具有相应功能的非法设备进行监测处置的。

第四十条 银行业金融机构、非银行支付机构违反本法规定，有下列情形之一的，由有关主管部门责令改正，情节较轻的，给予警告、通报批评，或者处五万元以上五十万元以下罚款；情节严重的，处五十万元以上五百万元以下罚款，并可以由有关主管部门责令停止新增业务、缩减业务类型或者业务范围、暂停相关业务、停业整顿、吊销相关业务许可证或者吊销营业执照，对其直接负责的主管人员和其他直接责任人员，处一万元以上二十万元以下罚款：

（一）未落实国家有关规定确定的反电信网络诈骗内部控制机制的；

（二）未履行尽职调查义务和有关风险管理措施的；

（三）未履行对异常账户、可疑交易的风险监测和相关处置义务的；

（四）未按照规定完整、准确传输有关交易信息的。

第四十一条 电信业务经营者、互联网服务提供者违反本法规定，有下列情形之一的，由有关主管部门责令改正，情节较轻的，给予警告、通报批评，或者处五万元以上五十万元以下罚款；情节严重的，处五十万元以上五百万元以下罚款，并可以由有关主管部门责令暂停相关业务、停业整顿、关闭网站或者应用程序、吊销相关业务许可证或者吊销营业执照，对其直接负责的主管人员和其他直接责任人员，处一万元以上二十万元以下罚款：

（一）未落实国家有关规定确定的反电信网络诈骗内部控制机制的；

（二）未履行网络服务实名制职责，或者未对涉案、涉诈电话卡关联注册互联网账号进行核验的；

（三）未按照国家有关规定，核验域名注册、解析信息和互联网协议地址的真实性、准确性，规范域名跳转，或者记录并留存所提供相应服务的日志信息的；

（四）未登记核验移动互联网应用程序开发运营者的真实身份信息或者未核验应用程序的功能、用途，为其提供应用程序封装、分发服务的；

（五）未履行对涉诈互联网账号和应用程序，以及其他电信网络诈骗信息、活动的监测识别和处置义务的；

（六）拒不依法为查处电信网络诈骗犯罪提供技术支持和协助，或者未按规定移送有关违法犯罪线索、风险信息的。

第四十二条 违反本法第十四条、第二十五条第一款规定的，没收违法所得，由公安机关或者有关主管部门处违法所得一倍以上十倍以下罚款，没有违法所得或者违法所得不足五万元的，处五十万元以下罚款；情节严重的，由公安机关并处十五日以下拘留。

第四十三条 违反本法第二十五条第二款规定，由有关主管部门责令改正，情节较轻的，给予警告、通报批评，或者处五万元以上五十万元以下罚款；情节严重的，处五十万元以上五百万元以下罚款，并可以由有关主管部门责令暂停相关业务、停业整顿、关闭网站或者应用程序，对其直接负责的主管人员和其他直接责任人员，处一万元以上二十万元以下罚款。

第四十四条 违反本法第三十一条第一款规定的，没收违法所得，由公安机关处违法所得一倍以上十倍以下罚款，没有违法所得或者违法所得不足二万元的，处二十万元以下罚款；情节严重的，并处十五日以下拘留。

第四十五条 反电信网络诈骗工作有关部门、单位的工作人员滥用职权、玩忽职守、徇私舞弊，或者有其他违反本法规定行为，构成犯罪的，依法追究刑事责任。

第四十六条 组织、策划、实施、参与电信网络诈骗活动或者为电信网络诈骗活动提供相关帮助的违法犯罪人员，除依法承担刑事责任、行政责任以外，造成他人损害的，依照《中华人民共和国民法典》等法律的规定承担民事责任。

电信业务经营者、银行业金融机构、非银行支付机构、互联网服务提供者等违反本法规定，造成他人损害的，依照《中华人民共和国民法典》等法律的规定承担民事责任。

第四十七条 人民检察院在履行反电信网络诈骗职责中，对于侵害国家利益和社会公共利益的行为，可以依法向人民法院提起公益诉讼。

第四十八条 有关单位和个人对依照本法作出的行政处罚和行政强制措施决定不服的，可以依法申请行政复议或者提起行政诉讼。

第七章 附 则

第四十九条 反电信网络诈骗工作涉及的有关管理和责任制度，本法没有规定的，适用《中华人民共和国网络安全法》《中华人民共和国个人信息保护法》《中华人民共和国反洗钱法》等相关法律规定。

第五十条 本法自2022年12月1日起施行。

第四篇

群体性危机事件

第十章　大学生群体性突发事件社会因素与处置策略

近年来，党中央统筹中华民族伟大复兴战略全局和世界百年未有之大变局，持续深化改革，扎实推进党和国家事业发展，以奋发有为的精神把新时代中国特色社会主义不断推向前进。然而必须深刻认识到，改革迈入深水区后，没有现成的路可走，只能摸着石头过河，不可能一帆风顺，必然会遇到这样那样的问题。尤其是我国经济已经从高速增长转入高质量发展阶段，前进道路上新旧矛盾集中凸显。而国际局势复杂多变，国际体系遭遇前所未有的“信任危机”，经济全球化遭遇逆流，国家间竞争的冲突性对抗性也日益明显。在这样的国内外大环境下，教育改革发展的内外部环境更加复杂，改革举措实施的难度大大增加。当前高校已经从以规模扩张和空间拓展为特征的外延发展，转变到以提高质量和优化结构为核心的内涵发展，社会公众更加关注教育质量和公平，大学生群体也更加关注社会发展和自身未来前景。因此，聚焦解决社会热点问题和大学生关注的焦点问题，是有效干预大学生群体性突发事件的重要途径和方法。本章将在分析大学生群体性突发事件特点的基础上，重点探讨引发群体事件的社会因素，提出干预和处置的策略。

第 1 节　大学生群体性突发事件的内涵与特点

一、群体性突发事件内涵

所谓群体性突发事件，主要是指某个群体对涉及自身利益存在不同诉求或对内部的一些政策存在不满情绪，进而导致部分人员共同发起，并对社会秩序和社会基本价值产生比较严重威胁的事件。大学生群体性突发事件主要是指发生在校园内外，涉及学生的各种集会、游行、示威、请愿以及集体罢餐、罢课、上访、聚众闹事等可能会引发影响校园和社会稳定的群体事件[1]。

二、校园群体性突发事件特点

大学生作为我国社会的一支生力军，思想活跃、个性突出、独立思考意

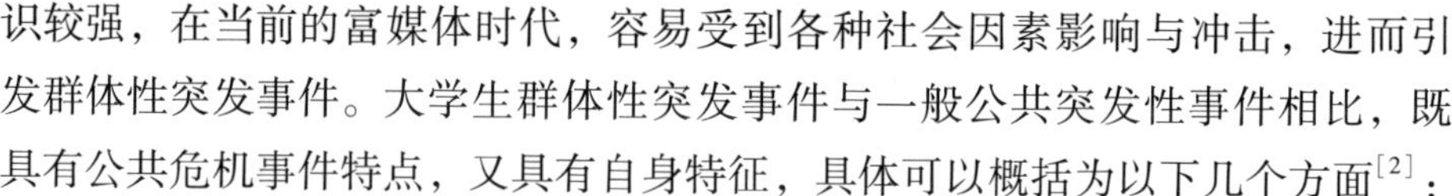

识较强，在当前的富媒体时代，容易受到各种社会因素影响与冲击，进而引发群体性突发事件。大学生群体性突发事件与一般公共突发性事件相比，既具有公共危机事件特点，又具有自身特征，具体可以概括为以下几个方面[2]：

1. 事件突发性

大学生群体性突发事件往往出乎预料、猝不及防，具有偶然性和难以预测性，而且演变十分迅速。学校管理者对于事件的处理无章可循，需要时间进行分析和应对。所以大学生群体性突发事件一旦发生，学校和学生群体都容易陷入被动和恐慌。

2. 社会敏感性

高校肩负着国家创新人才培养的重要使命。校园内人员密集，且多数为高知识、高素质群体，始终备受政府、公众和媒体的重视。这使得大学生群体性突发事件更容易引发社会关注，也更容易与某些外在因素产生联动，导致突发事件被迅速放大或辐射影响其他事件产生连锁反应，成为公众的舆论热点。

3. 主体活跃性

大学校园的主体是青年大学生，他们出生在新世纪，成长在新时代，获取信息的渠道多，接受新事物的方式多样，脑海中已经形成了自己的价值判断体系，同时思想认识和思维观念深受互联网文化影响。然而大学生们年龄相对偏小，社会阅历不多，对一些事物的认识难免片面，在突发性事件中，如果不能得到正确的引导，很容易演化为群体性突发事件。

4. 危害广泛性

大学生群体性突发事件不仅会严重破坏学校正常教育教学、科学研究和正常生活秩序，给学校整体工作和学生学习造成损失，也会让人们的思想和心理极度恐慌。而且群体性突发事件一旦发生，很容易快速演变、扩散，有可能涉及同一城市中的其他高校，甚至全国的其他高校，客观上加深了危害影响的范围和程度，会对社会大众心理、学校、政府形象造成严重冲击。

第 2 节　大学生群体性突发事件的分类与分级

一、大学生群体性突发事件的分类

根据 2007 年颁布实施的《中华人民共和国突发事件应对法》，把突发事

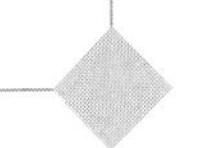

件划分为自然灾害事件、事故灾难事件、公共卫生事件和社会安全事件等四大类。按照这种以突发事件性质分类的方法，可以把大学生群体性突发事件分为自然灾害类群体突发事件、政治类群体突发事件、公共卫生类群体突发事件、治安类群体突发事件。

二、大学生群体性突发事件的分级

我国《国家突发公共事件总体应急预案》文件中，按照突发事件的可控性、影响范围、性质和严重程度，将突发事件分为四个等级，分别为Ⅰ级（特别重大）、Ⅱ级（重大）、Ⅲ级（较大）、Ⅳ级（一般），并依次用红色、橙色、黄色和蓝色来代表[3]。因此，大学生群体性突发事件可以参照国家突发公共事件的等级，并结合校园的特点进行划分，具体如下：

Ⅰ级（特别重大事件）：突发群体性事件违反宪法和社会主义基本制度等，并且造成巨大损害或者是重大伤亡，同时突发事件发生及发展的过程复杂，事态和局面难以控制，如学生动乱事件等。

Ⅱ级（重大突发事件）：突发群体性事件涉及范围广、影响大，造成了比较严重的损失或伤亡，事件处理的周期较长，如新冠肺炎在校园扩散传播等。

Ⅲ级（较大事件）：事件涉及一定范围，并未造成严重的危害后果，并且发生和发展均在可控范围内，如食堂饭菜价格上涨导致学生请愿或群访等。

Ⅳ级（一般事件）：危机事件影响范围较小，性质比较轻微，事件发生发展走向清晰，事态发展容易得到控制，如毕业季学生聚众饮酒打架等。

第3节 大学生群体性突发事件的社会因素及其表现

一、群体性突发事件社会因素

大学生群体性突发事件的社会因素涉及多个方面，也会因时因地而不同。根据相关人员研究，我国现阶段的诱发因素重点表现在社会舆情、社会道德、社会就业、社会文化和社会安全等五个方面[4]。其中社会舆情方面涵盖了舆情发展机制、舆情引导机制、舆情应急机制；社会道德方面涵盖了道德教育机制、意识培养机制、社会赏罚机制；社会就业方面涵盖了就业服务机制、创业驱动机制、市场发展机制、教育改革机制；社会文化方面涵盖了文化培育机制、文化传承机制、文化创新机制；社会安全方面涵盖了安全保障机制、安全救助机制、综合治理机制。以上每一种机制均概括出相应的重点考察要素，具体情况见表 10－1。

表 10－1　大学生群体性突发事件社会影响因素

类别	一阶维度	二阶维度	考察要素
大学生群体性突发事件社会影响因素	社会舆情	舆情发展机制	民意表达渠道和表达方式
		舆情引导机制	正面舆情回应和负面舆情疏导
		舆情应急机制	突发事件后舆情的处置和应对
	社会道德	道德教育机制	党员干部表现和师德师风建设
		意识培养机制	理论的引领和实践的约束
		社会赏罚机制	弘扬正气和惩罚邪恶
	社会就业	就业服务机制	就业援助制度和职业培训制度
		创业驱动机制	鼓励政策和环境氛围
		市场发展机制	就业机会和就业公平
		教育改革机制	知识的适用性和素质的综合性
	社会文化	文化培育机制	影视作品和网络内容
		文化传承机制	民族文化传承和国外文化冲击
		文化创新机制	文化内容吸引力和表现形式多样
	社会安全	安全保障机制	物质安全和人身安全
		安全救助机制	帮扶制度和应急措施
		综合治理机制	校园周边的环境和秩序

二、社会因素的表现

1. 社会舆情维度

①舆情发展机制。舆情是公众对现实社会中各种现象、问题所表达的信念、态度、意见和情绪的总和，掺杂着理智性和非理智性的成分，对社会发展及有关事态的进程产生影响。马克思和恩格斯则视舆情为“不可数的无名公众的意见”。社会舆情的形成一般可划分为三个阶段，即隐性阶段、显性阶段和行动阶段。隐性阶段是指舆情处于潜伏状态，通常表现为一些情绪和心理状态；显性阶段则表现为群众对事件满意或不满意的表达，而一段时间内如果社会成员关注和议论的话题聚焦后，就会形成舆情热点。这种热点一旦形成规模后很容易转变为行动，形成突发性群体危机事件。因此，要确保社

情民意表达渠道畅通和表达方式有效，把工作重点从发生危机后解决，前移到事先的预防和监测。

②舆情引导机制。在媒介融合时代，人们身边通常有四个舆论场。一是国内官方媒体舆论场，舆论工具为党报党刊、官方电台、电视台、网站等，重点是宣传党的路线、方针、政策以及法律法规；二是国内非官方媒体舆论场，舆论工具为一定机构主管主办、面向市场的晚报、都市报、文体、时尚类杂志、商业网站等，重点是传播社会新闻，便于人们获取日常生活、休闲娱乐性的信息；三是国内民间舆论场，舆论工具为互联网、手机等，重点是把街谈巷议变成网上信息；四是境外媒体舆论场，舆论工具为发达国家和台港澳地区官方、半官方媒体以及经济寡头、跨国公司控制的媒体等[5]。上述四个舆论场互相叠加，就会形成一个复杂的信息传播网。在这种形势下，舆情引导的传统方式面临着严峻的挑战。主流媒体除继续做好社会主流舆情的排头兵之外，还要寻求增强对新媒介舆情的控制，从而使自己在舆情影响力上占优势，在公信力上争第一。因此，主流媒体不仅要做好社会舆情的参与者，积极回应社会上的正面舆情，同时也要担负起社会舆情守望者职责，疏导开负面舆情的影响，控制好社会舆情的发展。

③舆情应急机制。这种机制是学校和政府在突发事件的发生和发展过程中，通过建立必要的信息或舆情应急工作机制，采取一系列的应急措施，避免危机事件的发生或减轻舆情危机的危害。在当前的信息社会，舆情的生成和传播打破了时间和空间的限制，即使一个偏僻的地方发生一件很小的事情，也可以在极短的时间、极大的范围得到广泛传播和蔓延，非常容易形成舆情热点，进而导致危机事件发生。为避免突发事件发生后手足无措、贻误战机，必须制定或预备一套甚至几套危机舆情应对办法，并随时根据具体事件的实际情况适当调整对策和步骤，做到有备无患、未雨绸缪。另外，当危机事件发生后，必须抢占先机，对舆情尽早做出反应。也就是说，要掌控信息高地和舆情高地，尽可能早地通过权威的媒体和网上信息平台发出正面声音，及时、充分满足公众的知情权，降低舆情的关注度，避免新的炒作。

2. 社会道德维度

①道德教育机制。道德有别于一般的人文精神，它是一个人或一个群体内心认可的品行或准则，或是在外界条件的约束下，共同遵守的规则和理念。因此，提高社会道德水平，需要对受教育者反复进行灌输和引导。一个社会的道德能够在多大程度上或者在什么范围内被人们所接受，关键取决于道德的传播程度，取决于道德教育机制的好坏。我国是一个发展中的国家，很多

方面还不够成熟和完善，更需要进步人士和先进组织的引领和导向。

②意识培养机制。意识培养机制对道德形成具有重大的影响，并发挥重要的调节作用，它是各种道德原则和道德规范体系转化为内心的信念和情感的载体。意识的养成与社会环境紧密相关，受周围环境影响非常大。如果某种行为出现后能够得到社会赞许，而相反的行为会被社会谴责，那么久而久之就会在人们意识中形成一种定式。即使人们对这种定式“不知其所以然”，意识中也会对事物或行为有一个正确的判断，这就是社会环境不断刺激行为主体后形成的基本的良知[7]。因此，一个社会必须不断加强社会环境的控制和引导，形成良好的意识培养机制。

③社会赏罚机制。社会赏罚作为一种社会调控的重要手段，对人的行为具有非常重要的影响。社会赏罚在实施过程中，一方面要对为中华民族伟大复兴做出重大贡献的人员，给予物质或精神上的奖励；另一方面，也要对违法乱纪和行为不良者予以相应的惩罚。十八大以来，我国持续开展反腐败斗争以及加强全面从严治党工作，强力震慑了违法犯罪分子，较好地扭转了社会发展生态。事实证明，一个社会如果能够形成科学的社会赏罚机制，促使道德与法治相结合，发挥道德的教化作用和法律的约束作用，就会营造出良好的社会风尚，实现整个社会的和谐统一。

3. 社会就业维度

①就业服务机制。就业是很多大学生完成自己学业，踏上人生新的旅程的关键环节。就业服务就是要指导大学生做好职业生涯规划、提高自身就业素质、获取更多就业信息和就业机会。因此，学校的就业工作需要做到“专业化、信息化、全程化、全员化”。专业化要求学校给学生提供比较专业的职业指导和就业指导；信息化要求利用现代化的信息手段为大学毕业生提供更多就业信息；全员化要求学校动员各部门的力量共同参与就业服务；全程化是指从大一开始，对学生进行职业规划指导、职业能力的提升，提高学生职业选择能力、自我认识的能力。

②创业驱动机制。随着我国工业自动化水平的提高和企业转型发展进程的加快，社会就业压力不断加剧。而伴随着中国特色社会主义市场经济体制的不断完善，创业机制也不断健全，使得创业逐渐成为在校大学生和毕业大学生的一种职业选择方式，加之新时代的大学生具有较强的创新精神，有对传统观念和传统行业挑战的信心和欲望，往往造就了大学生创业的动力源泉。但由于大学生社会阅历的缺失和创业能力的欠缺，部分大学生在创业初期就面临着事业夭折的局面。

③市场发展机制。我国经过40多年的改革开放，社会经济发展取得了长足的进步，但同时也造成了东部与西部、南方与北方、沿海与内地、城市与农村等发展的不均衡局面。这在一定程度上影响着毕业生就业去向的选择。另外，“双向选择”的就业机制和就业市场供大于求的现实，社会上一定程度上存在的非竞争性就业歧视（包括性别歧视、生源地歧视等），都不同程度地破坏了就业市场的公平竞争环境，成为激化社会矛盾的最大隐患。

④教育改革机制。党的十八大以来，习近平总书记曾多次指出，当今世界正经历百年未有之大变局。纵观世界教育发展，我们也能看到，由于社会生产方式发生重要变化，人类教育正面临一场历史性巨变，尤其是进入信息化时代的今天，工业机器人在生产线上的大量应用，使得社会对用已知的知识培训劳动力的教育需求正在下降，而面对未知培养学生创造力的教育需求正迅速上升。如何更好地满足我国社会快速变革的需求，实现教育形态的升级换代，我国近年来积极推进教育现代化建设，这一举措叠加重点建设的教育发展基本策略，使得我国一些学校在硬件条件上发展较快，但是，由于相应的教育研究和课程开发没有跟上，特别是应试模式的强大制约，这些硬件投入如何真正促进教育过程的实质性变革，还需要深入研究与实践[6]。

4. 社会文化维度

①文化培育机制。随着我国进入新时代，文化越来越成为民族凝聚力和创造力的重要源泉，越来越成为综合国力竞争的重要因素，丰富精神文化生活也越来越成为我国人民的热切愿望。既然文化是精神价值和生活方式，它就需要一定的积累。因此，形成一个良好的文化培育机制，才能形成百花齐放、百家争鸣的可喜局面，这是文化大繁荣、大发展的重要保证。中国哲学史上有知易行难和知难行易的争论，对着眼于提高民族素质和塑造高尚人格来说，知难行亦难，知行合一最难。知固然重要，但行更重要，行胜于言。物质贫穷不是社会主义，精神空虚更不是社会主义。要培育出先进的文化，就必须建设社会主义核心价值体系，凝练社会主义核心价值。要坚持用发展的马克思主义指导新的实践，引领各种社会思潮，坚持用优秀的传统文化体现鲜明的时代特色。

②文化传承机制。中华民族具有5 000年的历史，失去了中华民族传统文化，就如同浮萍没有了根，就如同人失去了灵魂，就如同流浪者失去了家园。进入新时代，更应该大力弘扬中华文化，全面认识祖国传统文化，取其精华，去其糟粕，使之与当代社会相适应、与现代文明相协调，保持民族性，体现时代性。尤其应重视对各民族文化的挖掘和保护，促进文化认同，增强文化

自信，让青年大学生认识到文化认同与文化传承是民族赖以生存的基础和发展前提。

③文化创新机制。人们常说，创新是一个民族进步的灵魂，是一个国家兴旺发达的不竭动力，也是一种文化生生不息的源头活水。即使是优秀的文化传统，也需要适应时代的需要，实现创新性发展、创造性转化，同时融入民主精神、科学精神、市场精神、法治精神、竞争精神、公平精神等新理念。当然也要始终坚持以人民为中心的理念，创作更多反映人民主体地位和现实生活、群众喜闻乐见的优秀精神文化作品，引领大学生健康成长成才。正如我国历史上创造出的楚辞、汉赋、唐诗、宋词、元曲、明清小说、民国杂文等经典文化作品，影响和熏陶着一代代中华儿女的成长。

5. 社会安全维度

①安全保障机制。高校的安全稳定是各项工作的重中之重，是创建和谐校园的基本前提和重要基础。当前，很多高校已经实现了多校区办学模式，在弥补了教育资源的同时，也存在着一定的安全管理隐患。毕竟我国的校园管理相对封闭，可谓是一个比较复杂的“小社会”，校园内存在着服务中心、超市、饭店、银行、快递等，社会人员流动性强、人员结构复杂。如果管理不到位，随时都会让本可避免的小事演变成危及校园安全稳定的大事。

②社会救助机制。20 世纪末以来，我国逐步形成了主要依靠政府出资的“奖学金、国家助学贷款、助学金、勤工助学、学宿费减免、困难补助”为一体的学生资助体系。但是，由于种种原因，仅靠国家助学贷款无法解决贫困生的所有问题，这就需要我们借助社会多方支持力量，争取家庭教育与学校教育的有机配合，并开发贫困生自我救助的潜能，整合国家、社会、学校、家庭及贫困生自身的多方资源，以资助贫困生渡过难关，帮助贫困生提高综合能力，引导贫困生顺利就业。

③综合治理机制。社会治安综合治理是一项长期、复杂、艰巨的工作，是关系到国计民生的一件大事，其成效如何，直接影响着社会的稳定和经济的发展。学校作为社会的一个重要组成部分，与社会、社区、家庭的联系越来越密切，学校不再是封闭的“象牙塔”。学生作为特定的一个群体，其身边存在着多种安全问题，一些不适宜学生出入的场所频繁出现在校园周围，交通、网络、校园设施、食品卫生、校园暴力、火灾等方面都存在不同程度的安全隐患，不良的校园周边环境不但影响教育教学活动的正常开展，而且已经成为大学生群体危机爆发的潜在原因。

第 4 节　大学生群体性突发事件的干预与处置

一、大学生群体性突发事件诱发因素评估

有关人员在研究大学生群体性突发事件时，以风险矩阵二维象限图的方法进行研究分析[4]，结果显示引发大学生群体性突发事件的关键要素为社会道德和社会舆情两个因素，重要要素为社会就业，一般要素为社会文化和社会安全，如图 10－1 所示。

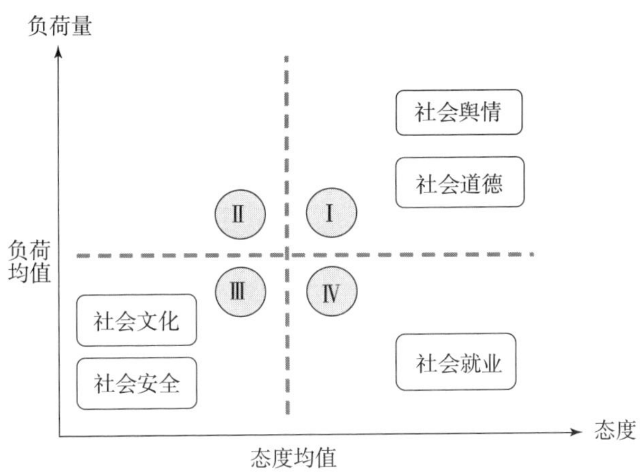

图 10－1　大学生群体性突发事件诱发因素评估矩阵

在作为关键要素的社会道德方面，大学生对于社会腐败和社会公德的失范表现出高度的关注。一方面，说明十八大之后党中央以八项规定为切入点，提出和落实新时代党的建设总要求，坚持思想建党和制度建党同向发力，持之以恒正风肃纪，以“得罪千百人、不负十四亿”的使命担当祛疴治乱，“不敢腐、不能腐、不想腐”一体推进，“打虎”“拍蝇”“猎狐”多管齐下，反腐败斗争取得压倒性胜利并全面巩固，这样来之不易的成果必然会削弱潜在的群体性风险。另一方面，也说明了近年来加强高校师德师风建设的重要性。习近平总书记提出“四有”好老师，强调以“有理想信念、有道德情操、有扎实学识、有仁爱之心”作为衡量好老师的标准；提出“四个引路人”，要求广大教师做学生锤炼品格的引路人、学生学习知识的引路人、学生创新思维的引路人、学生奉献祖国的引路人；提出“四个相统一”，要求教师坚持教书

和育人相统一、言传和身教相统一、潜心问学和关注社会相统一、学术自由和学术规范相统一，等等，都赢得了广大学子和社会公众的认可。

在作为关键要素的社会舆情方面，大学生对于个人发展、民族复兴、收入差距、利益表达等方面表现出的态度最为关注，这在一定程度上体现出大学生“亲民、亲贫、亲弱”的心态。因此，在党的十八大之后，我国坚持精准扶贫、尽锐出战，打赢了人类历史上规模最大的脱贫攻坚战，历史性地解决了绝对贫困问题；提出绿水青山就是金山银山的理念，坚持山水林田湖草沙一体化保护和系统治理，让天更蓝、山更绿、水更清。这些成绩的取得都赢得了大学生广泛的赞誉，形成了良好的舆情环境。需要强调的是，在当前富媒体时代，各种信息鱼龙混杂，网络舆论引导和热点舆情应对已经成为政府和各单位工作的重中之重。

在作为重要要素的社会就业方面，虽然与大学生自身发展密切相关，但从研究分析的结果来看并未成为关键要素，并不是学生不关心，也并非就业工作不重要，而是侧面说明了我国始终高度重视大学生就业，提出的“六稳”“六保”等工作举措对降低该方面的风险起到了积极作用。

二、大学生群体性突发事件干预与处置策略

1. 干预原则

①坚持以人民为中心的发展理念，增强学生的幸福感、获得感。习近平总书记提出以人民为中心的发展思想，坚持一切为了人民、一切依靠人民，始终把人民放在心中最高位置、把人民对美好生活的向往作为奋斗目标。高校中的“人民”就是学生，要注重完善密切干群关系、师生关系的沟通机制，建立倾听学生意见，疏通学生情绪的沟通机制，切实做到学校发展为了学生、依靠学生，真正做到“以学生为本”。

②坚持依法治校的理念，提高学生遵纪守法的自觉性。党的二十大报告提出要坚持全面依法治国，推进法治中国建设。强调要围绕保障和促进社会公平正义，坚持依法治国、依法执政、依法行政共同推进，坚持法治国家、法治政府、法治社会一体建设，全面推进科学立法、严格执法、公正司法、全民守法，全面推进国家各方面工作法治化。学校作为教育的主要场所，更应加强学生法制教育，增强学生的法律意识。尤其在开展素质教育过程中应将法治教育纳入教育体系，引导学生自觉遵守各项法律法规和学校规章制度，存在问题或者不满时通过寻求正常渠道加以解决，绝不可参与非法集会游行、静坐示威等活动，也要避免参与或组织罢课、罢学等事件，力争从源头上降

低高校群体性突发事件的发生率。

③坚持思想教育先行，增强学生维护校园稳定的思想自觉和行动自觉。当今世界正经历百年未有之大变局，我国正处于实现中华民族伟大复兴的关键时期，国际经济、科技、文化、安全、政治等格局都在发生深刻调整，世界进入动荡变革期。高校要加大对学生思想政治教育和形势与政策教育，大力弘扬和培育以爱国主义为核心的伟大民族精神，不断增强学生的精神力量，增强为祖国为人民成就一番事业的责任感和使命感，激励学生为实现中华民族伟大复兴的宏伟目标而努力奋斗。

2. 处置策略

①坚持党委统一领导，多方协同发力。高校处置学生群体性突发事件，必须在学校党委统一领导下，协调属地政府支持配合，校内部门分工负责，通力协作、妥善处置。要做到思想认识到位，工作措施到位，保障举措到位。同时要充分发挥导师、班主任和辅导员的作用，对学生加强教育、疏导、劝阻，以灵活的工作方式和有针对性的处置策略维护好校园安全稳定，防止社会上别有用心的人制造新的事端。

②坚持宜早不宜迟、宜疏不宜堵。处置高校群体性突发事件要从维护校园稳定的大局出发，审时度势，制定工作预案，秉持“早介入、早决策、早控制、早平息”的指导方针，旗帜鲜明、态度坚决地第一时间妥善处置，防止事件向其他领域进一步传导和转化。在处理方法上，要坚持“内紧外松、可顺不可激”的原则，积极搭设相互沟通的桥梁，了解问题的根源所在，动员骨干力量开展深入细致的教育、疏导和缓解工作，千万不可粗暴压服，简单围堵，更不可激怒“群体”，加剧事态发展。

③提高预警能力，快速反应处置。大学生群体性事件都有一个酝酿、发生、发展乃至蔓延的过程，其间总有一些信息和情绪通过各种渠道或迹象显现出来。这就需要高校领导和学生工作干部具有较强的预警意识，注重舆情信息的搜集和管理，并按照各类事件的严重程度和影响范围等因素，形成一整套包括预测预警、干预处置的快速反应机制，最大限度地抑制事件的影响和蔓延[8]。

第 5 节　典型案例分析

一、案例回顾

2010 年 10 月 16 日晚，河北省保定市某公安分局副局长李某的儿子李某

某，酒后驾驶一辆牌照为“冀FWE×××”的黑色大众迈腾轿车在河北某大学校区内撞倒两名女生，其中一名女生于17日傍晚经抢救无效死亡，另一女生重伤，经紧急治疗后，方脱离生命危险。事故发生后，李某某没有停车，反而继续去校内宿舍楼送女友，返回途中被学校学生和保安拦下。此事件在当年引发了社会广泛关注，并引发出一场不小的危机。

二、案例原因分析

上述案例本身是一起校园内酒后驾车交通肇事的安全事件，但是由于当事人性格的傲慢和道德的丧失，使得该事件演变成为一起严重的群体性突发事件。事后反思突发事件演化过程中的影响因素，可以归纳为以下几方面：

原因1：道德教育的严重缺失

在该事件中，肇事车主李某某公然酒后驾车，而且撞了人不但不理睬，还一笑而过，照样我行我素，并且即使得知已经伤人，也未表现出丝毫的歉意。在他看来，我爸是公安局副局长，出了事情老爸一切都能摆平，因此才敢有恃无恐、胡作非为。中国是一个文明古国，从古至今都重视道德的教育。一个人生活在社会里，要懂得珍爱生命，遇事要讲公德，做事要遵守行为规范，这是做人的最基本原则。但是李某某在这样一个社会中，却表现出道德教育的缺失、法制意识的淡薄。这一系列的表现正是危机事件演化的根源所在。

原因2：社会舆情的推波助澜

“李某某校园撞人”事件的舆情，起源于“猫扑贴”上网友的一篇帖子，称“当时车速很快，时速80～100公里。被撞女生被撞飞，而且这辆车撞人后并没有减速，后轮竟从一名女生的身上碾过”。“在撞到人后，他竟然继续行进，想从大门口逃跑，后被学生及保安拦下。下车后，肇事者未表现出丝毫的歉意，他竟然说：‘看把我（的）车（给）刮的！你知道我爸是谁吗？我爸是李×！有本事你们告去！’”正是这篇帖子引爆了网络舆情，在短短一天多时间内点击量已达143万。而据人民网舆情监测室发布的数据显示，该事件最终在各类论坛和社区吸引了非常多的网民，展开了热烈的讨论，表10－2是各类论坛和社区评论的数据情况[9]。从表中的数据可以明显感觉到，事件已经在网络上形成了群众关注的严重舆情。

表 10 – 2　各类论坛和社区评论数据（条）

各类论坛或社区	天涯社区	凯迪社区	强国论坛	新浪论坛	中华网论坛	新浪微博	合计
评论的数据	25 641	4 982	2 154	5 864	16 870	144 840	200 351

另外，在该事件发展过程中，虽然传统媒体的作用不是非常明显，但是，参与报道后与网络舆情形成了默契的联动，进一步推高了舆情的形成和演进。而正是由于该事件社会舆情的深度发展，导致一起普通的校园内交通事故发展成为影响广泛的危机事件，给后续的处理工作增添了许多无形的压力。

原因 3：社会安全的管理疏忽

在该事件中，一个与学校毫无关系的社会人员酒后驾驶着社会车辆在校园里横行飞驰，撞人之后也无人阻拦，直到导肇事者将女友送达目的地后，返回途中才被学生和保安拦下。可见，社会安全管理工作的漏洞有多么严重，就连校园内大学生的基本人身安全保障机制都已经丧失殆尽。事后我们反思，如果李某某酒后驾车在校外能够被拦截、查处，也就不会发生后续校园内的突发事件；如果学校能够切实做到对校外车辆的检查登记，相信满身酒气的李某某绝不可能顺利驾车进入校园，也就不会发生接下来的悲剧。

原因 4：法治文化的意识淡薄

多年以来，我国采取了很多措施不断推进依法治国、以德治国，但受到封建社会历史的长期影响，部分地方沿袭着“人治”传统和“人情”风俗，社会法治化道路依然任重而道远。在现实生活中，个别政府官员存在着“重上轻民”的思想和官官相护的作风，以人为本、为民服务的思想意识淡薄，直接影响了其家人和子女的思想及作风，导致在处理某些事情时变得狂傲自大、目中无法。这些现象都严重损害了党和政府的形象，削弱了政府的公信力，阻碍了法治文化建设的进程。该案例中的李某某便是一个典型的法治意识淡薄的例子。

因此，综合分析该事件，导致严重后果的是关键影响因素中社会道德的丧失、社会多方舆论的推动以及一般影响因素中社会治安的管理漏洞和社会法治文化意识淡薄共同作用的结果，并最终演化为一起校园群体性突发事件。

三、案例经验与启示

1. 政府高度重视，回应社会关切

2010 年 10 月 16 日晚，在该事件发生后，很快在社会上产生了非常大的

影响，河北省委省政府对此事高度重视，专门成立工作组入驻河北某大学处理此次校园突发事件，要求尽快侦破，依法严肃处理，并及时向社会公布该事件处理的进展。

2. 执法机关果断应对，依法迅速处置

10 月 24 日，河北省望都县人民检察院依法对犯罪嫌疑人李某某因涉嫌交通肇事犯罪批准逮捕。11 月初，李某某家人和受害人父母达成民事赔偿协议，陈某某父母已经拿到了协议中约定的 46 万元赔偿。2011 年 1 月 30 日，李某某交通肇事案一审宣判，法院以交通肇事罪判处李某某有期徒刑六年。

3. 加强教育引导，增强公众的道德意识和法律意识

事件发生后，党中央高度重视，采取很多举措持续促进社会公平正义，促进人人平等，逐步建立起以权力公平、机会公平、规则公平、分配公平为主要内容的社会保障体系。同时加强依法治国，提高公民遵法、守法、用法的意识，引导公民在内心树立起对法律的敬畏，扭转人们心中官本位的思想，降低某些人对于政治权力的狂热追求。

参 考 文 献

[1] 丁云烈，杨新起. 校园突发事件应急管理［M］. 武汉：华中师范大学出版社，2009.

[2] ROSENTHAL U. Managing crises：threat，dilemma，opportunities［M］. Springfield：Charles C. Thomas Publisher Ltd.，2007：6.

[3] 国务院. 国家突发公共事件总体应急预案［R］. 2006. 9.

[4] 周连景，廉晓辉. 中国大学生群体危机社会性影响因素分析［J］. 北京理工大学学报（社会科学版），2014（6）：157.

[5] 王武录. 党报工作人员队伍若干走向管窥［J］. 现代传播，2008（2）：34.

[6] 项贤明. "后工业时代" 的教育大变局［N］. 中国教育报，2022-03-24.

[7] 陈江旗. 社会主义道德建设论［M］. 北京：中国建材工业出版社，2011：166-175.

[8] 姜康康. 浅论高校群体性事件的预防与处置［J］. 今日南国，2010（4）：135-136.

[9] 喻国明. 中国社会舆情年度报告（2010）［R］. 北京：人民日报出版社，2010：262.

第十一章　高校网络舆情危机事件的演化与应对

进入新时代，以习近平同志为核心的党中央高瞻远瞩，抓住全球数字化发展与数字化转型的重大历史机遇，系统谋划、统筹推进数字中国建设。党的十九大报告也明确提出建设“网络强国、数字中国、智慧社会”，数字中国首次写入党和国家纲领性文件。2022 年 8 月，中共中央办公厅、国务院办公厅印发《“十四五”文化发展规划》强调：要坚持正确政治方向、舆论导向和价值取向，坚持马克思主义新闻观，坚持团结稳定鼓劲、正面宣传为主，唱响主旋律，激发正能量，发展壮大主流媒体，不断增强新闻舆论传播力、引导力、影响力、公信力。规划要求，要加强顶层设计，注重总体布局，强化整体推进，构建网上网下一体、内宣外宣联动的主流舆论格局；加快推进媒体深度融合发展，整合各种媒介资源、生产要素，管好影响力大、用户数多的网络新技术新应用；同时要建好用好管好网上舆论阵地，不断完善互联网管理法律法规，强化新闻信息采编转载管理，规范网站转载行为和网络转载版权秩序；加强网络信息内容生态治理，打击网络谣言、有害信息、虚假新闻、网络敲诈、网络水军、有偿删帖等违法违规行为[1]。本章将基于我国网络及网络舆情发展态势，重点分析高校网络舆情的现状和特征，探讨校园网络舆情危机演化机制，提出危机事件干预与应对的具体举措。

第 1 节　网络及网络舆情发展态势分析

一、网络建设状况和网民感知情况

当前，我国已经建成全球规模最大、技术领先的网络基础设施。据中央网信办发布的《数字中国发展报告（2021 年）》显示，截至 2021 年年底，我国已建成 142.5 万个 5G 基站，总量占全球 60% 以上，5G 用户数达到 3.55 亿户。全国超 300 个城市启动千兆光纤宽带网络建设，千兆用户规模达 3 456 万户。农村和城市实现“同网同速”，行政村、脱贫村通宽带率达 100%，行政村通光纤、通 4G 比例均超过 99%。IPv6 规模部署和应用取得显著进展，截至2021年年底，IPv6地址资源总量位居世界第一，IPv6活跃用户数达6.08亿。我国网民规模也从2017年的7.72亿增长到10.32亿，互联网普及率从55.8%提升至73%，特别是农村地区互联网普及率提升到57.6%，城乡地区互联网普及率差异缩小11.9个百分点[2]。

中央网信办《2021年数字中国发展网民感知情况分析》报告显示，在参与调查的409 574份18～70岁网民样本中，有98.7%的网民通过互联网获取过时事新闻、查阅资料，98.2%的网民通过互联网与亲友进行过交流互动，97.7%的网民曾在互联网上购物和支付转账（见图11－1），以上三类网络应用使用频率最高，经常使用的网民占比均达到60%以上。同时，网民已经越来越习惯在网上记录生活、分享观点，开展线上办公和在线学习。

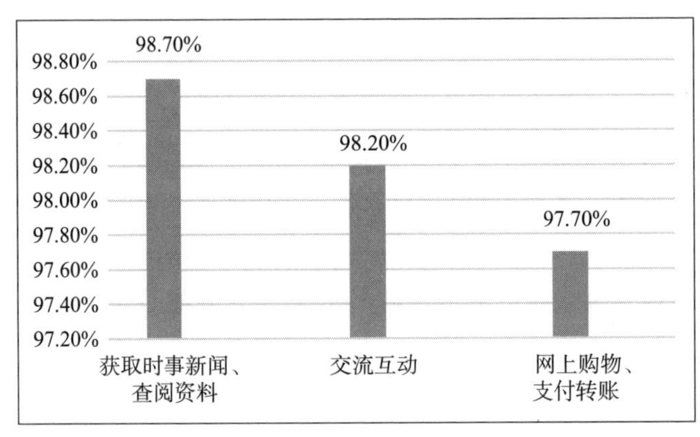

图11－1　2021年网民感知分析情况

二、网络舆情类型及发展趋势

网络舆情按照话题类型大致可以分为公共卫生舆情、民生舆情、企业舆情、国际舆情、科技舆情、社区舆情等[3]。其中，以新冠肺炎疫情为代表的公共卫生舆情在网络舆情中占据了较多内容，并且此类舆情与其他领域均有交叉关联，如校园的封闭管理、线上授课等，很容易引发负面舆情。因此，高校通常在防疫情的同时，多叠加防舆情等工作。此外，近年来因美国对华为、中兴等国内高科技企业及部分理工科院校进行制裁和打压，科技舆情也成为国内关注的焦点，特别是高等学校承担着科学研究的使命，导致高校始终处于科技舆情的潮头。但相较于国际舆情高压的态势，科技舆情整体正面事件偏多，舆情压力也相对偏低。

随着互联网技术的发展和功能的完善，网络舆情的生成也有了新的变化，

呈现出一些新的发展趋势，主要表现在以下两个方面[3]：

1. 社交网络

据有关机构调查数据显示，在疫情期间，社交网络已经成为信息传播和意见表达的主要平台，其中通过微信获取相关信息的占比超过70%，通过微博获取信息的占比超过50%，通过网站获取信息的占比也超过50%。

2. 短视频

近年来，网络视频的使用率在逐年增长，成为除即时通信外用户规模第二大的互联网应用。据有关数据统计，我国短视频用户已经超过8亿，抖音日活用户规模达到6亿，每日搜索超过3亿。这也使得短视频成为舆论热点生成的重要渠道。

第2节　高校网络舆情的现状和特征

一、校园网络舆情现状

由于网络的开放、虚拟、便捷、快速等特点，为公众话语的释放、传播以及各种信息的获取提供了平台，人们每日与网络为伴，并通过网络看社会百态、了解时事、抒发情感、表达观点。然而，网络给人们学习、生活、工作带来诸多便捷的同时，也为舆情危机的爆发埋下了隐患。如何做好网络舆情的监管和引导，已然成为管理者面临的一项现实而紧迫的工作。特别是以青年学生为主体的校园网络，已经成为学生表达和传递自身的情绪、意见和态度的主要渠道，是高校学生思想状态的“晴雨表”。然而，不同高校对校园网络舆情重视程度以及监管、引导等参差不齐。

从现实状况看，当前校园网络舆情普遍存在着管理主体不明确、管理机制不完善、预警引导机制不够有效、危机应急机制不够健全等问题，导致校园网络舆情时有发生，给学校正常工作和声誉造成很大负面影响。如西安某大学的学生找人代做毕业设计，因学校的回应未能体现网民的关切，导致舆情继续发酵，进而引发对学术造假、学生品行问题以及学校校风建设问题的热烈讨论；再如吉林某大学新装修宿舍被学生质疑甲醛超标而拒绝搬入，此事引发网络热议后，学校的回应不够及时谨慎，处理方式简单，致使舆情热度始终维持高位，居高不下；还有“红黄蓝幼儿园事件”“成都49中学生坠亡事件”等均引发社会广泛关注，成为阶段性的新闻热点。

近年来，诸如上述校园网络舆情事件频现各大网站和新媒体平台，现总结分析这些舆情事件，给校园管理者一些启发。

①与传统媒介相比，网络更容易在短时间内快速传播，并形成舆论热点。因此，对网络舆情信息掌握要及时、准确和全面，处理要快速、到位。

②网络是一个互动平台，能够双向传播信息，学生民主参与和监督的诉求强烈。因此，对网络舆情进行干预，要能够回应舆论关切点，通报内容也应具有说服力。

③网络中各种信息鱼龙混杂，真假难辨，官方信息要确保符合事实，这样才能排除谣言，逐步疏解情绪，避免引发舆情进一步发酵。

二、高校网络舆情的特征

从网络舆情内容、传播主体和传播方式等方面分析，高校网络舆情有其自身的特殊性，主要体现在以下四个方面，如图 11 －2 所示。

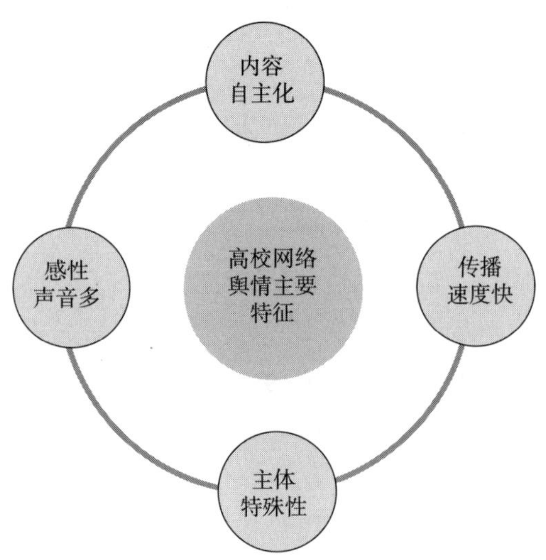

图 11 －2　高校网络舆情主要特征

1. 高校网络舆情内容自主化，表现多元化

新时代的大学生再也不是“两耳不闻窗外事”的书生，而是“家事国事天下事事事关心”的新青年。当前尽管高校相对于社会来说，具有一定独立性和封闭性，但是大家关注点依然呈现出自主化、多元化。从近些年来高校网络舆情的表现看，大学生既会关注校园的安全稳定、教育教学质量、后勤服务保障等校内事务，也会关注国家改革发展、国际政治经济形势以及社会

发展等热点事件，更会关注自身发展前景和自身的权益保障，并且他们都愿意及时表达自己的想法和意见，发表的信息自主性较强。同时由于他们的性别、年龄、性格爱好、成长环境、教育程度、经济状况等均存在较大差异，导致他们所关注的重点问题也会有所不同。

2. 高校网络舆情主体特殊，影响面宽

高等学校是一个人员密集的场所，大学生均为接受过多年教育的群体，且主体以青年人居多，他们思维活跃、好奇心强、主观能动性强，愿意选择在网络上表达自己的想法、观点和情绪，加之学生居住宿舍的群居特点，面对突发事件时，容易产生从众心理。此外，因我国特殊的国情和重视子女教育的传统文化，导致学生们的一言一行都受到广大家长的关心和维护，一旦爆发校园网络舆情，必然引发社会上更多群体的关注，加之西方敌对势力借机插手或炒作，将会快速形成网络集群，进而演化成网络舆情。

3. 高校网络舆情传播速度快，传播范围广

随着新媒体时代的到来和我国网络基础设施日益的完善，通信交流的便捷性日益显现，隐蔽性相对更强，造成网络舆情的形成和发展也更加快速。尤其是微信、微博、QQ、校内论坛、贴吧等即时通信工具的普遍使用，使得某些事件发生以后，学生在第一时间就会了解相关情况，短时间内就会在网络上快速传播。况且年轻的大学生容易情绪化，在自由便捷的网络空间里，表达意见和情绪的发帖、跟帖与转发，常常会一切跟着感觉走，不加深思熟虑。同时由于其交际圈广，同龄人又容易产生共鸣，相关信息更容易大范围地快速扩散，进而演化为强大的网络公共舆情。

4. 高校网络舆情感性声音较多，情绪化明显

由于阅历、经历、年龄等诸多因素的影响，高校大学生在互联网上往往会表现出其心智不够成熟的一面。虽然他们思想活跃，参与互联网上的活动积极，经常在互联网的各种平台发表自己的看法、观点和主张，这有其积极的一面。但是也有其消极的一面，如大学生情绪化、感情化特征明显，对待一些社会热点问题，容易出现偏激和不理性的发声，容易出现言辞激烈和谩骂的行为，他们一般不会去深入分析事件本身的深层次原因。因此，高校网络舆论时而会出现非理性的特征，导致不利于问题的解决，容易使事态的负面影响扩大化和严重化，造成群体性事件[4]。

第 3 节　高校网络舆情危机事件的演化

一、高校网络舆情危机的演化过程

高校网络舆情的演化遵循事物发展的普遍规律，都经历形成、发展、高潮和消退的过程，这个过程与公共危机事件的发展过程基本吻合，分为潜伏期、爆发期、持续期和解决期四个阶段。处于潜伏期的隐性危机是否会转化为显性危机，除了与事件本身的特点以及学校和政府的处置情况密切相关之外，媒体导向也会发挥“放大效应”。尤其是当前人们都生活在富媒体时代，各种信息鱼龙混杂，真假难辨，在一定程度上影响着突发事件网络舆情的演化程度和发展进度。中国人民公安大学孙静副教授在探讨自媒体舆情的发展演进路径过程中，运用了生命周期理论，把校园突发事件的舆情发展划分为孕育—扩散—演化—衰减四个依次渐进的生命周期[5]，如图 11 －3 所示。

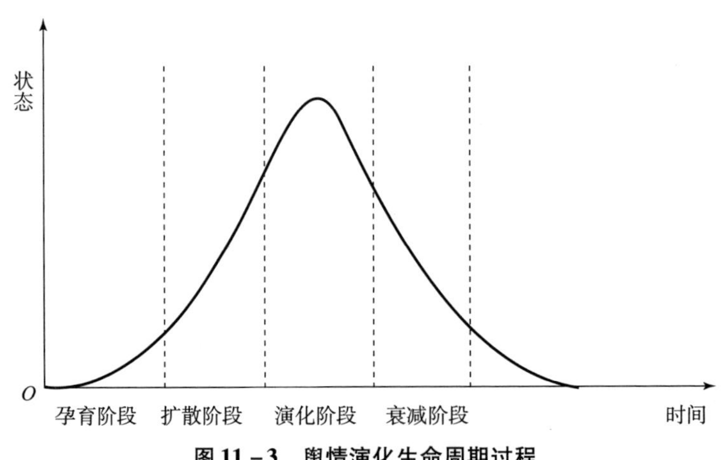

图 11 －3　舆情演化生命周期过程

第一阶段——孕育阶段。在此阶段，通常一些敏感的事件已经发生，但由于公众对事件的具体情况并不明朗，对其性质和基本脉络也不是特别清晰，仅是在互联网上零散地散布着一些讨论，尚未形成有影响力的声音，校园也保持着表面的平静。但是，潜在风险已经在平静的水面下传递，舆论的力量也正在悄无声息地汇聚。在社交媒体如微信群、微博等出现了零星的讨论，但热度不高，关注度与点击率均不瞩目，此时传播与讨论主要集中在人数不多的相对私密性的人群中。

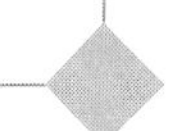

第二阶段——扩散阶段。扩散阶段是网络舆情量变的阶段。随着讨论声音的增多，舆情的发展进入扩散阶段。此时的扩散并不是简单地复制、转发，而是伴随着意见表达及再加工。网民在网络上围绕事件发表观点、表达诉求，并在转发的过程中可能产生变形或者使得相关信息产生蜕变，一些谣言和更为恶劣的假新闻直接或间接地蕴含着大众的意见与情绪，而在扩散中成为主流，导致各种流言、阴谋论一时会充斥网络空间，成为舆情进一步演化的关键要素。

第三阶段——演化阶段。自媒体时代网络舆情的演化与扩散在时间段上存在着交叉。网络舆情的演化是由于事件呈现信息的变化，或由于意见领袖的作用及自媒体的作为而出现的舆情形态、指向、烈度、关系的根本变化。这个阶段是事件向失控转变的关键一环，如果缺乏恰当的引导与干预，在“沉默的螺旋效应”下，大多数网民观点会被同化，并迅速形成汹涌的舆情，进一步引发校园的无序、失稳甚至突发性群体事件。需要注意的是，校园突发事件由于对社会心理的重创与强大的共情效应，极易成为燃烧材料，如果不对自媒体庞杂的声音加以规约，舆情的助燃剂就能轻易引发网上网下的动荡火焰。

第四阶段——衰减阶段。衰减阶段是校园突发事件舆情的尾声。此时伴随着事件妥善处置的结束，进入秩序恢复与重建阶段，随着学校和政府应对事件的一系列举措收到实际效果，以及官方正面的回应逐渐清晰，网民的理性开始占据上风。同时，媒体关注的兴趣明显减弱，这一阶段显著的表征就是围绕事件的讨论从数量、传播力度、传播影响力、扩散程度等方面呈现出明显的滑坡。但需要注意的是，衰减并不意味着结束。一旦自媒体挖掘到新的素材，又会重新聚集起舆论的声音，形成新一轮的网络狂欢。此时依然需要关注舆情，同时跟进对事件的善后处理。

二、高校网络舆情危机的演化机制

1.“蝴蝶效应”演化机制

“蝴蝶效应”是学生对于公共事件进行意见表达时所形成的一种舆论表征。近些年来，由于自媒体的快速发展，学生话语权意识日渐增强，当面对校内外热点事件时，学生常常会通过各种网络或自媒体平台于第一时间表达自己的态度和看法，有的聚焦热议某一话题，有的放大处理某一矛盾，有的曝光查出某一问题，最终形成了“话语风暴”，引发一个又一个网络舆论的飓风。事实表明，在一些突发事件发生后，任何化身为网络名人的蝴蝶随意振动一下翅膀，都会引发无数人的关注，有时传播的是正能量，有时也会给网络谣言插上“隐形的翅膀”[6]。

2.“刻板印象”演化机制

“刻板印象”是人们对某个社会现象形成的固有的不易改变的观点和态度，通常伴随着人们对事物的价值评价和好恶的感情[7]。网络热点事件在萌发初期，社会刻板印象效应将其放大后，会很快引起更多学生和社会人员的关注与讨论。如学校层面的师德师风、教学考试安排、后勤保障服务、资助奖励惩处等，社会层面的公共安全、社会事务、腐败案件等，通过网络和自媒体快速传播且不断发酵、升温，就会逐渐形成社会刻板效应，进而促使校园矛盾危机持续演变。

3.“意见领袖”演化机制

“意见领袖”是指在网络舆情事件中提供意见导向，并影响其他成员价值判断的活跃分子，他们具有鲜明的个性观点、深入的媒介接触、独特的人格魅力、强烈的引导效力与尖锐的话语力量。当网络舆情热点事件裂变至校园网络环境中，网络舆情热点汇聚，多元观点相互碰撞，意见领袖的主观引领思想便潜移默化地影响着网络群体的价值判断与话语指向，在“从众心理”与“马太效应”的作用下，话语力量被不断强化，舆情讨论也会升温至高潮[7]。

4.“沉默的螺旋”演化机制

进入新时代，网络无处不在、无时不在，网民无人不言、无事不说，人人都是“麦克风”，人人可成“通讯社”[6]。尤其是随着自媒体平台的发展健全，人们不再顾忌“沉默的大多数”，有想法、有意见、有情绪都可能通过网络来表达或宣泄，更何况社会已经进入鼓励个性发展和创新精神的时期，青年学生有想法、有创造力，多数又崇尚“标新立异”。因此，移动互联网时代“沉默的螺旋”机制加剧了网络舆情的演化。

第 4 节　高校网络舆情危机事件的干预与应对

结合当前高校网络舆情的复杂形势，构建校园网络舆情监测与引导长效机制，对于及时准确把握舆情动态，分析网络舆情信息，并运用相关技术汇总研判，实现在舆情发酵前对网络舆情进行正向引导，将对维护校园正常的学习生活秩序具有重要意义。

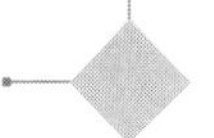

一、高校网络舆情危机干预的意义

1. 有助于提升高校治理能力

教育、科技、人才是全面建设社会主义现代化国家的基础性、战略性支撑。多年以来，我国始终坚持教育优先发展、科技自立自强、人才引领驱动，加快建设教育强国、科技强国、人才强国，坚持为党育人、为国育才，培养德智体美劳全面发展的社会主义建设者和接班人。当前高校要办好人民满意的教育，需要不断提升治理能力和治理水平，畅通和规范学生诉求表达、利益协调、权益保障通道，完善网格化管理、精细化服务、信息化支撑的校园治理体系。特别是应充分发挥自身的学科专业优势以及人才优势，做好校园网络舆论信息跟踪、数据采集和统计分析，实时了解把握学生的思想动态和行为动向，为学校制定政策和相关部门服务好学生的学习和生活提供信息保障，从而将可能发生的不良事件消灭在萌芽状态，避免让普通事件演化为网络舆情事件。此外，通过网络舆情的干预，可以健全共建共治共享的校园治理机制，在网络舆论中培养学生自我教育、自我管理、自我约束的意识和能力，引导大学生自觉运用辩证唯物主义观点和方法分析现实问题，自觉规范自己在网络上的行为，自觉抵制丑陋、有害、错误网络舆情信息和不良思潮的影响，实现线上线下、课内课外相结合的育人目标。

2. 有助于维护高校安全稳定

党的二十大报告指出：国家安全是民族复兴的根基，社会稳定是国家强盛的前提，必须坚定不移贯彻总体国家安全观，把维护国家安全贯穿党和国家工作各方面全过程，确保国家安全和社会稳定。而高校稳定是社会稳定的基础，是国家安全稳定工作的重中之重。进入新时代，网络已经成为学生舆论的“集散地”，学生思想动态的“晴雨表”，大学生在面临学习、生活等压力情况下或者因心理问题、师德师风问题等引发负面情绪，通常会在网络上进行倾诉；对学校、老师、同学的看法和意见，以及对社会热点和国际时事的评论等同样会在网络上表达。因此，高校可以通过校园网络舆情预警机制提前预判网络舆论的走向，进而在舆情发酵前进行有效干预和应对，化解危机、消除不良影响，切实维护校园的安全稳定。此外，因网络自身的特点导致网络信息传播过程中充斥着大量虚假不实信息，在网络正面舆情和负面舆情的冲突和对抗中若缺乏有效的舆情预警机制，会导致负面舆情逐步占据主流，如不进行及时干预，往往会在网络的催发下迅速发酵，进而爆发舆情危机，影响到校园的安全稳定。通过高校网络舆情预警机制的建立，可以使高校及时察觉、发现和识别正面和负面的网络舆情，有效降低突发事件发生的频次和数量，对维护高校安全稳定具有积极意义[8]。

3. 有助于掌握意识形态领导权

习近平总书记在中国共产党第二十次代表大会上强调，意识形态工作是为国家立心、为民族立魂的工作。高校要坚持马克思主义在意识形态领域的指导地位，坚持为学生服务、为社会主义服务，始终以社会主义核心价值观为引领，围绕举旗帜、聚民心、育新人、兴文化、展形象建设社会主义先进校园网络文化，不断提升中华文化对学生的影响力。尤其是近些年来，随着新媒体的快速发展，网络已经成为校园意识形态工作的重要阵地，加强校园网络舆情的管理与引导，更应引起高校的关注和重视。一是要建设具有强大凝聚力和引领力的社会主义意识形态的网络阵地。要牢牢掌握党对意识形态工作领导权，全面落实意识形态工作责任制，坚守中华文化立场，讲好中国故事、传播好中国声音，巩固壮大奋进新时代的主流网络思想舆论，不断用党的创新理论武装全党、教育学生、指导实践，推动形成良好的校园网络文化生态[9]。二是要大力弘扬社会主义核心价值观。一个国家如同一个民族一样，共同的价值取向、共同的价值追求，是维系其存在和发展的重要精神纽带。对于学校来说，社会主义核心价值观就是凝聚学生人心、汇聚师生力量的重要源泉，理应成为高校学生共同的价值准则和行为规范。因此，通过校园网络平台，弘扬以伟大建党精神为源头的中国共产党人精神谱系，深入开展社会主义核心价值观宣传教育，深化爱国主义、集体主义、社会主义教育，着力培养担当民族复兴大任的时代新人。

二、高校网络舆情关键信息的挖掘与分析

随着科技的进步和我国网络基础设施的不断完善，网络舆情信息量越来越庞大，如何在海量信息中提取出隐含其中的有价值的内容，已经成为开展网络舆情干预的关键步骤。网络舆情关键信息的挖掘就是依托相关计算机软件，利用数据挖掘技术从网络庞大繁杂的信息中提取有用的或有意义的信息数据，再把这些有效的信息数据进行分类和聚类，进而分析出网络舆情中蕴藏的观点。一般来讲网络舆情关键信息挖掘可以划分为以下几个步骤，如图 11 -4 所示。

网络舆情关键信息需要利用相关计算机软件如爬虫技术等定向抓取校园网站、论坛、贴吧的舆情信息源，再经过筛选，过滤出一些有价值的舆情信息，然后在时间和空间维度上分析事件的关联度，进而定位事件的起源和信息流，经过数据信息挖掘后寻找出舆情的焦点和动态趋势。

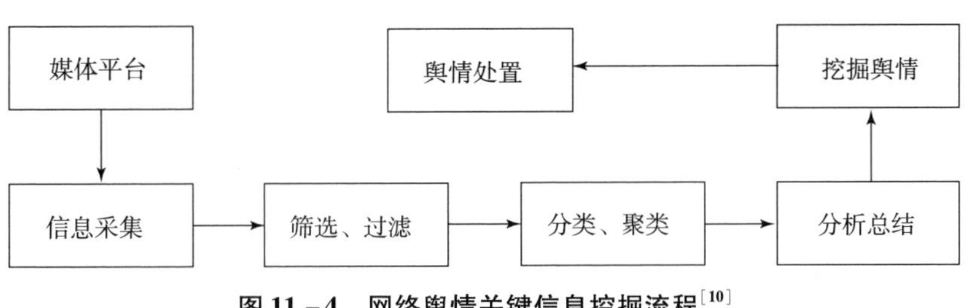

图 11－4　网络舆情关键信息挖掘流程[10]

三、高校网络舆情危机应对的主要举措

1. 加强高校网站主阵地建设

高校网络舆情的干预和应对主要在于舆论引导，而引导的关键在于学生用什么样的价值观作为分析、评判相关信息的标准。中共中央、国务院《关于进一步加强和改进大学生思想政治教育工作的意见》指出，要全面加强校园网的建设，使网络成为弘扬主旋律、开展思想政治教育的重要手段。2015年，中共中央办公厅、国务院办公厅印发的《关于进一步加强和改进新形势下高校宣传思想工作的意见》也提出，要打造示范性思想理论教育资源网站、学生主题教育网站和网络互动社区，推进辅导员博客、思想政治理论课教师博客、校务微博、校园微信公众号等网络新媒体建设。按照中央精神，高校建设好网络主阵地是应对网络舆情的“先手棋”，也是应对网络中消极负面信息的“主动仗”。特别是网络舆情中学生关注的热点、焦点问题，应在网络阵地上设置热点专栏或互动版块，持续强化舆论引导，营造积极向上的主流网络舆论。

2. 健全高校舆情监测预警机制

高校校园网络舆情已经成为反映学生思想动态的重要窗口，因此加强网络舆情的监测、预警、研判是维护校园稳定的必要环节。网络舆情的监测可以包含两种情况：一种是日常舆情监测，一种是突发事件舆情监测。日常监测侧重点应是了解掌握学生思想动态，捕捉一些苗头性、倾向性和群体性的舆论；突发事件监测是针对校园内突发性群体事件的网络舆情的监测和应对，侧重点应为第一时间掌握舆情动态，大范围收集相关舆论信息，为突发事件的研判和处置提供相关依据。高校相关部门做好以上工作，必须要加强网络舆情监测技术能力建设，如建立起舆情监测大数据系统等，通过舆情分析系统，深入挖掘数据相关信息，多维度科学分析舆情数据，然后进行有针对性的快速响应，回应关切。

3. 规范高校网络舆情引导制度

我国在网络立法领域已经颁布了一些管理办法或者规定，如《互联网信息服务管理办法》，对高校来说，同样需要加强网络舆情引导的制度建设。一是要建立网络舆情引导队伍制度。网络舆情引导工作者的素质对工作效果有重大影响。所以，高校的网络舆情引导工作者要具备较高的政治敏感度及责任感，要了解大学生的关注点、兴趣、爱好，也要熟悉相关政策，掌握舆情发展规律，更要有较高的写作能力。同时工作人员能够全天候关注相关论坛、微博和网站，确保发生舆情或者群体性事件时能够随时沟通并处理。二是要规范网络舆情的日常运营。高校官网及公众号等新媒体平台的运营应有规范的制度保障，对于信息发布应根据紧急情况和等级采取审核机制，尤其是重大事件上报相关负责人，经同意后方可发布。校园内部的各种论坛，要采取实名制登录，并用相关制度内容规范登录人的言行，这也是掌握高校舆情引导的重要途径[11]。

第 5 节　典型案例分析

一、背景介绍

2018 年 3 月 26 日，武汉某高校在读研究生陶某在学校坠楼身亡。3 月 29 日陶某姐姐在网上发表微博，称其弟自杀是因为导师王某的长期压迫。该微博一发出就在网上引起广泛讨论，相关微博话题的阅读讨论量高达 187 万，贴吧等其他媒体的关注度也居高不下。2018 年 4 月 8 日，该高校官网微博发出正式处理通报，取消涉案老师的招生资格，但同时也关闭了此条通报微博的评论功能。因该高校在两周后才正式做出回应，而后又马上关闭微博的评论功能致使网民情绪激动，对此处理十分不满，并继续声讨该高校及事件相关部门[12]。

二、演化过程

第一阶段：孕育阶段

3 月 26 日，武汉某高校自动化学院在读研究生陶某在校自杀身亡，家长与学校沟通无果后，陶某姐姐撰写长文“寒门研究生不堪重负，长期被导师

精神压迫致死”，并于29日通过微博公开发表，文中称其弟自杀原因是导师的长期压迫所致。

第二阶段：扩散阶段

3月30日至4月4日，也就是在陶某姐姐的长文经微博发出后，学校未及时给予重视和有效干预，使得网络上获得该消息的人越来越多，并引发大规模讨论，该条信息因而迅速占领热搜。

第三阶段：演化阶段

4月5日，陶某姐姐在网络上发布致歉声明，并呼吁网友不要对此事再进行炒作。因而媒体关注热情减弱，只剩下少量相关人员和自媒体关注。4月7日，陶某遗体在武昌殡仪馆火化。当日下午，陶某姐姐再发微博，称此前的道歉皆是因为学校施压，并非真心实意，接下来会启动司法程序。4月8日，该高校官微第一次在事件发生半个月后做出情况通报，取消陶某导师的研究生招生资格，下一步将根据调查事实、按照相关程序、依法依规严肃处理，绝不姑息。但对于该高校给出的声明及处置结果大多数网友仍然持负面情绪，网民认为回应模糊缓慢，根本没有向大众交代清楚事实真相，进而引发舆论关注度再次大幅回升。

第四阶段：衰减阶段

2018年4月24日，武汉市洪山区法院做出立案受理，原、被告也向法院申请调解。2019年3月25日，法院做出民事调解，当事双方达成协议，导师王某同意对自己的不当言行向家属表示道歉，对失去陶某这名优秀学生深表痛惜；导师也同意向陶某家属支付抚慰金65万元；调解生效后，陶某亲属不得再以任何理由就此案相关事实向王某及其所在学校主张包括民事权利在内的所有权利；原告自愿放弃其他诉讼请求。

三、经验与启示

回顾该校此起网络舆情事件，其舆情持续时间较长，关注程度始终居高不下，细究其原因，主要有以下几方面：

1. 突发事件处理过程缓慢

学生坠楼身亡事件的追责，只能由其家属代为进行，这本身就让网民感到同情。从行为方面讲，学校失去一名优秀学生，不管是感情上还是法理上，都应高度重视、从快处理，安抚好其家属、亲属以及相关同学等，尽力妥善处置后续相关事宜。然而遗憾的是学校历时2周时间的处理过程，并任由相关舆情持续演化、发酵，不仅令人心寒，而且极为被动。

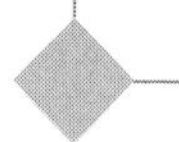

2. 回应学生和社会关切不够及时

该高校在学生坠亡事件发生后不解释、不回应、不作为，严重影响了学校形象，甚至在网络舆情爆发初期也没有引起足够重视，依然对网络上学生及社会的关切采取不理不睬的傲慢态度，加剧了网友对于本次事件的好奇，使其负面情绪暴增。同时也一定程度上激发了网友要帮助学生找到事件真相的决心，由此引发了此事件的第一次舆情爆炸，并登顶热搜。

3. 突发事件处置方式不当

事件发生后，该高校没有在第一时间抢占先机，给出正面回应，开展积极调查处理，做出处罚决定，反而向受害者家属施压，迫使其道歉，最终在14天后才给出调查处理结果，但又言辞模糊，避重就轻，并关闭微博评论功能，更是让网民对其处理方式感到失望，最终引发“蝴蝶效应”，导致该事件是“一波三折”，网络舆情自然也跟随着大起大落。

参 考 文 献

［1］中共中央办公厅，国务院办公厅．“十四五”文化发展规划［R/OL］．（2022－08－17）［2022－11－12］. http://www.xiongan.gov.cn/2022－08/17/c_1211676814.htm.

［2］国家网信办．数字中国发展报告（2021年）［R/OL］．（2022－08－02）［2022－10－12］. http://www.cac.gov.cn/2022－08/02/c_1661066515613920.htm.

［3］祝华新，潘宇峰．2020年中国互联网舆论场分析报告［R/OL］．（2020－09－19）［2022－11－13］. https://www.doc88.com/p－08339091468101.html.

［4］周邦华，张婷．浅议高校网络舆情工作的特点、现状及其应对［J］. 现代经济信息，2017（16）：376－377.

［5］孙静．自媒体时代校园突发事件舆情演进与治理［J］. 民生周刊，2021（24）：68－70.

［6］王贤卿．试论加强大学生网络舆论引导的时代价值与有效路径［J］. 思想理论教育导刊，2015（11）：140－143.

［7］杜艳．新媒体时代高校网络舆情演化机制与应对策略研究［J］. 青少年学刊，2017（3）：56－60.

［8］庞洋．基于智慧校园建设的高校网络舆情预警机制构建研究［J］. 软件，2022，43（1）：11－13.

［9］习近平．高举中国特色社会主义伟大旗帜，为全面建设社会主义现代化国家而奋斗［R/OL］．（2022－10－25）［2022－11－15］. http://www.qstheory.cn/yaowen/2022－10/25/c_1129079926.htm.

[10] 张军玲．我国网络舆情信息挖掘研究综述［J］．情报科学，2016，34（11）：167－172.

[11] 尤耀华．论高校群体性突发事件的网络舆情引导［J］．中国质量万里行，2022（Z1）：172－175.

[12] 包宇晨，唐晓清．浅谈高校网络舆情现状及应对建议［J］．理论界，2022（6）：48－53.

延伸阅读（四）

中华人民共和国突发事件应对法

（由中华人民共和国第十届全国人民代表大会常务委员会第二十九次会议于2007年8月30日通过，自2007年11月1日起施行，共七章70条）

第一章　总　　则

第一条　为了预防和减少突发事件的发生，控制、减轻和消除突发事件引起的严重社会危害，规范突发事件应对活动，保护人民生命财产安全，维护国家安全、公共安全、环境安全和社会秩序，制定本法。

第二条　突发事件的预防与应急准备、监测与预警、应急处置与救援、事后恢复与重建等应对活动，适用本法。

第三条　本法所称突发事件，是指突然发生，造成或者可能造成严重社会危害，需要采取应急处置措施予以应对的自然灾害、事故灾难、公共卫生事件和社会安全事件。

按照社会危害程度、影响范围等因素，自然灾害、事故灾难、公共卫生事件分为特别重大、重大、较大和一般四级。法律、行政法规或者国务院另有规定的，从其规定。

突发事件的分级标准由国务院或者国务院确定的部门制定。

第四条　国家建立统一领导、综合协调、分类管理、分级负责、属地管理为主的应急管理体制。

第五条　突发事件应对工作实行预防为主、预防与应急相结合的原则。国家建立重大突发事件风险评估体系，对可能发生的突发事件进行综合性评估，减少重大突发事件的发生，最大限度地减轻重大突发事件的影响。

第六条　国家建立有效的社会动员机制，增强全民的公共安全和防范风险的意识，提高全社会的避险救助能力。

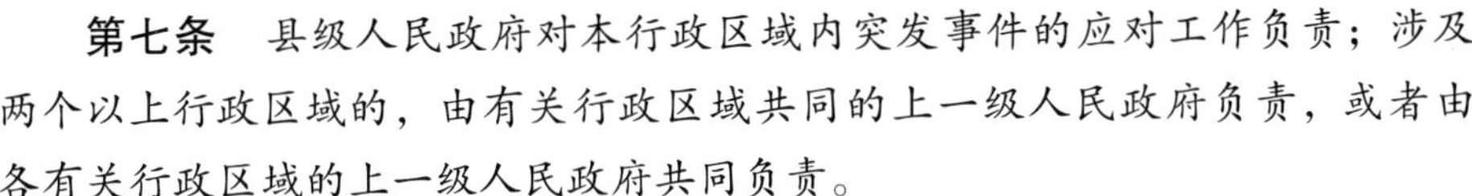

第七条 县级人民政府对本行政区域内突发事件的应对工作负责；涉及两个以上行政区域的，由有关行政区域共同的上一级人民政府负责，或者由各有关行政区域的上一级人民政府共同负责。

突发事件发生后，发生地县级人民政府应当立即采取措施控制事态发展，组织开展应急救援和处置工作，并立即向上一级人民政府报告，必要时可以越级上报。

突发事件发生地县级人民政府不能消除或者不能有效控制突发事件引起的严重社会危害的，应当及时向上级人民政府报告。上级人民政府应当及时采取措施，统一领导应急处置工作。

法律、行政法规规定由国务院有关部门对突发事件的应对工作负责的，从其规定；地方人民政府应当积极配合并提供必要的支持。

第八条 国务院在总理领导下研究、决定和部署特别重大突发事件的应对工作；根据实际需要，设立国家突发事件应急指挥机构，负责突发事件应对工作；必要时，国务院可以派出工作组指导有关工作。

县级以上地方各级人民政府设立由本级人民政府主要负责人、相关部门负责人、驻当地中国人民解放军和中国人民武装警察部队有关负责人组成的突发事件应急指挥机构，统一领导、协调本级人民政府各有关部门和下级人民政府开展突发事件应对工作；根据实际需要，设立相关类别突发事件应急指挥机构，组织、协调、指挥突发事件应对工作。

上级人民政府主管部门应当在各自职责范围内，指导、协助下级人民政府及其相应部门做好有关突发事件的应对工作。

第九条 国务院和县级以上地方各级人民政府是突发事件应对工作的行政领导机关，其办事机构及具体职责由国务院规定。

第十条 有关人民政府及其部门作出的应对突发事件的决定、命令，应当及时公布。

第十一条 有关人民政府及其部门采取的应对突发事件的措施，应当与突发事件可能造成的社会危害的性质、程度和范围相适应；有多种措施可供选择的，应当选择有利于最大程度地保护公民、法人和其他组织权益的措施。

第十二条 有关人民政府及其部门为应对突发事件，可以征用单位和个人的财产。被征用的财产在使用完毕或者突发事件应急处置工作结束后，应当及时返还。财产被征用或者征用后毁损、灭失的，应当给予补偿。

第十三条 因采取突发事件应对措施，诉讼、行政复议、仲裁活动不能正常进行的，适用有关时效中止和程序中止的规定，但法律另有规定的除外。

第十四条　中国人民解放军、中国人民武装警察部队和民兵组织依照本法和其他有关法律、行政法规、军事法规的规定以及国务院、中央军事委员会的命令，参加突发事件的应急救援和处置工作。

第十五条　中华人民共和国政府在突发事件的预防、监测与预警、应急处置与救援、事后恢复与重建等方面，同外国政府和有关国际组织开展合作与交流。

第十六条　县级以上人民政府作出应对突发事件的决定、命令，应当报本级人民代表大会常务委员会备案；突发事件应急处置工作结束后，应当向本级人民代表大会常务委员会作出专项工作报告。

第二章　预防与应急准备

第十七条　国家建立健全突发事件应急预案体系。

国务院制定国家突发事件总体应急预案，组织制定国家突发事件专项应急预案；国务院有关部门根据各自的职责和国务院相关应急预案，制定国家突发事件部门应急预案。

地方各级人民政府和县级以上地方各级人民政府有关部门根据有关法律、法规、规章、上级人民政府及其有关部门的应急预案以及本地区的实际情况，制定相应的突发事件应急预案。

应急预案制定机关应当根据实际需要和情势变化，适时修订应急预案。应急预案的制定、修订程序由国务院规定。

第十八条　应急预案应当根据本法和其他有关法律、法规的规定，针对突发事件的性质、特点和可能造成的社会危害，具体规定突发事件应急管理工作的组织指挥体系与职责和突发事件的预防与预警机制、处置程序、应急保障措施以及事后恢复与重建措施等内容。

第十九条　城乡规划应当符合预防、处置突发事件的需要，统筹安排应对突发事件所必需的设备和基础设施建设，合理确定应急避难场所。

第二十条　县级人民政府应当对本行政区域内容易引发自然灾害、事故灾难和公共卫生事件的危险源、危险区域进行调查、登记、风险评估，定期进行检查、监控，并责令有关单位采取安全防范措施。

省级和设区的市级人民政府应当对本行政区域内容易引发特别重大、重大突发事件的危险源、危险区域进行调查、登记、风险评估，组织进行检查、监控，并责令有关单位采取安全防范措施。

县级以上地方各级人民政府按照本法规定登记的危险源、危险区域，应当按照国家规定及时向社会公布。

第二十一条 县级人民政府及其有关部门、乡级人民政府、街道办事处、居民委员会、村民委员会应当及时调解处理可能引发社会安全事件的矛盾纠纷。

第二十二条 所有单位应当建立健全安全管理制度，定期检查本单位各项安全防范措施的落实情况，及时消除事故隐患；掌握并及时处理本单位存在的可能引发社会安全事件的问题，防止矛盾激化和事态扩大；对本单位可能发生的突发事件和采取安全防范措施的情况，应当按照规定及时向所在地人民政府或者人民政府有关部门报告。

第二十三条 矿山、建筑施工单位和易燃易爆物品、危险化学品、放射性物品等危险物品的生产、经营、储运、使用单位，应当制定具体应急预案，并对生产经营场所、有危险物品的建筑物、构筑物及周边环境开展隐患排查，及时采取措施消除隐患，防止发生突发事件。

第二十四条 公共交通工具、公共场所和其他人员密集场所的经营单位或者管理单位应当制定具体应急预案，为交通工具和有关场所配备报警装置和必要的应急救援设备、设施，注明其使用方法，并显著标明安全撤离的通道、路线，保证安全通道、出口的畅通。

有关单位应当定期检测、维护其报警装置和应急救援设备、设施，使其处于良好状态，确保正常使用。

第二十五条 县级以上人民政府应当建立健全突发事件应急管理培训制度，对人民政府及其有关部门负有处置突发事件职责的工作人员定期进行培训。

第二十六条 县级以上人民政府应当整合应急资源，建立或者确定综合性应急救援队伍。人民政府有关部门可以根据实际需要设立专业应急救援队伍。

县级以上人民政府及其有关部门可以建立由成年志愿者组成的应急救援队伍。单位应当建立由本单位职工组成的专职或者兼职应急救援队伍。

县级以上人民政府应当加强专业应急救援队伍与非专业应急救援队伍的合作，联合培训、联合演练，提高合成应急、协同应急的能力。

第二十七条 国务院有关部门、县级以上地方各级人民政府及其有关部门、有关单位应当为专业应急救援人员购买人身意外伤害保险，配备必要的防护装备和器材，减少应急救援人员的人身风险。

第二十八条 中国人民解放军、中国人民武装警察部队和民兵组织应当有计划地组织开展应急救援的专门训练。

第二十九条 县级人民政府及其有关部门、乡级人民政府、街道办事处应当组织开展应急知识的宣传普及活动和必要的应急演练。

居民委员会、村民委员会、企业事业单位应当根据所在地人民政府的要求，结合各自的实际情况，开展有关突发事件应急知识的宣传普及活动和必要的应急演练。

新闻媒体应当无偿开展突发事件预防与应急、自救与互救知识的公益宣传。

第三十条 各级各类学校应当把应急知识教育纳入教学内容，对学生进行应急知识教育，培养学生的安全意识和自救与互救能力。

教育主管部门应当对学校开展应急知识教育进行指导和监督。

第三十一条 国务院和县级以上地方各级人民政府应当采取财政措施，保障突发事件应对工作所需经费。

第三十二条 国家建立健全应急物资储备保障制度，完善重要应急物资的监管、生产、储备、调拨和紧急配送体系。

设区的市级以上人民政府和突发事件易发、多发地区的县级人民政府应当建立应急救援物资、生活必需品和应急处置装备的储备制度。

县级以上地方各级人民政府应当根据本地区的实际情况，与有关企业签订协议，保障应急救援物资、生活必需品和应急处置装备的生产、供给。

第三十三条 国家建立健全应急通信保障体系，完善公用通信网，建立有线与无线相结合、基础电信网络与机动通信系统相配套的应急通信系统，确保突发事件应对工作的通信畅通。

第三十四条 国家鼓励公民、法人和其他组织为人民政府应对突发事件工作提供物资、资金、技术支持和捐赠。

第三十五条 国家发展保险事业，建立国家财政支持的巨灾风险保险体系，并鼓励单位和公民参加保险。

第三十六条 国家鼓励、扶持具备相应条件的教学科研机构培养应急管理专门人才，鼓励、扶持教学科研机构和有关企业研究开发用于突发事件预防、监测、预警、应急处置与救援的新技术、新设备和新工具。

第三章 监测与预警

第三十七条 国务院建立全国统一的突发事件信息系统。

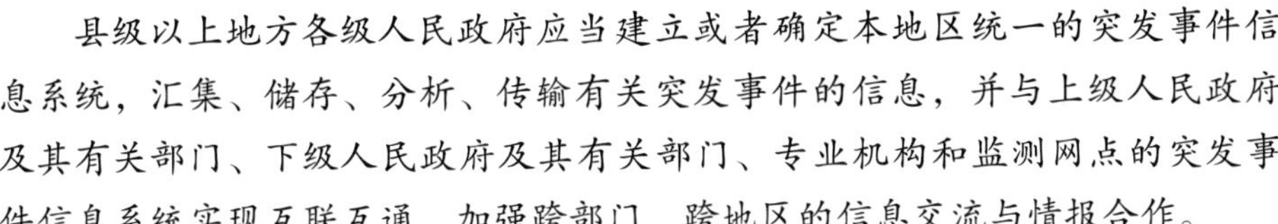

县级以上地方各级人民政府应当建立或者确定本地区统一的突发事件信息系统，汇集、储存、分析、传输有关突发事件的信息，并与上级人民政府及其有关部门、下级人民政府及其有关部门、专业机构和监测网点的突发事件信息系统实现互联互通，加强跨部门、跨地区的信息交流与情报合作。

第三十八条 县级以上人民政府及其有关部门、专业机构应当通过多种途径收集突发事件信息。

县级人民政府应当在居民委员会、村民委员会和有关单位建立专职或者兼职信息报告员制度。

获悉突发事件信息的公民、法人或者其他组织，应当立即向所在地人民政府、有关主管部门或者指定的专业机构报告。

第三十九条 地方各级人民政府应当按照国家有关规定向上级人民政府报送突发事件信息。县级以上人民政府有关主管部门应当向本级人民政府相关部门通报突发事件信息。专业机构、监测网点和信息报告员应当及时向所在地人民政府及其有关主管部门报告突发事件信息。

有关单位和人员报送、报告突发事件信息，应当做到及时、客观、真实，不得迟报、谎报、瞒报、漏报。

第四十条 县级以上地方各级人民政府应当及时汇总分析突发事件隐患和预警信息，必要时组织相关部门、专业技术人员、专家学者进行会商，对发生突发事件的可能性及其可能造成的影响进行评估；认为可能发生重大或者特别重大突发事件的，应当立即向上级人民政府报告，并向上级人民政府有关部门、当地驻军和可能受到危害的毗邻或者相关地区的人民政府通报。

第四十一条 国家建立健全突发事件监测制度。

县级以上人民政府及其有关部门应当根据自然灾害、事故灾难和公共卫生事件的种类和特点，建立健全基础信息数据库，完善监测网络，划分监测区域，确定监测点，明确监测项目，提供必要的设备、设施，配备专职或者兼职人员，对可能发生的突发事件进行监测。

第四十二条 国家建立健全突发事件预警制度。

可以预警的自然灾害、事故灾难和公共卫生事件的预警级别，按照突发事件发生的紧急程度、发展势态和可能造成的危害程度分为一级、二级、三级和四级，分别用红色、橙色、黄色和蓝色标示，一级为最高级别。

预警级别的划分标准由国务院或者国务院确定的部门制定。

第四十三条 可以预警的自然灾害、事故灾难或者公共卫生事件即将发生或者发生的可能性增大时，县级以上地方各级人民政府应当根据有关法律、行政法规和国务院规定的权限和程序，发布相应级别的警报，决定并宣布有关地区进入预警期，同时向上一级人民政府报告，必要时可以越级上报，并向当地驻军和可能受到危害的毗邻或者相关地区的人民政府通报。

第四十四条 发布三级、四级警报，宣布进入预警期后，县级以上地方各级人民政府应当根据即将发生的突发事件的特点和可能造成的危害，采取下列措施：

（一）启动应急预案；

（二）责令有关部门、专业机构、监测网点和负有特定职责的人员及时收集、报告有关信息，向社会公布反映突发事件信息的渠道，加强对突发事件发生、发展情况的监测、预报和预警工作；

（三）组织有关部门和机构、专业技术人员、有关专家学者，随时对突发事件信息进行分析评估，预测发生突发事件可能性的大小、影响范围和强度以及可能发生的突发事件的级别；

（四）定时向社会发布与公众有关的突发事件预测信息和分析评估结果，并对相关信息的报道工作进行管理；

（五）及时按照有关规定向社会发布可能受到突发事件危害的警告，宣传避免、减轻危害的常识，公布咨询电话。

第四十五条 发布一级、二级警报，宣布进入预警期后，县级以上地方各级人民政府除采取本法第四十四条规定的措施外，还应当针对即将发生的突发事件的特点和可能造成的危害，采取下列一项或者多项措施：

（一）责令应急救援队伍、负有特定职责的人员进入待命状态，并动员后备人员做好参加应急救援和处置工作的准备；

（二）调集应急救援所需物资、设备、工具，准备应急设施和避难场所，并确保其处于良好状态、随时可以投入正常使用；

（三）加强对重点单位、重要部位和重要基础设施的安全保卫，维护社会治安秩序；

（四）采取必要措施，确保交通、通信、供水、排水、供电、供气、供热等公共设施的安全和正常运行；

（五）及时向社会发布有关采取特定措施避免或者减轻危害的建议、劝告；

（六）转移、疏散或者撤离易受突发事件危害的人员并予以妥善安置，转移重要财产；

（七）关闭或者限制使用易受突发事件危害的场所，控制或者限制容易导

致危害扩大的公共场所的活动；

（八）法律、法规、规章规定的其他必要的防范性、保护性措施。

第四十六条 对即将发生或者已经发生的社会安全事件，县级以上地方各级人民政府及其有关主管部门应当按照规定向上一级人民政府及其有关主管部门报告，必要时可以越级上报。

第四十七条 发布突发事件警报的人民政府应当根据事态的发展，按照有关规定适时调整预警级别并重新发布。

有事实证明不可能发生突发事件或者危险已经解除的，发布警报的人民政府应当立即宣布解除警报，终止预警期，并解除已经采取的有关措施。

第四章 应急处置与救援

第四十八条 突发事件发生后，履行统一领导职责或者组织处置突发事件的人民政府应当针对其性质、特点和危害程度，立即组织有关部门，调动应急救援队伍和社会力量，依照本章的规定和有关法律、法规、规章的规定采取应急处置措施。

第四十九条 自然灾害、事故灾难或者公共卫生事件发生后，履行统一领导职责的人民政府可以采取下列一项或者多项应急处置措施：

（一）组织营救和救治受害人员，疏散、撤离并妥善安置受到威胁的人员以及采取其他救助措施；

（二）迅速控制危险源，标明危险区域，封锁危险场所，划定警戒区，实行交通管制以及其他控制措施；

（三）立即抢修被损坏的交通、通信、供水、排水、供电、供气、供热等公共设施，向受到危害的人员提供避难场所和生活必需品，实施医疗救护和卫生防疫以及其他保障措施；

（四）禁止或者限制使用有关设备、设施，关闭或者限制使用有关场所，中止人员密集的活动或者可能导致危害扩大的生产经营活动以及采取其他保护措施；

（五）启用本级人民政府设置的财政预备费和储备的应急救援物资，必要时调用其他急需物资、设备、设施、工具；

（六）组织公民参加应急救援和处置工作，要求具有特定专长的人员提供服务；

（七）保障食品、饮用水、燃料等基本生活必需品的供应；

（八）依法从严惩处囤积居奇、哄抬物价、制假售假等扰乱市场秩序的行为，稳定市场价格，维护市场秩序；

（九）依法从严惩处哄抢财物、干扰破坏应急处置工作等扰乱社会秩序的行为，维护社会治安；

（十）采取防止发生次生、衍生事件的必要措施。

第五十条 社会安全事件发生后，组织处置工作的人民政府应当立即组织有关部门并由公安机关针对事件的性质和特点，依照有关法律、行政法规和国家其他有关规定，采取下列一项或者多项应急处置措施：

（一）强制隔离使用器械相互对抗或者以暴力行为参与冲突的当事人，妥善解决现场纠纷和争端，控制事态发展；

（二）对特定区域内的建筑物、交通工具、设备、设施以及燃料、燃气、电力、水的供应进行控制；

（三）封锁有关场所、道路，查验现场人员的身份证件，限制有关公共场所内的活动；

（四）加强对易受冲击的核心机关和单位的警卫，在国家机关、军事机关、国家通讯社、广播电台、电视台、外国驻华使领馆等单位附近设置临时警戒线；

（五）法律、行政法规和国务院规定的其他必要措施。

严重危害社会治安秩序的事件发生时，公安机关应当立即依法出动警力，根据现场情况依法采取相应的强制性措施，尽快使社会秩序恢复正常。

第五十一条 发生突发事件，严重影响国民经济正常运行时，国务院或者国务院授权的有关主管部门可以采取保障、控制等必要的应急措施，保障人民群众的基本生活需要，最大限度地减轻突发事件的影响。

第五十二条 履行统一领导职责或者组织处置突发事件的人民政府，必要时可以向单位和个人征用应急救援所需设备、设施、场地、交通工具和其他物资，请求其他地方人民政府提供人力、物力、财力或者技术支援，要求生产、供应生活必需品和应急救援物资的企业组织生产、保证供给，要求提供医疗、交通等公共服务的组织提供相应的服务。

履行统一领导职责或者组织处置突发事件的人民政府，应当组织协调运输经营单位，优先运送处置突发事件所需物资、设备、工具、应急救援人员和受到突发事件危害的人员。

第五十三条 履行统一领导职责或者组织处置突发事件的人民政府，应当按照有关规定统一、准确、及时发布有关突发事件事态发展和应急处置工作的信息。

第五十四条 任何单位和个人不得编造、传播有关突发事件事态发展或者应急处置工作的虚假信息。

第五十五条 突发事件发生地的居民委员会、村民委员会和其他组织应当按照当地人民政府的决定、命令，进行宣传动员，组织群众开展自救和互救，协助维护社会秩序。

第五十六条 受到自然灾害危害或者发生事故灾难、公共卫生事件的单位，应当立即组织本单位应急救援队伍和工作人员营救受害人员，疏散、撤离、安置受到威胁的人员，控制危险源，标明危险区域，封锁危险场所，并采取其他防止危害扩大的必要措施，同时向所在地县级人民政府报告；对因本单位的问题引发的或者主体是本单位人员的社会安全事件，有关单位应当按照规定上报情况，并迅速派出负责人赶赴现场开展劝解、疏导工作。

突发事件发生地的其他单位应当服从人民政府发布的决定、命令，配合人民政府采取的应急处置措施，做好本单位的应急救援工作，并积极组织人员参加所在地的应急救援和处置工作。

第五十七条 突发事件发生地的公民应当服从人民政府、居民委员会、村民委员会或者所属单位的指挥和安排，配合人民政府采取的应急处置措施，积极参加应急救援工作，协助维护社会秩序。

第五章　事后恢复与重建

第五十八条 突发事件的威胁和危害得到控制或者消除后，履行统一领导职责或者组织处置突发事件的人民政府应当停止执行依照本法规定采取的应急处置措施，同时采取或者继续实施必要措施，防止发生自然灾害、事故灾难、公共卫生事件的次生、衍生事件或者重新引发社会安全事件。

第五十九条 突发事件应急处置工作结束后，履行统一领导职责的人民政府应当立即组织对突发事件造成的损失进行评估，组织受影响地区尽快恢复生产、生活、工作和社会秩序，制定恢复重建计划，并向上一级人民政府报告。

受突发事件影响地区的人民政府应当及时组织和协调公安、交通、铁路、民航、邮电、建设等有关部门恢复社会治安秩序，尽快修复被损坏的交通、通信、供水、排水、供电、供气、供热等公共设施。

第六十条 受突发事件影响地区的人民政府开展恢复重建工作需要上一

级人民政府支持的，可以向上一级人民政府提出请求。上一级人民政府应当根据受影响地区遭受的损失和实际情况，提供资金、物资支持和技术指导，组织其他地区提供资金、物资和人力支援。

第六十一条 国务院根据受突发事件影响地区遭受损失的情况，制定扶持该地区有关行业发展的优惠政策。

受突发事件影响地区的人民政府应当根据本地区遭受损失的情况，制定救助、补偿、抚慰、抚恤、安置等善后工作计划并组织实施，妥善解决因处置突发事件引发的矛盾和纠纷。

公民参加应急救援工作或者协助维护社会秩序期间，其在本单位的工资待遇和福利不变；表现突出、成绩显著的，由县级以上人民政府给予表彰或者奖励。

县级以上人民政府对在应急救援工作中伤亡的人员依法给予抚恤。

第六十二条 履行统一领导职责的人民政府应当及时查明突发事件的发生经过和原因，总结突发事件应急处置工作的经验教训，制定改进措施，并向上一级人民政府提出报告。

第六章 法律责任

第六十三条 地方各级人民政府和县级以上各级人民政府有关部门违反本法规定，不履行法定职责的，由其上级行政机关或者监察机关责令改正；有下列情形之一的，根据情节对直接负责的主管人员和其他直接责任人员依法给予处分：

（一）未按规定采取预防措施，导致发生突发事件，或者未采取必要的防范措施，导致发生次生、衍生事件的；

（二）迟报、谎报、瞒报、漏报有关突发事件的信息，或者通报、报送、公布虚假信息，造成后果的；

（三）未按规定及时发布突发事件警报、采取预警期的措施，导致损害发生的；

（四）未按规定及时采取措施处置突发事件或者处置不当，造成后果的；

（五）不服从上级人民政府对突发事件应急处置工作的统一领导、指挥和协调的；

（六）未及时组织开展生产自救、恢复重建等善后工作的；

（七）截留、挪用、私分或者变相私分应急救援资金、物资的；

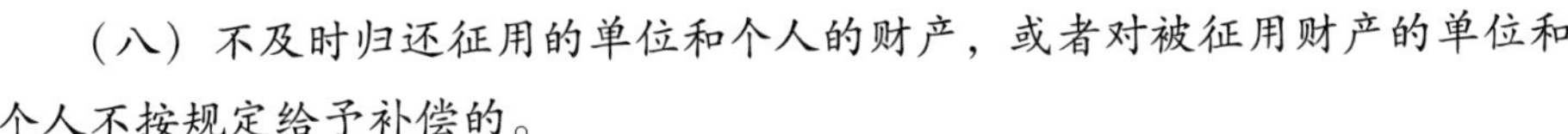

（八）不及时归还征用的单位和个人的财产，或者对被征用财产的单位和个人不按规定给予补偿的。

第六十四条 有关单位有下列情形之一的，由所在地履行统一领导职责的人民政府责令停产停业，暂扣或者吊销许可证或者营业执照，并处五万元以上二十万元以下的罚款；构成违反治安管理行为的，由公安机关依法给予处罚：

（一）未按规定采取预防措施，导致发生严重突发事件的；

（二）未及时消除已发现的可能引发突发事件的隐患，导致发生严重突发事件的；

（三）未做好应急设备、设施日常维护、检测工作，导致发生严重突发事件或者突发事件危害扩大的；

（四）突发事件发生后，不及时组织开展应急救援工作，造成严重后果的。

前款规定的行为，其他法律、行政法规规定由人民政府有关部门依法决定处罚的，从其规定。

第六十五条 违反本法规定，编造并传播有关突发事件事态发展或者应急处置工作的虚假信息，或者明知是有关突发事件事态发展或者应急处置工作的虚假信息而进行传播的，责令改正，给予警告；造成严重后果的，依法暂停其业务活动或者吊销其执业许可证；负有直接责任的人员是国家工作人员的，还应当对其依法给予处分；构成违反治安管理行为的，由公安机关依法给予处罚。

第六十六条 单位或者个人违反本法规定，不服从所在地人民政府及其有关部门发布的决定、命令或者不配合其依法采取的措施，构成违反治安管理行为的，由公安机关依法给予处罚。

第六十七条 单位或者个人违反本法规定，导致突发事件发生或者危害扩大，给他人人身、财产造成损害的，应当依法承担民事责任。

第六十八条 违反本法规定，构成犯罪的，依法追究刑事责任。

第七章 附　　则

第六十九条 发生特别重大突发事件，对人民生命财产安全、国家安全、公共安全、环境安全或者社会秩序构成重大威胁，采取本法和其他有关法律、法规、规章规定的应急处置措施不能消除或者有效控制、减轻其严重社会危害，需要进入紧急状态的，由全国人民代表大会常务委员会或者国务院依照宪法和其他有关法律规定的权限和程序决定。

紧急状态期间采取的非常措施，依照有关法律规定执行或者由全国人民代表大会常务委员会另行规定。

第七十条 本法自2007年11月1日起施行。